はじめて学ぶ スポーツと法

編集　新井喜代加

武田丈太郎

JN122897

Sports and law

 みらい

著者一覧

編　者

新井喜代加／松本大学

武田丈太郎／北海道教育大学

執筆者（掲載順）

平塚卓也／関西福祉大学 ……………………………… 第 1 章

伊藤リナ／中央学院大学（非常勤講師）…………… 第 2 章

武田丈太郎／前出 ……………………………………… 第 3 章

新井喜代加／前出 ……………………………………… 第 4 章

中道莉央／びわこ成蹊スポーツ大学 ……………… 第 5 章

村本宗太郎／常葉大学 ………………………………… 第 6 章

森　康司／久留米大学（非常勤講師）……………… 第 7 章

鈴木モモ子／東京女子体育大学（非常勤講師）…… 第 8 章

棚村英行／東洋大学 …………………………………… 第 9 章

沖村多賀典／名古屋学院大学 ……………………… 第 10 章

野寺巧寛／金沢学院大学 …………………………… 第 11 章

高岡英氣／敬愛大学 ………………………………… 第 12 章

谷塚　哲／東洋大学 ………………………………… 第 13 章

はじめに

　中東カタールで開催されたサッカーワールドカップでの日本代表チームの活躍は、記憶に新しい。オリンピックや世界大会での日本代表選手の活躍に注目が集まる一方で、不正経理といったスポーツ団体の組織的な問題やスポーツ活動での指導者の暴力・ハラスメントの問題など、不祥事が後を絶たない。「光」が当たるほど「影」が大きくなるスポーツ界。今後の発展には、一般社会と同様に、法やルールによって秩序が保たれる必要がある。

　スポーツ界がさまざまな問題・課題を抱えているからこそ、スポーツを学ぶ学生には、社会におけるスポーツと法のかかわりについて知識を深めてもらいたいと考えていた。そんな折、株式会社みらいよりテキスト執筆のお誘いをいただき、健康・スポーツ系学部の学生向けのテキストを作成する運びになった。

　本書は、法学を専門としない初学者を主な対象としている。そのため、法学の体系を重視せずに、スポーツ界における身近な話題を解説するように構成されている。また、できるだけ平易な表現を用いるように留意し、学びのポイントを明確にして章ごとに確認問題を設けた。本書を通じてスポーツと法のかかわりを理解し、スポーツの実践や指導に活かしていただければ嬉しい限りである。

　最後に、本書は株式会社みらいのご厚意により刊行の運びになったことを、この場を借りてお礼を申し上げます。企画の段階から完成まで根気強くお力添えいただき、励ましの言葉をかけてくださった企画部の小川眞貴子様をはじめ、株式会社みらいの皆様には大変お世話になりました。執筆者一同を代表して改めて感謝申し上げます。

　2023 年 1 月

編者を代表して　　武田丈太郎

もくじ

第1章 スポーツ振興と法

なぜこの章を学ぶのですか？

　スポーツ活動をする環境は、どのようにして成り立っているのでしょうか。スポーツ活動の規模が大きくなるほど、スポーツを行う環境は、行政によるスポーツ振興との関係を抜きには成り立ちません。その構造を理解することが重要です。

第1章の学びのポイントはなんですか？

　現代において、スポーツに関して法を制定し、振興しようとすることは、スポーツ権を保障し、実現しようとすることです。本章では、スポーツ権とはなにか。また、スポーツ振興に関連してどのような法があるかを理解します。

考えてみよう

① スポーツに対して、税金が投入されている事例にはどのようなものがあるか考えてみよう。

② 日本国憲法における人権にはどのようなものがあったかを思い出し、スポーツとの関係について考えてみよう。

1 スポーツ振興とスポーツ権

時代とともにスポーツは権利として提唱されるようになった。国際的には 1970 年代にヨーロッパ評議会やユネスコの憲章において、スポーツの権利性が示された。日本においては、2011（平成 23）年に制定されたスポーツ基本法においてスポーツに関する権利が明記された。

1 スポーツと法の制定

現在、スポーツ振興に関連して、スポーツ基本法などの法が制定されている。しかし、そもそも、なぜ法が制定されるのだろうか。それは、法を制定することによって、ある対象について促進したり、規制したりするという効果を生み出すためである。

たとえば、自然環境保全法は、その名称のとおり、自然環境保全を促進するものであるとともに[*1]、罰則規定によって自然環境保全に反する行為を規制している。自然環境保全法が制定された背景には、私たちにとって自然環境の保全が重要であるという社会的な合意の存在があり、また、この社会的な合意をさらに促そうとする意図がある。ほかにも例をあげれば、国公立学校における義務教育は、日本国憲法 26 条 2 項[*2]、教育基本法 5 条 4 項[*3]、学校教育法 6 条[*4] にもとづき無償（授業料不徴収）とされている。これらは、教育を受けることが重要であるという社会的な価値のあらわれである。別の言い方をすれば、日本国憲法 26 条 1 項[*5] に規定する「教育を受ける権利」を法によって実現しようとするものである。

このような例をあげていけばきりがないが、法を制定するということは、ある対象について促進したり、規制したり、その他なんらかの効果を発揮させることによって権利を保障したり、実現したりしようとするものであるといえよう。したがって、スポーツに関する法を制定するということは、スポーツに関する権利（以下、「スポーツ権」という）を保障したり、実現したりしようとすることを意味している。

2 スポーツ権の内容

では、スポーツ権とはどのような権利であろうか。日本国憲法は、スポーツ権について明確に規定していないが、それはスポーツ権を否定しているも

のではない。スポーツ法の研究者は、憲法解釈によってスポーツ権の内容を考察してきた。ここでは、日本における主な学説をもとにスポーツ権の内容を概説する。

（1）幸福追求権的スポーツ権説

　　これは、「生命、自由及び幸福追求に対する国民の権利」を保障する憲法13条[*6]の対象領域にスポーツを含める解釈である。スポーツは、遊戯性や競争性を有する身体運動であるとともに、人が自己実現のために行う活動でもあり、人の人格的な発達に貢献することは今日ではよく理解されている。ゆえに、スポーツは、人の人格的な生存にとって不可欠なものであるとして、憲法13条の保障する幸福追求権の対象に含まれると解釈される。

　　ただし、幸福追求権は、基本的には国の不作為[*7]を求める自由権[*8]としての性格があり、国の作為を求める社会権[*9]としての側面をとらえるには包括的で抽象的であるという限界があるため、そこから具体的な権利内容を確定することが難しい。つまり、幸福追求権としてのスポーツ権は、スポーツ活動の自由を保障しているものと解せられる。

（2）生存権的スポーツ権説

　　これは、「健康で文化的な最低限度の生活を営む権利」を保障する憲法25条[*10]の対象領域にスポーツを含める解釈である。スポーツによって健康が維持・増進されることや、スポーツが文化に含まれることは、今日では一般的に理解されている。ゆえに、スポーツは、人が健康で文化的な生活を営むうえで不可欠なものであるとして、憲法25条の保障する生存権の対象に含まれると解釈される。

　　生存権の基本的性格は社会権であるため、国の積極的な作為を求め、条件整備を要求することができる。つまり、理論的には、生存権としてのスポーツ権を根拠として、スポーツ活動のための条件整備を国に対して求めることが可能である。しかし、現実的には立法によって、スポーツ権の社会権的な側面を具体的な権利として規定しなければ、国に対する請求を実現することは難しい。

（3）成長発達権的スポーツ権説

　　これは、「教育を受ける権利」を保障する憲法26条[*11]の対象領域にスポーツを含める解釈である。スポーツが人の心身の健全な発達に寄与することは広く知られている。ゆえに、スポーツは、人の成長発達に不可欠なものであるとして、憲法26条の保障する成長発達権の対象に含まれると解釈される。

＊6　憲法13条
「すべて国民は、個人として尊重される。生命、自由及び幸福追求に対する国民の権利については、公共の福祉に反しない限り、立法その他の国政のうえで、最大の尊重を必要とする。」

＊7　作為・不作為
作為とは、「物を引き渡すとか、住居に侵入するとか、競業するなどのような人の積極的挙動（すること）」をいう。不作為とは、「騒音を出さないとか、住居に侵入しないとか、競業しないなどのような人の消極的挙動（しないこと）」をいう[1]。

＊8　自由権
自由権とは、「国家権力の介入・干渉を排除して各人の自由を確保する権利」である[2]。

＊9　社会権
社会権とは、「個人の生存、生活の維持・発展に必要な諸条件の確保を、国家に要求する国民の権利」である[3]。

＊10　憲法25条
「すべて国民は、健康で文化的な最低限度の生活を営む権利を有する。
2　国は、すべての生活部面について、社会福祉、社会保障及び公衆衛生の向上及び増進に努めなければならない。」

＊11　憲法26条
「すべて国民は、法律
の定めるところにより、その能力に応じて、ひとしく教育を受ける権利を有する。
2　すべて国民は、法律の定めるところにより、その保護する子女に普通教育を受けさせる義務を負ふ。義務教育は、これを無償とする。」

ただし、成長発達権は、憲法 25 条を具体化するものとして、「教育を受ける権利」について定めたものである。そのため、教育の範疇（はんちゅう）に含まれるスポーツ（体育）の法的根拠にはなり得るが、教育の範疇にとどまらない文化としてのスポーツとは別に考察すべきものとされている。つまり、憲法におけるスポーツ権の法的根拠は、憲法 13 条および憲法 25 条に求めるのが一般的となっている。

3 スポーツ基本法におけるスポーツ権

スポーツ権は人格的要素、健康的要素、文化的要素、教育的要素という複合的要素によって構成されていることが、上記の学説より確認できた。では、実際に日本の法律ではどのように示されているのだろうか。2011（平成23）年に制定されたスポーツ基本法を見てみよう。

＊12　スポーツ基本法 2 条について、詳しくは、表1-2 (p.18)を参照。

＊13　新しい人権
新しい人権とは、憲法 14 条以下における詳細な人権規定には明記されていないが、社会の変化に伴い、人権として保護すべきと考えられるようになった法的利益のことである。たとえば、環境権やプライバシーの権利、知る権利などがある。

スポーツ基本法は、日本において初めてスポーツ権を定めた法律として歴史的な意義がある。その前文には、「スポーツを通じて幸福で豊かな生活を営むことは、全ての人々の権利」であると明記され、同法 2 条 1 項においても同様の趣旨が定められている[12]。これは同時に、幸福追求権の対象にスポーツが含まれることを根拠づける規定であるともいえる。幸福追求権は新しい人権[13]を包括的に保障する根拠とされるため、これらの条文は、スポーツ権を新しい人権として位置づける根拠となり得る重要な規定である。

また、スポーツ基本法の前文には、「スポーツは、世界共通の人類の文化である。スポーツは、心身の健全な発達、健康及び体力の保持増進、精神的な充足感の獲得、自律心その他の精神の涵養（かんよう）等のために個人又は集団で行われる運動競技その他の身体活動であり、今日、国民が生涯にわたり心身ともに健康で文化的な生活を営む上で不可欠のものとなっている」と明記されている。これは、権利内容について定めたものではないが、スポーツの価値を人格的要素、健康的要素、文化的要素、教育的要素を含めて網羅的に示している。

ただし、スポーツ基本法におけるスポーツ権は抽象的な規定にとどまっているとされ、スポーツ権の権利主体や保障内容については、個別具体的に明確にする必要があることが指摘されている。

4　国際的な憲章におけるスポーツ権

　ここでは、国際的な動向についても触れておきたい。1960 年代以降、ヨーロッパ諸国において、Sport for All（みんなのスポーツ）運動が広まっていく。これは、一般市民にスポーツへの参加を広げるための運動である。

　その一つの到達点として、1975 年 3 月、ヨーロッパ評議会スポーツ担当大臣会議で、ヨーロッパ・スポーツ・フォー・オール憲章[*14] が採択された。その 1 条には、「すべての個人は、スポーツに参加する権利をもつ」と定められている。また、1978 年 11 月には、国連教育科学文化機関（UNESCO）の第 20 回総会で、体育・スポーツ国際憲章[*15] が採択された。その 1 条は、「体育・スポーツの実践はすべての人にとって基本的権利である」と定めている。これらは、スポーツ参加をすべての人の権利であるとしている点で歴史的に重要なものである。

　さらに、ヨーロッパ・スポーツ・フォー・オール憲章では、スポーツ振興のための援助は、公的財源からの支出をもってなされなければならないことを規定している。また、体育・スポーツ国際憲章では、体育・スポーツは人格の全面的発達にとって不可欠であり、そのためには十分な施設と設備が必要であるとして、政府等に条件整備の義務を示している。これらはスポーツの権利性について国際的な合意文書で示したものであり、日本国内におけるスポーツ権論やみんなのスポーツ運動にも影響を与えた。

*14　ヨーロッパ・スポーツ・フォー・オール憲章の基本的な方針を受け継いで、1992 年に「新ヨーロッパ・スポーツ憲章」が制定され、その後、2001 年・2021 年に改訂されている。

*15　体育・スポーツ国際憲章
2015 年のユネスコ第 38 回総会において「体育・身体活動・スポーツ国際憲章」が新たに採択されている。

2　スポーツ振興に関する基本法

　日本においては、1961（昭和 36）年にスポーツ振興に関する施策の基本を定める法律として「スポーツ振興法」が制定された。同法は、2011（平成 23）年に全部改正されることによって「スポーツ基本法」として新たに生まれ変わり、日本におけるスポーツ振興の基本法となっている。

1　スポーツ振興法

（1）スポーツ振興法の制定

　日本の行政活動は法令にもとづいて実施されるので、行政がスポーツを振興するためには根拠となる法令が必要になる。では、スポーツ振興の根拠法

令には、これまでにどのようなものがあったのであろうか。

　戦後、学校外におけるスポーツ振興の根拠法令となったのは、1949（昭和24）年に制定された社会教育法であった。この法律は、「社会教育に関する国及び地方公共団体の任務を明らかにすることを目的」としており、「社会教育」の定義に「体育及びレクリエーションの活動を含む」ことが明記されていた。しかし、あくまで社会教育の一部として、体育およびレクリエーションが規定されたにすぎなかった。

　その後、国民のスポーツに対する関心や欲求が高まったことや、1964（昭和39）年のオリンピック東京大会の招致が決定的な後押しとなり、1961（昭和36）年6月16日、スポーツ振興法が制定された。同法は、日本で初めての「スポーツ」を名称に冠する法律であり、4章に23の条文、附則で構成されていた。

（2）スポーツ振興法の内容

　スポーツ振興法は、第1章「総則」の1条で、同法の目的を「スポーツの振興に関する施策の基本を明らかに」することよって、「国民の心身の健全な発達」と「明るく豊かな国民生活の形成」に寄与することと位置づけている[16]。また、同法2条では、スポーツを「運動競技及び身体運動（キャンプ活動その他の野外活動を含む。）であつて、心身の健全な発達を図るためにされるもの」と定義している[17]。社会においてスポーツは多様な目的で実施されるが、スポーツ振興法の対象となるスポーツは、あくまで「心身の健全な発達を図るためにされるもの」でなければならなかったのである。

　さらに、同法3条で「施策の方針」を定めているが、同条2項で「この法律に規定するスポーツの振興に関する施策は、営利のためのスポーツを振興するためのものではない」と規定していた[18]。ここで、スポーツが限定的に規定される背景には、同法の対象となる「スポーツ」は、税金を投入するほどの公共的な価値が認められなければならないという理由があった。立法当時においては、心身の健全な発達に寄与しないスポーツや営利のためのスポーツ（プロスポーツ）は、振興の対象ではなかったのである。なお、1998（平成10）年の改正で、プロスポーツ選手の競技技術の活用に関する規定が加わった。

　そのほか、第1章で「計画の策定」（4条）、第2章で「スポーツの振興のための措置」（5条〜17条）、第3章で「スポーツ振興審議会及び体育指導委員」（18条〜19条）、第4章で「国の補助等」（20条〜23条）について定めている。詳細については割愛するが、これらは訓示的・綱領的な規定が多く、実行性には欠けることが指摘されていた。

＊16　スポーツ振興法1条
「この法律は、スポーツの振興に関する施策の基本を明らかにし、もつて国民の心身の健全な発達と明るく豊かな国民生活の形成に寄与することを目的とする。」

＊17　スポーツ振興法2条
「この法律において「スポーツ」とは、運動競技及び身体運動（キャンプ活動その他の野外活動を含む。）であつて、心身の健全な発達を図るためにされるものをいう。」

＊18　スポーツ振興法3条
「国及び地方公共団体は、スポーツの振興に関する施策の実施に当たつては、（中略）ひろく国民があらゆる機会とあらゆる場所において自主的にその適性及び健康状態に応じてスポーツをすることができるような諸条件の整備に努めなければならない。
2　この法律に規定するスポーツの振興に関する施策は、営利のためのスポーツを振興するためのものではない。」

2　スポーツ基本法

（1）スポーツ基本法の制定

　2011（平成 23）年、スポーツ振興法が 50 年を経て全部改正されることによって、スポーツ基本法が議員立法として制定された。同法制定の背景としては、時代の変化に合わせてスポーツ振興法を見直す必要があっただけでなく、国家戦略としてスポーツ立国を推進しようという動きがあった。2006（平成 18）年ごろからそのような動きが本格化し、当時の遠藤利明文部科学副大臣の私的諮問機関、超党派のスポーツ議員連盟、自民党政務調査会のスポーツ立国調査会や内閣の教育再生会議、文部科学省などでも議論が行われた。その後、政権交代を経ながら、同法は第 177 回国会において制定された。

　スポーツ基本法は、前文、5 章に 35 の条文、附則から構成されている。前文では、スポーツの価値や意義について示すとともに、日本の法律で初めてスポーツ権を明記したことは前述のとおりである[19]。

＊ 19　本章第 1 節（p.14）を参照。

（2）スポーツ基本法の内容

　スポーツ基本法は、第 1 章「総則」の 1 条で、同法の目的を 表 1-1 のように定めている。

表 1-1　スポーツ基本法 1 条

> 　この法律は、スポーツに関し、基本理念を定め、並びに国及び地方公共団体の責務並びにスポーツ団体の努力等を明らかにするとともに、スポーツに関する施策の基本となる事項を定めることにより、スポーツに関する施策を総合的かつ計画的に推進し、もって国民の心身の健全な発達、明るく豊かな国民生活の形成、活力ある社会の実現及び国際社会の調和ある発展に寄与することを目的とする。

　スポーツ振興法に規定されていた「国民の心身の健全な発達」や「明るく豊かな国民生活の形成」に加えて、「活力ある社会の実現」および「国際社会の調和ある発展」が、その目的に規定されていることが注目される。

　この目的を受けて、スポーツ基本法 2 条では、基本理念として 8 つの理念を掲げている（ 表 1-2 ）。さらに、同法 3 条で国の責務[20]、同法 4 条で地方公共団体の責務[21]、同法 5 条でスポーツ団体の責務を定めている[22]。スポーツ振興法は行政によるスポーツ振興を図ることを目的に行政主体に関する責務を定めていたのに対して、スポーツ基本法では、私的なスポーツ団体についても法の範囲を拡大している点で性格が異なるとされている。そのほか、第 1 章では、「国民の参加及び支援の促進」「関係者相互の連携及び協働」

＊ 20　スポーツ基本法 3 条
「国は、前条の基本理念（以下「基本理念」という）にのっとり、スポーツに関する施策を総合的に策定し、及び実施する責務を有する。」

＊ 21　スポーツ基本法 4 条
「地方公共団体は、基本理念にのっとり、スポーツに関する施策に関し、国との連携を図りつつ、自主的かつ主体的に、その地域の特性に応じた施策を策定し、及び実施する責務を有する。」

＊ 22　スポーツ基本法 5 条について、詳しくは、第 2 章（p.29）を参照。

＊23 スポーツ基本法9条
「文部科学大臣は、スポーツに関する施策の総合的かつ計画的な推進を図るため、スポーツの推進に関する基本的な計画（以下「スポーツ基本計画」という）を定めなければならない。」

＊24 スポーツ基本法10条
「都道府県及び市町村の教育委員会（中略）は、スポーツ基本計画を参酌して、その地方の実情に即したスポーツの推進に関する計画（以下「地方スポーツ推進計画」という）を定めるよう努めるものとする。」

＊25 2022（令和4）年3月に「第3期スポーツ基本計画」が策定された。これには、2022（令和4）年から2026（令和8）年度までの5年間に国等が取り組むべき施策や目標等が定められている。とくに総合的かつ計画的に取り組む12の施策として、以下をあげている。①多様な主体におけるスポーツの機会創出、②スポーツ界におけるDXの推進、③国際競技力の向上、④スポーツの国際交流・協力、⑤スポーツによる健康増進、⑥スポーツの成長産業化、⑦スポーツによる地方創生、まちづくり、⑧スポーツを通じた共生社会の実現、⑨スポーツ団体のガバナンス改革・経営力強化、⑩スポーツ推進のためのハード、ソフト、人材、⑪スポーツを実施する者の安全・安心の確保、⑫スポーツ・インテグリティの確保。

表1-2 スポーツ基本法2条

> スポーツは、これを通じて幸福で豊かな生活を営むことが人々の権利であることに鑑み、国民が生涯にわたりあらゆる機会とあらゆる場所において、自主的かつ自律的にその適性及び健康状態に応じて行うことができるようにすることを旨として、推進されなければならない。
> 2 スポーツは、とりわけ心身の成長の過程にある青少年のスポーツが、体力を向上させ、公正さと規律を尊ぶ態度や克己心を培う等人格の形成に大きな影響を及ぼすものであり、国民の生涯にわたる健全な心と身体を培い、豊かな人間性を育む基礎となるものであるとの認識の下に、学校、スポーツ団体（スポーツの振興のための事業を行うことを主たる目的とする団体をいう。以下同じ。）、家庭及び地域における活動の相互の連携を図りながら推進されなければならない。
> 3 スポーツは、人々がその居住する地域において、主体的に協働することにより身近に親しむことができるようにするとともに、これを通じて、当該地域における全ての世代の人々の交流が促進され、かつ、地域間の交流の基盤が形成されるものとなるよう推進されなければならない。
> 4 スポーツは、スポーツを行う者の心身の健康の保持増進及び安全の確保が図られるよう推進されなければならない。
> 5 スポーツは、障害者が自主的かつ積極的にスポーツを行うことができるよう、障害の種類及び程度に応じ必要な配慮をしつつ推進されなければならない。
> 6 スポーツは、我が国のスポーツ選手（プロスポーツの選手を含む。以下同じ。）が国際競技大会（オリンピック競技大会、パラリンピック競技大会その他の国際的な規模のスポーツの競技会をいう。以下同じ。）又は全国的な規模のスポーツの競技会において優秀な成績を収めることができるよう、スポーツに関する競技水準（以下「競技水準」という。）の向上に資する諸施策相互の有機的な連携を図りつつ、効果的に推進されなければならない。
> 7 スポーツは、スポーツに係る国際的な交流及び貢献を推進することにより、国際相互理解の増進及び国際平和に寄与するものとなるよう推進されなければならない。
> 8 スポーツは、スポーツを行う者に対し、不当に差別的取扱いをせず、また、スポーツに関するあらゆる活動を公正かつ適切に実施することを旨として、ドーピングの防止の重要性に対する国民の認識を深めるなど、スポーツに対する国民の幅広い理解及び支援が得られるよう推進されなければならない。

「法制上の措置等」が規定されている。

また、スポーツ基本法第2章では、9条で「スポーツ基本計画」[*23]、10条で「地方スポーツ推進計画」[*24] について規定している。スポーツ基本計画は、スポーツに関する施策の総合的かつ計画的な推進を図るための重要な指針として、文部科学大臣が定めるものとされており、5年ごとに策定されている[*25]。一方、地方スポーツ推進計画は、地方自治体の長または教育委員会がスポーツ基本計画を参酌し、その地方の実情に応じて定めるように努めるものと示されている。

スポーツ基本法第3章では、「基本的施策」（11条〜29条）を「スポーツの推進のための基礎的条件の整備等」「多様なスポーツの機会の確保のための環境の整備」「競技水準の向上等」の3節で定めている。第4章では「スポーツの推進に係る体制の整備」（30条〜32条）、第5章では「国の補助等」（33条〜35条）について定めている。

3 スポーツ振興に関するその他の法律

日本のスポーツ政策は、スポーツ庁や独立行政法人日本スポーツ振興センター等によって実施されており、スポーツ振興投票による財源確保も進んできた。

1 文部科学省設置法

これまでスポーツ振興に関する基本法を確認してきたが、スポーツ基本法にもとづいて実際にスポーツ政策を企画・立案、実施、評価するには、それを担う組織が必要である。スポーツ政策の主体として国や地方自治体、スポーツ団体等が想定されるが、ここでは国の行政組織について解説する[26]。

(1) 体育局からスポーツ・青少年局へ

戦後、体育・スポーツに関しては、主に文部省体育局によって所管されてきた。ただし、当時の文部省設置法には、文部省の任務として体育やスポーツについての言及はなかった。すなわち、体育やスポーツは、文部省の主要な事務ではなく、教育や文化等の一部として扱われていた。また、体育局の所掌事務には、「体育（スポーツを含む）」と規定されており、スポーツは体育に包括される関係にあった。

2001（平成 13）年、中央省庁再編によって文部省と科学技術庁が統合され、文部科学省が誕生した。文部科学省設置法では、3条において同省の任務の一部にスポーツの振興が規定され、主要な事務として位置づけられた。これは、スポーツが教育の範疇にとどまらず、独立した行政目的となったことを意味している。他方で、体育局はスポーツ・青少年局に名称変更され、スポーツ・青少年局において体育に関する事務も所掌されることになった。すなわち、これによって、体育がスポーツを包括する関係からスポーツが体育を包括する関係へと逆転したのである。「体育行政」から「スポーツ行政」への政策転換を示す象徴的な出来事であった。

(2) スポーツ庁の設置

2015（平成 27）年には文部科学省の外局としてスポーツ庁が設置された。これに伴い、文部科学省の任務は、「スポーツの振興」から、「スポーツに関する施策の総合的な推進」に改正された。この改正は、スポーツ庁設置の背景とも密接にかかわっている。行政においてスポーツは、スポーツ振興とい

＊26　国の行政組織については、国家行政組織法や各省の設置法等によって規定されている。とくに各省の任務、所掌事務、内部部局等については、各省の設置法やその下位法令に規定されているので、国の行政組織について理解するためにはそれらを参照する必要がある。

う目的だけではなく、たとえば、健康増進や地域活性化の手段としても利用される。そのため、文部科学省以外の省庁においてもスポーツに関係する施策が実施されることがあるが、これが縦割り行政として批判されてきた。

そこで、スポーツ庁を設置して、各省庁のスポーツ関連施策の司令塔的な機能を果たさせ、総合的なスポーツ行政を推進することになった。この趣旨を反映して、文部科学省の所掌事務には、「スポーツに関する基本的な政策の企画及び立案並びに推進に関すること」や「スポーツに関係する関係行政機関の事務の調整に関すること」などが追加されている。

なお、行政組織の肥大化が抑制されているなかでスポーツ庁を設置した背景には、2011（平成23）年のスポーツ基本法の成立や2020年のオリンピック・パラリンピック東京大会*27の招致が決定したことがある。またとくに、

*27 東京2020オリンピック・パラリンピック競技大会は、新型コロナウイルス流行への配慮から、実際は2021年に開催された。しかし、本書では本来の開催年であった2020年で統一している。

図 1-1 スポーツ庁の組織図

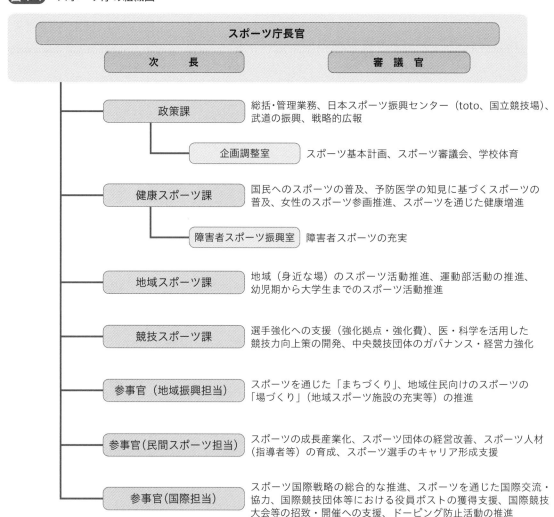

出典：スポーツ庁ウェブサイト「組織図」（https://www.mext.go.jp/sports/b_menu/soshiki2/1362177.htm）

スポーツ基本法附則 2 条[28] に、スポーツに関する施策を総合的に推進するために行政組織の在り方を検討することが規定されたことがスポーツ庁の設置を後押しした。

　スポーツ庁の組織は、**図 1-1** のとおりである。スポーツ庁長官には、初代に鈴木大地[29]、2 代目に室伏広治[30] が就任しており、オリンピアンが長官を務めている点も特徴的である。

2 独立行政法人日本スポーツ振興センター法

　国の行政活動は、各省庁だけによって実施されているわけではない。中央省庁再編に伴って発足した独立行政法人もそれらに重要な役割を果たしている[31]。スポーツ行政に関連する独立行政法人としては、独立行政法人日本スポーツ振興センター法にもとづいて設置されている独立行政法人日本スポーツ振興センターがある。

　同センターは、2003（平成 15）年に日本体育・学校健康センターより業務を移管して設立され、スポーツの振興および児童生徒等の健康の保持増進を図るためのさまざまな業務を担っている。現在の名称からは想起しにくいが、歴史的には学校教育に関する業務を担っており、現在も災害共済給付や学校安全支援業務などを行っている。

　1990 年代以降には、スポーツ振興基金やスポーツ振興投票の収益にもとづくスポーツ振興のための助成業務、ハイパフォーマンススポーツセンター[32] を拠点とした国際競技力向上のための研究・支援等に関する業務も行う。近年では、スポーツに関する情報戦略や国際戦略に関する業務、スポーツ・インテグリティ[33] の保護・強化に関する業務も担っている。

3 スポーツ振興投票の実施等に関する法律

　これまでスポーツ政策の基本を定める法律やスポーツ政策を実施する行政の組織に関する法律などについて説明してきたが、政策を実施するためには、やはり財源は欠かすことができない。ここでは、スポーツ振興の財源確保において重要な役割を果たしているスポーツ振興投票の実施等に関する法律について説明する。

　スポーツ振興投票とは、「スポーツくじ」と呼ばれるものである。当初は、サッカーの試合結果を対象に開始されたが、2020（令和 2）年の法改正で

バスケットボールも対象とされることとなり、2022（令和4）年から運用が開始されている。

スポーツくじには、自ら試合結果を予想するtoto（予想系）とコンピューターが試合結果を選択するBIG（非予想系）の2つのタイプがある。当初はtotoのみであったが、売上が低迷したため、2007（平成19）年にBIGが導入された。BIGのほうが当せん金額が高額なため売上を伸ばし、現在では売上金額の8割から9割を占めている。

スポーツくじの売り上げは、50％が当せん払戻金となり、経費と特定業務への繰入額（特定金額）を除いたものが収益となる。特定金額は売上金額の10％が上限とされており、国際競技大会のための施設整備等にあてられている。特定金額は、かつては5％が上限であったが、新国立競技場の整備のための財源確保を背景に、2016（平成28）年の法改正で2023（令和5）年までの特例として上限が引き上げられた。収益は、4分の3がスポーツ振興のための助成金に、4分の1が国庫納付金になっている。

また、スポーツくじの収益をもとにしたスポーツ振興助成の交付は、2022（令和4）年度の採択件数が1,725件、助成金額が159億6,423万7,000円となっている[4]。具体的な助成事業には、大規模スポーツ施設の整備助成や地域スポーツ施設の整備助成、総合型地域スポーツクラブの活動助成、地方公共団体のスポーツ活動助成、スポーツ団体のスポーツ活動助成、国際競技大会の開催助成、将来性を有する競技者の発掘および育成活動の助成、優秀な選手・指導者への個人助成への充当がある。

引用文献

1）高橋和之ほか編『法律学小辞典［第5版］』有斐閣　2016年　p.497
2）同上書　p.604
3）同上書　p.586
4）日本スポーツ振興センター「令和5年度　スポーツ振興事業助成ガイド」2022年　p.28

参考文献

・平塚卓也「文部省設置法及び文部科学省設置法における『体育』及び『スポーツ』規定の歴史的変化に関する一考察」『体育・スポーツ政策研究』第29巻1号　2020年　pp.23-34
・日本スポーツ法学会編『詳解スポーツ基本法』成文堂　2011年
・日本スポーツ法学会監修『標準テキスト　スポーツ法学［第3版］』エイデル研究所　2020年
・小笠原　正監修『導入対話によるスポーツ法学』不磨書房　2005年

学びの確認

1. （　　　）に入る言葉を考えてみよう。

① スポーツ権の法的根拠は、憲法 13 条の（　　　　　）権と憲法 25 条の（　　　　）権に求めるのが一般的である。

② 1960 年代以降、ヨーロッパ諸国において、一般市民のスポーツ参加を広げるために（　　　　　　　）運動が広がった。

③ 1961 年制定の（　　　　　　　）法は、日本で初めてスポーツの名称を冠した法律である。

④ 2011 年制定の（　　　　　　　）法は、スポーツに関する基本理念を定め、国および地方公共団体の責務やスポーツ団体の努力などを明らかにしている。

⑤ 文部科学大臣は、スポーツに関する施策の総合的かつ計画的な推進を図るための重要な指針として、（　　　　　　　）を策定している。

⑥ 2015 年、スポーツ関連の施策を総合的に推進するために（　　　　　　　）が、文部科学省の外局に設置された。

⑦ 国のスポーツ行政は、各省庁だけではなく、独立行政法人（　　　　　　）によっても担われている。

⑧ スポーツ振興の財源を確保するために、（　　　　　　　）が導入された。

2. なぜ、スポーツ振興に対して税金が投入されるのだろうか。自身の考えを述べてみよう。

スポーツの価値をめぐって

本章では、スポーツについて、スポーツ振興というスポーツ活動を促進する観点から法との関係を見てきた。しかし、歴史的にはスポーツが規制の対象となっていた時代も存在する。たとえば、イギリスではフットボールが禁止されていた時期があることは有名な話ではないだろうか。当時の階級社会においてあるべき規範から逸脱した行為としてとらえられ、規制の対象となっていたのである。また、スポーツ政策の不存在といわれた時代もある。スポーツは私的で自由な活動としてとらえられ、国家が介入する余地のないものとされていたのである。

このような歴史をふまえれば、ある時代、ある社会におけるスポーツの価値やスポーツに対する人々の認識というのは、やはり重要なことであろう。現在の日本では公的にスポーツ振興施策が推進されているが、今後もそれが続けられることが保障されるものではない。もしスポーツ活動における暴力やハラスメント、差別等を放置していたら、人々はスポーツを価値あるものとして認識するであろうか。あるいは、もしスポーツ団体において不正経理など法令に違反する行為が行われていたら、人々はそこに自らが収めた税金が投入されることをどのように思うだろうか。スポーツに対して、公的に振興するほどのものではないと思うかもしれないし、規制の対象にしようとする可能性すらあるだろう。

ところで、現場のスポーツ関係者にとってみれば、スポーツ振興のためにどのような法を整備をするのかについては、立法の問題として関心の埒外（らちがい）かもしれない。しかし、公的にスポーツを振興するためには、立法の問題以前に、人々にとってスポーツが公的に価値あるものとして認識されていなければならない。法律は、あくまで人々の価値認識を映しているにすぎない。

このように考えれば、現場のスポーツ関係者にとっても、スポーツ法に対する基本的な理解は欠かすことができない。スポーツ関係者には、その時々の人々のスポーツに対する価値認識をスポーツ法から読み取ることが求められる。それとともに、昨今さかんにいわれているように、スポーツ・インテグリティ（価値ある高潔な状態）を確保するように努めなければならない。スポーツ関係者が、スポーツの公的な価値を高めるように活動するという不断の努力が、権利としてのスポーツを保障することになるだろう。さらには、立法としてスポーツ権をさらに具体化し、社会権として国に対して作為を求めることができる段階へと発展していくことにつながっていくのではないだろうか。

他方で、スポーツの価値をどのように主張するかということも重要な問題である。これは、「スポーツ手段論」と「スポーツ目的論」の議論とも関係することである。たとえば、スポーツは、健康増進や経済活性化に寄与するからスポーツを振興すべきであるという主張がある。これは、健康増進や経済活性化という目的のための手段としてスポーツの有用性を主張する議論であり、「スポーツ手段論」と呼ばれる。他方で、なにかの手段としてではなく、スポーツをする、みる、ささえることそれ自体に価値があるからスポーツを振興すべきという議論もある。これは、スポーツそれ自体が目的であり、「スポーツ目的論」と呼ばれる。

すでに社会的な合意を獲得している価値を実現する手段としてスポーツの有用性を主張すれば、スポーツ振興に対する合意を獲得しやすいだろう。しかし、それをもってスポーツの価値が認められたといえるのだろうか。ある価値を実現する手段としてスポーツより適切なものがあったら、あるいは、その価値に対する社会的な合意が崩壊したら、そのときにスポーツはどうなるだろう。スポーツ関係者に求められることは、スポーツそれ自体の価値を高め、主張することではないだろうか。

第2章　スポーツ団体と法

なぜこの章を学ぶのですか？

　オリンピックや国民体育大会、全日本学生選手権などの大会に競技者として出場する多くの場合、該当するスポーツ団体に登録し、そのルールに従うことが求められます。ときには選手選考や処分など大きな利害が発生する場合もあります。スポーツ団体には「法」にのっとった運営・手続きを行うことが求められますが、競技者もスポーツ団体の性質などを理解しておくことが大切です。

第2章の学びのポイントはなんですか？

　スポーツ団体の法的位置づけやスポーツ団体の役割（求められること）、スポーツ団体にかかわる社会問題や昨今の対応（スポーツ団体ガバナンスコードなど）について学んでいきます。

考えてみよう

1　スポーツ団体の役割はなんだと思いますか。興味のあるスポーツ団体の定款を読んでみましょう。気になった点はなんですか。

2　興味のあるスポーツ団体の選手の選考基準や方法を調べてみましょう。それらは望ましい基準や方法だと思いますか。

1 スポーツ団体の法的性格

ここでは、スポーツ団体が、組織として法的にどのように位置づけられ、法律上どのような役割が求められているかについて学んでいく。

1 スポーツ団体とは

オリンピックや世界選手権などのニュースにおいて、「日本オリンピック委員会（JOC）」や「日本陸上競技連盟」、「日本サッカー協会」などの言葉を見聞きしたりすることがあるだろう。このような団体は、一般的に「スポーツ団体」と呼ばれている。しかし、スポーツ団体が具体的にどのような役割を果たしているか、法的にはどのような位置づけにあるか知らない人も多いのではないだろうか。

スポーツ基本法2条2項は、スポーツ団体を「スポーツの振興のための事業を行うことを主たる目的とする団体」だと定めている[*1]。よって、スポーツ団体には、都道府県のスポーツ競技団体やスポーツ協会などの統括団体から、市町村における同団体や地域スポーツクラブまでもが含まれる。スポーツ団体がスポーツ基本法によってこのように包括的に定義されているのは、可能な限り広範な団体を対象とすることで、スポーツにかかわる多くの団体が5条（スポーツ団体の努力）[*2]・6条（国民の参加及び支援の促進）[*3]・7条（関係者相互の連携及び協働）[*4]など、スポーツ基本法の義務を遵守するように促す意図があったためであると考えられている[1]。

これにより、スポーツ団体には大小さまざまな団体が存在するが、これらは法人格のある団体と法人格のない任意団体に大別することができる。法人格があってもなくてもスポーツ団体では、団体の意思決定のための機関設計、構成される人的資産や金銭的資産の管理等のルールが定められているのが一般的である[2]。

2 法人の意味と種類

ところで、法人とは、どのようなものをいうのだろうか。『広辞苑[第7版]』によると、「人ないし財産から成る組織体に法人格（権利能力）が与えられたもの。理事その他の機関を有し、自然人と同様に権利義務の帰属主体とな

*1 第1章の 表1-2 (p.18) を参照。

*2 スポーツ基本法5条については、本章第1節 (p.29) を参照。

*3 スポーツ基本法6条
「国、地方公共団体及びスポーツ団体は、国民が健やかで明るく豊かな生活を享受することができるよう、スポーツに対する国民の関心と理解を深め、スポーツへの国民の参加及び支援を促進するよう努めなければならない。」

*4 スポーツ基本法7条
「国、独立行政法人、地方公共団体、学校、スポーツ団体及び民間事業者その他の関係者は、基本理念の実現を図るため、相互に連携を図りながら協働するよう努めなければならない。」

り、法律行為を含むさまざまな経済活動をなしうる」[3] と述べられている。言い換えれば、人と同じように法的権利や義務が認められている団体となるだろう。具体的には、株式会社、合同会社、合資会社、合名会社のほか、一般法人、公益法人、法人格のない団体などがある。たとえば、中央競技団体（NF）では公益法人の団体が多いが、プロスポーツの各クラブ・チームでは株式会社がほとんどである。スポーツ団体といっても、規模や法人の種類によって組織形態がそれぞれ異なっている[*5]。

　民法 33 条では、「法人は、この法律その他の法律の規定によらなければ、成立しない」と述べられており、法令の根拠にもとづいて一定の法的手続きを経ることによって、初めてその人格が認められるとされる。また、法人としての要件を満たしている団体であっても、法律に準拠して設立されていないものは法人として認められない。

　さらに、民法 34 条は、「法人は、法令の規定に従い、定款その他の基本約款で定められた目的の範囲内において、権利を有し、義務を負う」としている。したがって、スポーツ団体が法人格を取得するためには、その団体がどのような活動を行うかについて定款[*6] に記載しなければならない。

3 公益法人等の法的位置づけ

　スポーツの振興のための事業を行うスポーツ団体は、その目的として「公益の増進を目的とした活動」を掲げることが多いため、**公益法人**であることが主流である。公益法人とは、公益の増進を図ることを目的とした法人の設立理念に則って活動する民間の団体のことをいう。

　公益法人には、志のある人の集まりである「公益社団法人」と、財産の集まりである「公益財団法人」がある。従来の民法による公益法人制度では、法人設立の主務官庁制・許可制[*7] のもとで法人の設立と公益性の判断が一体となっていたが、2008（平成 20）年に「民による公益の増進」を目的として公益法人制度改革関連三法[*8] が施行されたことによって、主務官庁制・許可主義が廃止され、法人の設立と公益性の判断が分離された。

　公益法人には、不特定多数の人々の利益の増進に資するよう厳格な基準が課されている。大きく分けると、公益に資する活動をしているかという**公益性**の基準と、公益目的事業を行う能力・体制があるかという**ガバナンス**[*9]の基準がある。

　まず、公益性では、次のことが基準となる。

＊5　2000（平成12）年に文部科学省が発表したスポーツ振興基本計画において「総合型地域スポーツクラブは NPO 法人等の法人格を取得すること」と明記されるなど、地域のスポーツ団体であっても法人となることが奨励されている。日本サッカー協会では、2002（平成 14）年から地方協会の組織機構改革として法人化と常勤の事務局設置を推進し、2008（平成 20）年には全国 47 の都道府県協会すべてが法人化されている[4]。なお、スポーツ団体の法人化については、第 13 章 (p.197) を参照。

＊6　定款
社団法人の設立に際して、その目的、内部組織、活動、構成員などについて定めた根本法則またはこれを記載した書面をいう。

＊7　主務官庁制・許可制
主務官庁とは、ある行政事務を主管する行政官庁のことをいい、とくに公益法人においては、設立された公益法人の目的とする公益事業を所掌する官庁のことをいう。公益法人制度改革までは、主務官庁の裁量権にもとづき公益法人の設立を許可し、その業務を主務大臣が監督していた。

- 公益目的の事業を行うことを主としていること
- 特定の者に特別の利益を与える行為を行わないこと
- 収支相償であると見込まれること
- 一定以上に財産をためこんでいないこと(遊休財産規制)
- その他(理事等の報酬等への規制、他の団体への支配の規制)

ガバナンスではつぎのことが求められている。

- 経理的基礎・技術能力
- 相互に密接な関係にある理事・監事が3分の1を超えないこと
- 公益目的事業財産の管理について定款に定めていること
- その他(会計監査人の設置、社員の資格の得喪に関する条件など)

　こうした基準によって、法人の信頼性が保証されているといえる。その保証により税制上の優遇措置を得ることができる。

　また、総合型地域スポーツクラブなどはNPO法人であることも多い[*10]。これは、1998(平成10)年に特定非営利活動促進法(NPO法)が施行されたことが背景にある。同法は、ボランティア活動など営利を目的としない市民の自由な社会貢献活動の発展を促進することを目的に制定されたもので、同法の制定により、特定非営利活動を行う団体には法人格が付与されることとなった。さらに、2001(平成13)年には、認定特定非営利活動法人制度(認定NPO法人制度)が創設された[*11]。

　実際に日本のスポーツ団体を見ると、たとえば、公益財団法人日本オリンピック委員会加盟団体67団体(正加盟55団体、準加盟5団体、承認7団体)のような中央競技団体では、公益財団法人が28団体、公益社団法人が25団体、特定非営利活動法人が2団体と約85%が公益法人となっている(そのほか、一般社団法人が10団体、一般財団法人が2団体である)[6][*12]。

表2-1 一般法人・公益法人・NPO法人の違い

一般社団法人・一般財団法人	剰余金の分配を目的としない社団または財団について、その行う事業の公益性の有無にかかわらず、準則主義(登記)により簡便に法人格を取得できる一般的な法人制度である。法人の自律的なガバナンスを前提に、一般社団法人及び一般財団法人に関する法律において、法人の組織や運営に関する事項が定められている。
公益社団法人・公益財団法人	一般社団・財団法人のうち、民間有識者からなる第三者委員会による公益性の審査(公益目的事業を行うことを主たる目的とすることなど)を経て、行政庁(内閣府または都道府県)から公益認定を受けることで、公益社団・財団法人として税制上の優遇措置を受けることができる。
NPO法人	NPO法人を設立するためには、特定非営利活動を行うことが主目的であることなどについて所轄庁(都道府県または政令指定都市)の認証を受けることが必要である。申請書類の一部は、受理した日から1か月間縦覧に供され、市民の目からも点検される。設立の認証後、登記することにより法人として成立することになる。

出典：内閣府「公益法人制度とNPO法人制度の比較について」
(https://www.cao.go.jp/others/koeki_npo/koeki_npo_seido.html)

　各団体の状況により法人の種類を選択している場合が多いだろう。しかし、なかには公益法人化を目指している団体もある。たとえば、一般社団法人の日本ボクシング連盟は、2020（令和 2）年に「公益法人化プロジェクト」を立ち上げた[7]。このプロジェクトは、その目的を「世間からの信用を回復するため」と掲げ、公益法人化する理由を「スポーツ競技団体は選手や競技に関わる人のために、そして競技で世の中に貢献するために存在する」ものであるから、「健全で安定した、未来に繋がる運営が求められている」ためとしている。また、公益法人でないスポーツ団体は「公益性がないとみなされるため、公的資金補助の減額や企業や個人からの支援や寄付が集まりにくい」と述べており、スポーツ団体が公益法人化を目指す理由の一つがうかがえる。

4　スポーツ団体に関係する法律

　スポーツ団体など団体の設立や組織運営のルールを定めている法律の総称を「法人法・組織法」という。たとえば、民法や会社法、一般社団法人及び一般財団法人に関する法律、公益社団法人及び公益財団法人の認定等に関する法律、特定非営利活動促進法（NPO 法）などがこれにあたる[*13]。該当する団体は、設立や運営にあたって、これらの法律を遵守しなければならない。

　また、スポーツ基本法 5 条には、スポーツ団体の努力として、①スポーツの推進、②事業の適正化、③迅速かつ適正な紛争解決の 3 つの努力義務をあげている[*14]。

　1 つめのスポーツの推進については、同条 1 項に、「スポーツ団体は、スポーツの普及及び競技水準の向上に果たすべき重要な役割に鑑み、基本理念にのっとり、スポーツを行う者の権利利益の保護、心身の健康の保持増進及び安全の確保に配慮しつつ、スポーツの推進に主体的に取り組むよう努めるものとする」と定めている。スポーツ団体に対するこのような努力義務は、1961（昭和 36）年に制定されたスポーツ振興法では示されていなかった。しかし、2011（平成 23）年に成立したスポーツ基本法に明記されたように、スポーツ団体は、スポーツ振興に、よりいっそう率先して取り組むことが求められている[*15]。

　2 つめの事業の適正化については、同条 2 項に、「スポーツ団体は、スポーツの振興のための事業を適正に行うため、その運営の透明性の確保を図るとともに、その事業活動に関し自らが遵守すべき基準を作成するよう努めるものとする」とあるように、スポーツ団体に対してグッドガバナンスを求めている。そして、3 つめの迅速かつ適正な紛争解決については、同条 3 項に、

＊13　法人法・組織法については、第 13 章（p.197）を参照。

＊14　スポーツ基本法 5 条
「スポーツ団体は、スポーツの普及及び競技水準の向上に果たすべき重要な役割に鑑み、基本理念にのっとり、スポーツを行う者の権利利益の保護、心身の健康の保持増進及び安全の確保に配慮しつつ、スポーツの推進に主体的に取り組むよう努めるものとする。
2　スポーツ団体は、スポーツの振興のための事業を適正に行うため、その運営の透明性の確保を図るとともに、その事業活動に関し自らが遵守すべき基準を作成するよう努めるものとする。
3　スポーツ団体は、スポーツに関する紛争について、迅速かつ適正な解決に努めるものとする。」

＊15　たとえば、『詳解スポーツ基本法』では、とくにスポーツを行う者の権利利益の保護、地域スポーツクラブの中心的役割、ドーピング防止の重要性をあげている[8]。

「スポーツ団体は、スポーツに関する紛争について、迅速かつ適正な解決に努めるものとする」と定めている。これら3つについては、法人格のないスポーツ団体にも同様に遵守することが求められる。

　なお、個別の法律では、独立行政法人日本スポーツ振興センターを設置する独立行政法人日本スポーツ振興センター法や*16、日本中央競馬会という特殊法人を設置する日本中央競馬会法など、特定のスポーツ団体のための特別な法律がある。

＊16　これについては、第1章第3節(p.21)を参照。

2 スポーツ団体の役割

ここでは、スポーツ団体、なかでも中央競技団体（NF）は、どのような事業を行い、構成員とはどのような関係にあり、それがなにによって支えられているかについて学んでいく。

1 スポーツ団体の目的と事業

　スポーツ団体、とくに公益法人としての団体は、「公益の増進を目的とした活動」を目的として掲げ、定款に事業内容を示している。たとえば、公益財団法人日本陸上競技連盟は、表2-2のように、定款でその目的や目的を達成するための事業として13項目をあげている。

表2-2　公益財団法人　日本陸上競技連盟「定款」

3条（目的）　この法人は、わが国における陸上競技界を統轄し、代表する団体として、陸上競技を通じスポーツ文化の普及及び振興を図り、もって国民の心身の健全な発達に寄与し、豊かな人間性を涵養することを目的とする。
4条（事業）　この法人は、前条の目的を達成するため次の事業を行う。
（1）陸上競技の普及及び振興に関すること。
（2）陸上競技の競技力の向上に関すること。
（3）陸上競技の指導者の養成に関すること。
（4）陸上競技の国際競技大会等に対する代表参加者の選定及び派遣に関すること。
（5）陸上競技の調査及び研究に関すること。
（6）陸上競技に関連する刊行物の発行に関すること。
（7）陸上競技の国際競技大会、日本選手権大会及びその他の競技会の開催に関すること。
（8）陸上競技に関連する規則の制定に関すること。
（9）この法人の登録会員に関すること。
（10）陸上競技の審判員の養成及びその資格の認定に関すること。
（11）陸上競技の施設及び用器具の検定並びにその公認に関すること。
（12）陸上競技の日本記録をはじめとする記録の公認及び日本における世界記録の公認の申請に関すること。
（13）その他、この法人の目的を達成するために必要な事業。

出典：公益財団法人日本陸上競技連盟定款（https://www.jaaf.or.jp/athlete/rule/pdf/01.pdf）

このほかの中央競技団体（NF）でも、その目的として「心身の健全な発達」などが掲げられ、事業内容として、競技会・大会を開催することや、選手を育成したり指導者を養成したりすることなどが記載されている*17。

＊17　たとえば、公益財団法人全日本柔道連盟では、「この法人は、わが国における柔道競技界を統括し代表する団体として、嘉納治五郎師範によって創設された柔道の普及および振興を図り、もって国民の心身の健全な発達に寄与することを目的」としている9)。

2　スポーツ団体と競技者の関係

スポーツ団体が事業を実施するにあたり、重要となるのが構成員である。定款により、構成員は、加盟する統括団体、加盟団体、登録競技者・選手等で構成されている。たとえば、公益財団法人日本陸上競技連盟は、日本国内の陸上競技を統括する中央競技団体であり、都道府県を代表する陸上競技協会がこれに加盟している。

また、構成員に対しては登録会員規程が定められており、「登録会員は、本連盟が公認する陸上競技会に出場することができる」（11条）、「登録会員は、本連盟、その地域を管掌する地域陸上競技協会、所属する加盟団体、および加入団体以外のものを代表して競技会に参加することはできない」（13条）とされている。

したがって、競技者が競技会へ出場したい場合、その競技のスポーツ団体に登録することが求められる。登録することにより団体の規則に従うことを約束したものと解され、権利義務関係が成立し、団体と競技者それぞれが責任を負うことになる10)。これによって、競技者はスポーツ団体が掲げる目的および事業についてもかかわることとなるだけでなく、所属する都道府県の加盟団体へ登録されるとともに、その団体が加盟している統括団体（国際・国内）との関係も構築されることとなる。

3　団体自治の原則

スポーツ団体は、定款をはじめ組織運営のための内部ルールを自ら定めて、加盟団体や登録会員となる競技者に対してルールを課している。これは、憲法21条の保障する結社の自由に関連して、「団体自治の原則」が認められているためだとされている11)。一般に独自のルールをもつ組織・団体として地方公共団体や宗教団体、大学などがあげられるが*18、スポーツ団体も、団体自治の原則にもとづいて、自らルールを定めて組織運営を行っている。

スポーツ基本法5条にあるように、今日の社会においてスポーツの果たす役割の重要性が増しているため、スポーツ団体の組織運営には、スポーツ

＊18　憲法には、地方公共団体は94条（条例制定権）、宗教団体は20条1項（政教分離）、大学は23条（学問の自由）に規定がある。なお、組織・団体の内部での紛争に対して司法的救済を求めたケースとして、大学の授業科目の単位授与（認定）行為について争った事件では、その紛争が「一般市民の法秩序と直接の関係を有するものであると認められる特段の事情」があるかないかで、司法審査の対象になるかが判断されたものがある（富山大学事件）。

を行う者に対する権利保護、組織運営の透明性の確保、迅速かつ適正な紛争解決など、グッドガバナンスが求められるようになってきている。

3 スポーツ団体に関する仲裁事例

スポーツ団体は団体自治の原則にもとづいて事業を実施しているが、団体と競技者の間で紛争が発生することもある。なかでも問題になるのが、選手選考と懲戒処分である。たとえば、選手選考では、オリンピック代表選手の選考結果への不満から、競技者が競技団体をスポーツ仲裁裁判所（CAS）へ提訴した事例がある。一方、懲戒処分では、処分を不服とした競技者または指導者が日本スポーツ仲裁機構（JSAA）へ提訴した事例がある。

1 選手選考

選手選考とは、競技大会へ派遣する競技者を選定する行為である。スポーツ団体にとって選手選考は、団体が掲げる目標を達成させるための大事な事業の一つであるといえる[19]。また、選手選考は、競技力の評価とともに利益や不利益など、競技者の人生にとっても重要な結果をもたらす。日本を代表するような大会ともなれば、出場することが長年の夢ということもあるだろう。

したがって、どの競技者を出場させるかという選択には、大きな意義と責任が伴う。不正のある選手選考は、競技者の意欲を削ぐだけでなく、選考を行ったスポーツ団体への信頼が低下し、そのスポーツの振興を損なうことにもなりかねない。代表選手の選考は、公平で透明性の高い方法により公正に実施されることが不可欠である。

日本オリンピック委員会加盟団体規程9条では、「加盟団体は、健全かつ適切な組織運営の確保のため、次の事項に取り組まなければならない」として加盟団体に求めるものを掲げているが、その一つに「代表選手選考の判断基準を客観化し、代表選手選考の透明性を高めること」とあるように、選手選考の公平性・透明性について言及している[20]。

一方で、選手選考の結果に納得できない競技者によって、問題提起も行われてきた。選考基準が適正か、公平な基準にもとづいて選定されているかなど、どのような理由で競技者が訴えを提起し、仲裁機構がどのように判断しているのか、ここでは2つの事例を紹介する。

*19　たとえば、日本陸上競技連盟は、定款で「陸上競技の国際競技大会等に対する代表参加者の選定及び派遣に関すること」を自らの事業として定めている。

*20　日本オリンピック委員会加盟団体規程9条
「加盟団体は、健全かつ適切な組織運営の確保のため、次の事項に取り組まなければならない。
(1) ガバナンスを確立し、適正に業務を執行すること。
(2) ～ (4)　中略
(5) 代表選手選考の判断基準を客観化し、代表選手選考の透明性を高めること。」

（1）オリンピック代表選手選考に関する仲裁

> **概要**　A 選手は代表選考会でオリンピック代表の標準記録を突破して優勝していたが、オリンピック日本代表には選ばれなかった。これを不服として日本水泳連盟を相手取り、スポーツ仲裁裁判所（CAS）に提訴した。
>
> **結論**　スポーツ仲裁裁判所（CAS）は A 選手の請求を退ける判断をしたが、日本水泳連盟が選考基準を適切に告知していれば、提訴は避けられたとして、日本水泳連盟に対し、A 選手の仲裁費用の一部の支払いを求めた [12]。

　この事例は、日本における選手選考に対する不服申立てのリーディングケースとされている。その当時、日本には代表選考をめぐる紛争や問題を扱う場はなく、「疑問があっても、選手は黙って結果を受け入れる。それが当たり前で、ほかに手段はないと思われていた」という [13]。そのようななか、A 選手が選手選考に異議を唱え、スポーツ仲裁裁判所（CAS）に訴えた行動は大きく報道され、日本のスポーツ界に一石を投じた。また、これにより、日本国内での仲裁機関の設立の機運が高まった。ここでは、選手選考のあいまいな基準が問題となったため、日本水泳連盟はもちろん、ほかのスポーツ団体でも選手選考基準を明確にする意識が高まった。

（2）自転車競技選手権大会日本代表選手選考に関する仲裁

> **概要**　日本自転車競技連盟は、出場正選手として B を、補欠選手として C を選出した。しかし、C はこの決定を恣意的で裁量権を逸脱したものであるとして、決定の取消しと C を正選手とする決定等を求めて、日本自転車競技連盟を日本スポーツ仲裁機構（JSAA）に提訴した。
>
> **結論**　日本スポーツ仲裁機構（JSAA）は、B と C の過去 2 年間の成績は拮抗しており甲乙つけがたく、両選手の成績から判断した場合に、日本自転車競技連盟が B を本種目の出場正選手とし C を補欠とした決定が著しく合理性を欠くとはいえないと判断した [14]。

　この事例で、日本スポーツ仲裁機構（JSAA）は、その判断について、「スポーツ競技を統括する国内スポーツ連盟については、その運営について一定の自律性が認められ、その限度において仲裁機関は国内スポーツ連盟の決定を尊重しなければならない」と述べている [15]。また、競技団体の決定の効力が争われる仲裁判断基準として、下記①〜④をあげている。

　　① 国内スポーツ連盟の決定がその制定した規則に違反している場合

　　② 規則には違反していないが著しく合理性を欠く場合

　　③ 決定に至る手続に瑕疵がある場合

　　④ 規則自体が法秩序に違反しもしくは著しく合理性を欠く場合

2 懲戒処分

懲戒とは、『広辞苑［第7版］』によると、「こらしいましめること。こらしめ」、「不正または不当な行為に対し、制裁を加えること。国家公務員にあっては免職・停職・減給・戒告、裁判官では戒告・過料の類」[16]とある。懲戒処分には、一般に、戒告・訓告、注意、厳重注意、謹慎処分などがある。スポーツ団体の場合は、これらに加えて、試合出場資格の停止や登録抹消、除名、罰金、氏名等の公表などが考えられる。

懲戒処分は、団体自治の範囲として認められた権限であり、一定の裁量が認められている。しかし、懲戒処分を行うためには前提条件がある。たとえば、文部科学省「スポーツ指導における暴力等に関する処分基準ガイドライン（試案）」には、処分を行うための4原則として、罪刑法定主義[*21]、平等取扱いの原則、相当性の原則、適正手続きをあげている[18]。

したがって、懲戒処分においても、あらかじめこれを明確に規定しておくとともに、適正な手続きをもって行わなければならない。ここでは、懲戒処分について争われた2つの事例について紹介する。

(1) ドーピング違反処分をめぐる仲裁

> 概要　日本プロサッカーリーグ（以下、「Jリーグ」という）のチームD所属のE選手が風邪によりチームドクターから静脈注入（点滴）を受けたことを、Jリーグがドーピング禁止規程違反と判断し、E選手に対して試合の出場停止処分、チームDに対して制裁金処分を科した。これを不服として、チームドクターが日本スポーツ仲裁機構（JSAA）に提訴したが、Jリーグが仲裁申立てに合意しなかったため不成立となり、その後、E選手がスポーツ仲裁裁判所（CAS）にJリーグを提訴した。
> 結論　スポーツ仲裁裁判所（CAS）はE選手の請求を認める決定を下した[19]。

この事例は、スポーツ団体（Jリーグ）側が日本スポーツ仲裁機構（JSAA）の仲裁申立てを受諾しなかった例である。Jリーグは、チームドクターによる仲裁申立てに合意しておらず、日本スポーツ仲裁機構（JSAA）のスポーツ仲裁自動受諾条項[*22]も採択していなかった。さらにJリーグは、当時、世界アンチ・ドーピング規程（WADC）[*23]に準じた日本ドーピング防止規定ではなく、独自の規程を用いていた[*24]。

そのなかで、スポーツ仲裁裁判所（CAS）は、世界アンチ・ドーピング規程に照らすとこの点滴は正当な医療行為というべきであり、Jリーグ規程に照らすと、E選手にはいかなる制裁も科されるべきではないと判断した。

＊21　罪刑法定主義
罪刑法定主義とは、『広辞苑［第7版］』によると、「いかなる行為が犯罪であるか、その犯罪にいかなる刑罰を加えるかは、あらかじめ法律によって定められていなければならないとする主義」[17]をいう。

＊22　スポーツ仲裁自動受諾条項
スポーツ仲裁自動受諾条項とは、当該団体の決定を不服とする競技者からの申立てがあれば、常に仲裁に応じる旨の定めをいう。

＊23　世界アンチ・ドーピング規程（WADC）については、第11章（p.165）を参照。

＊24　そもそも日本ドーピング防止規程を採択していれば、その処分に不満がある場合は日本スポーツ仲裁機構（JSAA）に上訴できる旨を規定していた。

（2）ホッケー女子代表監督の解任処分をめぐる仲裁

> **概要**　ホッケー代表監督 F が日本ホッケー協会から代表監督を解任され、これを不服として、日本ホッケー協会を日本スポーツ仲裁機構（JSAA）に提訴した。日本スポーツ仲裁機構（JSAA）によりいったんは決定が取り消されたが、その後、改めて日本ホッケー協会が解任を決定したことに対して、F 監督が再度提訴した。
>
> **結論**　日本スポーツ仲裁機構（JSAA）は、最初の解任は手続きに瑕疵があるとして決定を取り消したが、正式な手続きを経ての解任については、不合理とはいえないとして F 監督の請求を棄却した[20]。

　この事例は、競技者ではなく、監督が仲裁を申し立てたものである。最初の解任は、通常の理事会の議案とならずに決定されたため、日本スポーツ仲裁機構（JSAA）は、「権限のない機関によって行われた決定であって、被申立人の制定した規則に違反するものである」として、決定を取り消した。

　日本ホッケー協会は、この結論を受け、理事会において改めて F 監督の解任を決定したため、F 監督は再度申立てをした。これを受けて日本スポーツ仲裁機構（JSAA）は、「解任決定の内容が、（中略）その裁量を逸脱し著しく不合理なものであったとまでは認められない」と前回のような手続き上の瑕疵があったとはいえないものとして、F 監督の請求を棄却した。

　一方、日本スポーツ仲裁機構（JSAA）は、「競技団体の決定の内容の著しい不合理性」については、日本ホッケー協会があげた理由の一つである「成績不振」についても触れ、「この点に関する競技団体の裁量は相当広いものというべきである」と述べた。監督・コーチの「解任」について、一つの考えが示されたといえよう。

4 スポーツ団体のグッドガバナンスに向けて

　近年のスポーツ団体の不祥事に対応すべく、スポーツ庁は「スポーツ団体ガバナンスコード」を策定した。スポーツ団体には、法令を遵守し、適正な組織運営を行いながら、自律していくことが求められている。

1 スポーツ団体ガバナンスコード

　スポーツ団体にはその運営について一定の自律性が認められており、仲裁機関はその限度においてスポーツ団体の決定を尊重している。しかし、近年は、「ガバナンスの機能不全等により、スポーツの価値を毀損するような様々な不祥事が発生し、スポーツ基本法の理念の実現に向かっているとは言い難

い状況」[21] が発生している。

（1）スポーツ団体ガバナンスコードの策定

　こうした状況を鑑み、スポーツ庁は、2019年（令和元）年6月に「中央競技団体向け」、同年8月に「一般スポーツ団体向け」の2種類の「スポーツ団体ガバナンスコード」を策定した（表2-3）。スポーツ団体ガバナンスコードとは、スポーツ団体が適切な組織運営を行うための原則や規範を指す。2018（平成30）年のスポーツ庁による「スポーツ・インテグリティの確保に向けたアクションプラン」で、スポーツ団体が遵守すべき基準を作成する際に役立つよう定められたものである。これは、スポーツ界の不祥事を未然に防止するだけでなく、スポーツの価値が最大限発揮されるための重要な担い手として、スポーツ団体が適切なガバナンスを確保することを目的としている。

　スポーツ団体ガバナンスコードでは、とくに中央競技団体（NF）に対して、より高いレベルのガバナンスを求めている。そこでは、中央競技団体（NF）が「国内において特定のスポーツを統括して広範な役割を担い、そのスポーツに関わる人々の拠りどころとなる団体」であり、「その業務運営が社会的影響力を有するとともに、国民・社会に対しても適切な説明責任を果たすことが求められる公共性の高い団体」であるとしている[22]。

（2）中央競技団体（NF）の経営基盤の強化

　さらに、人的・財政的基盤が脆弱であるなか、スポーツ団体の多くがスポーツを愛好する人々の自発的な努力によって支えられてきたことを不祥事の背

表 2-3　スポーツ団体ガバナンスコード（中央競技団体向け）

原則1	組織運営等に関する基本計画を策定し公表すべきである。
原則2	適切な組織運営を確保するための役員等の体制を整備すべきである。
原則3	組織運営等に必要な規程を整備すべきである。
原則4	コンプライアンス委員会を設置すべきである。
原則5	コンプライアンス強化のための教育を実施すべきである。
原則6	法務、会計等の体制を構築すべきである。
原則7	適切な情報開示を行うべきである。
原則8	利益相反を適切に管理すべきである。
原則9	通報制度を構築すべきである。
原則10	懲罰制度を構築すべきである。
原則11	選手、指導者等との間の紛争の迅速かつ適正な解決に取り組むべきである。
原則12	危機管理及び不祥事対応体制を構築すべきである。
原則13	地方組織等に対するガバナンスの確保、コンプライアンスの強化等に係る指導、助言及び支援を行うべきである。

出典：スポーツ庁「スポーツ団体ガバナンスコード〈中央競技団体向け〉」2019年より一部抜粋

景ととらえ、スポーツ団体ガバナンスコードでは、中央競技団体（NF）の経営基盤の強化を重要な課題としている。同アクションプランでも、中央競技団体（NF）の経営基盤の強化のための施策を掲げている。そして、2020（令和 2）年度以降、中央競技団体（NF）にはスポーツ団体ガバナンスコードの遵守状況について年 1 回の自己説明および公表を行うことが求められ、統括団体による「適合性審査」を受ける必要があるとされている。

　これらは、スポーツ団体でもとくに中央競技団体（NF）においては、メディアやファンなどに対して社会的な影響力があるためである。また、その競技において日本を代表する唯一の団体であるため、民間企業のような同業他社との競争原理や株価を含めた企業価値にもとづくコンプライアンス強化がなかなか期待できない。そのため、中央競技団体（NF）自らが率先して、コンプライアンスの強化を行わなければならないのである。

2 スポーツ団体の今後のあり方

　スポーツ団体は、その運営に一定の自律性を認められるとともに、スポーツ団体ガバナンスコードを遵守することによって、自らを律することが求められている。しかし、競技者はもとより監督・コーチ・スタッフ等においても、スポーツ団体による選手選考や懲戒処分などの裁定を不可解に思うようなことが、残念ながら起こらないとはいいきれない。そうした場合は、スポーツ団体の定款、スポーツ仲裁裁判所（CAS）や日本スポーツ仲裁機構（JSAA）などの過去の判断を確認することが解決への大きな手がかりになるだろう。

　スポーツ団体とその構成員は、対立関係ではなく、スポーツを推進したりスポーツを通して人々の心身の健全な発達に寄与していく同志であるといえよう。スポーツ基本法の前文には、「スポーツを通じて幸福で豊かな生活を営むことは、全ての人々の権利」であると述べられている。そして、「全ての国民がその自発性の下に、（中略）日常的にスポーツに親しみ、スポーツを楽しみ、又はスポーツを支える活動に参画することのできる機会が確保されなければならない」と続けている。スポーツ団体およびその構成員は、これらに示されるスポーツ権のもと、自らの役割や法的な位置づけについて理解を深めていくことが求められている。

引用文献

1）スポーツ競技団体のコンプライアンス強化委員会「スポーツ界におけるコンプライアンス強化ガイドライン」2018年　p.21
2）小笠原 正監修『導入対話によるスポーツ法学［第2版］』信山社　2007年　p.21
3）新村 出編『広辞苑［第7版］』岩波書店　2018年　p.2673
4）日本サッカー協会「平成19年度第10回理事会資料」
（https://www.jfa.jp/about_jfa/report/PDF/k20080207.pdf）
5）前掲書3）　p.596
6）日本オリンピック委員会「加盟団体一覧」（https://www.joc.or.jp/about/dantai/）
7）日本ボクシング連盟「公益法人化プロジェクト2020スタート」（https://jabf-revival.com/pic/）
8）日本スポーツ法学会編『詳解スポーツ基本法』成文堂　2011年　pp.146-148
9）公益財団法人 全日本柔道連盟定款（https://www.judo.or.jp/cms/wp-content/uploads/2020/12/c01a9fe13c9ef7de5db58f05b63335ab.pdf）
10）前掲書3）　p.63
11）前掲書3）　p.65
12）日本経済新聞「五輪落選、理由知りたい 「葉すずさんが開けた扉」（2019年1月30日）
（https://www.nikkei.com/article/DGXMZO40398110U9A120C1000001/）
13）同上
14）日本スポーツ仲裁機構「仲裁裁判」（JSAA-AP-2014-007）
（https://www.jsaa.jp/award/AP-2014-007.html）
15）同上
16）前掲書3）　p.1899
17）前掲書3）　P.1134
18）石堂典秀・建石真公子編『スポーツ法へのファーストステップ』法律文化社　2018年　p.120
19）境田正樹「Jリーグ 川崎フロンターレ我那覇選手ドーピング誤審事件の残した課題」『Sports medicine』107　2009年　pp.35-37
20）日本スポーツ仲裁機構「仲裁裁判」（JSAA-AP-2014-008）
（https://www.jsaa.jp/award/AP-2014-008.html）
21）スポーツ庁「スポーツ団体ガバナンスコード＜中央競技団体向け＞」2019年　p.2
22）同上

参考文献

・菅原哲朗・望月浩一郎編集代表『スポーツにおける真の指導力』エイデル研究所　2014年
・浦川道太郎・吉田勝光ほか編著『標準テキスト スポーツ法学［第3版］』エイデル研究所　2020年
・スポーツ競技団体のコンプライアンス強化委員会「スポーツ界におけるコンプライアンス強化ガイドライン」2018年
・内閣府「公益法人制度とNPO法人制度の比較について」
（https://www.cao.go.jp/others/koeki_npo/koeki_npo_seido.html）

・日本スポーツ法学会「シンポジウム　上訴と仲裁──ドーピング紛争の争訟性（日本スポーツ法学会第
　16 回大会──スポーツと人権）」『日本スポーツ法学会年報』第 16 号　2009 年　pp.42-54
・小笠原　正監修『導入対話によるスポーツ法学［第 2 版］』信山社　2007 年
・石堂典秀・建石真公子編『スポーツ法へのファーストステップ』法律文化社　2018 年

┌学びの確認────

（　　　　）に入る言葉を考えてみよう。

① スポーツ基本法 2 条 2 項は、スポーツ団体を「（　　　　　　　　　　）のための
事業を行うことを主たる目的とする団体」と定めている。

② スポーツ団体を法人化するにあたっては、その団体がどのような活動を行うかを
（　　　　　）に記載しなければならない。

③ スポーツ基本法 5 条では、「スポーツ団体の努力」として、（　　　　　　　　　　）、
（　　　　　　　　　）、（　　　　　　　　　　　　）の 3 つの努力義務
をあげている。

④ 公益社団法人及び公益財団法人の認定等に関する法律（公益法人認定法）5 条に
よると、公益法人には不特定多数の人々の利益の増進に資するよう厳格な基準が課
されている。大きく分けると、①公益に資する活動をしているかという（　　　　）
の基準と、②公益目的事業を行う能力・体制があるかという（　　　　　　　）
の 2 つの基準がある。

⑤ （　　　　　　　　　　　　　　　）とは、スポーツ団体が適切に組織運営
を行うための原則や規範である。スポーツ庁が 2018 年に策定した「スポーツ・イ
ンテグリティの確保に向けたアクションプラン」で、スポーツ団体において遵守す
べき基準の作成に資するように位置づけられている。

「スポーツ団体ガバナンスコード」に関心をもとう

スポーツ庁が「スポーツ団体ガバナンスコード」を策定してから数年が経った。本章でも触れたように同ガバナンスコードは、スポーツ界における不祥事の発生を防ぎ、スポーツの価値をいっそう高めることを主な目的に、スポーツ庁が2019（令和元）年に策定したものである。これは、2020年のオリンピック・パラリンピック東京大会の開催が間近に迫り、スポーツ界に対する注目がますます高まるなかで、スポーツの普及や振興を担うスポーツ団体が適正なガバナンスを確保することが不可欠だったことが背景とされている。

では、この「スポーツ団体ガバナンスコード」13原則の遵守状況はどのようになっているのだろうか。スポーツ団体の公式サイトを見ると、「ガバナンスコード順守状況に関する自己説明及び公表内容」を掲載している団体も多く見られる。内容については、民事法学を専門とする研究者をはじめ、新聞社や民間の総研等でも考察がなされている[1]。その着目点として多く見られるものは、「適切な組織運営を確保するための役員等の体制を整備すべき」という審査項目の「多様性の確保」である。たとえば、日本オリンピック委員会（JOC）では、審査項目にのっとり、「外部理事25％、女性理事40％」を規程とし、実際に2021（令和3）年6月の役員改正で目標を達成している[2]。とくに女性理事については、3月8日の国際女性デーに合わせた特集記事等で中央競技団体に女性理事の比率に関するアンケートを実施した結果、40％を満たしたのは6団体とわずかであると報じられている[3]。

こうした「役員等の体制の整備」は、グッドガバナンスのための第一歩として重要な役割を果たすことはいうまでもない。一方で、この「自己説明」が、チェック項目にもとづいて形式的な記載にとどまっている団体も見られる。また、審査基準を満たせば、策定理由とされる「不祥事の発生を防ぎ」、「スポーツの価値をいっそう高める」ことにつながるのか、見えにくいことも事実ではないだろうか。

中央競技団体向けスポーツ団体ガバナンスコードの前文には、次のように記されている。

> スポーツは、個人の心身の健全な発達、健康・体力の保持及び増進を目的とする活動であり、国際競技大会における代表選手の活躍等を通じて国民に誇り、夢と感動を与え、さらには、地域・経済の活性化、共生社会や健康長寿社会の実現、国際理解の促進など幅広く社会に貢献する営みである。このようなスポーツの価値を実現していくためには、その前提として、スポーツの普及・振興等の重要な担い手であるスポーツ団体が適切に運営されていることが求められる。

スポーツに向けられた国からの大きな期待を実現することはたやすいことではないだろうが、各スポーツ団体は、ガバナンスコードが策定された背景を忘れずに、自律していく意識をもち続けることが重要だと考える。そして、この遵守状況の内容について周囲が関心をもつことが実効性を高めると考え、注目していきたい。

[引用文献]

1）坂東洋行「会社法学からみたスポーツ団体ガバナンス」『名古屋学院大学論集社会科学編』第57巻　第4号　pp.49-98、熊谷哲「中央競技団体は実のある多様性・外部性の確保を」（https://www.ssf.or.jp/ssf_eyes/sport_topics/20220331.html）

2）産経新聞「JOC役員改選、山下会長が再任　女性理事は13人『40％』達成」（https://www.sankei.com/article/20210625-LWIY3J7FJNNLXLU22UNJO3JQJY/?outputType=theme_tokyo2020）

3）東京新聞「JOC加盟団体の女性登用、その実態は本紙アンケートの回答分析」（https://www.tokyo-np.co.jp/article/164272）

地域のスポーツ環境と法

なぜこの章を学ぶのですか？

　私たちが日常生活でスポーツに親しむことができるのは、国や地方公共団体が、スポーツ施設の運営やスポーツイベントの実施など、さまざまなスポーツ環境を整備しているためです。それらを支える各種施策にかかわる法や制度を理解することが重要です。

第3章の学びのポイントはなんですか？

　本章では、どのような法を根拠にして地域のスポーツ環境が整備されているのか学習するとともに、とくに地方公共団体がどのような仕組みになっているのか理解します。

＼ 考えてみよう ／

① 自らの居住する地域のスポーツ環境を支える地方公共団体は、どのような組織体制なのか、考えてみよう。

② 使用したことのある公共スポーツ施設は、どのような方法で運営されているのか、考えてみよう。

1 地域スポーツを支える法

地域スポーツの環境を支える法には、さまざまな法律や条例が存在する。そのなかでも、法全体がスポーツ行政にかかわるスポーツ基本法について確認するとともに、地方公共団体の組織と運営に関する事項を定める地方自治法、地域の実情に合わせて制定されているスポーツにかかわる条例についても理解する。

┃1 スポーツ基本法における各種の規定

スポーツ行政にかかわる法は数多く存在するが、大きく3つに分類することができる[*1]。その一つの「法全体がスポーツ行政に関するもの」に該当し、スポーツ行政において最も基本とされるのが、スポーツ基本法である。スポーツ基本法は、わが国のスポーツ施策の基本を定めた法律であり、国と地方公共団体が行うべきことを定めているが、地域スポーツの環境にかかわる規定も複数含まれる。

同法4条は、地方公共団体の責務について、国と連携を図って地域の特性に応じた施策を策定し、実施すると定めている[*2]。6条は、地方公共団体は国やスポーツ団体とともに国民のスポーツへの参加や支援を促進するように努めなければならないと定めている[*3]。10条は、地方公共団体のスポーツ施策を展開するうえで基本となる地方スポーツ推進計画について、国が定めるスポーツ基本計画を参酌して定めるよう努めるとしている[*4]。また、地方スポーツ推進計画の策定にかかわって、31条ではそれらの計画を審議するスポーツ推進審議会の設置について定めている[*5]。32条は、地域のスポーツ推進を担うスポーツ推進委員について、スポーツイベントなどの実施に係る連絡調整、住民に対するスポーツ指導、その他スポーツに関する指導・助言を行うものと定めている[*6]。

また、同法は第3章「基本的施策」のなかで、「スポーツの推進のための基礎的条件の整備等」「多様なスポーツの機会の確保のための環境の整備」および「競技水準の向上等」にかかわる条項を11条から29条まで定めているが、地方公共団体が取り組むことを求めた規定も複数存在する。そのほかの条項においても、地方公共団体が主体となって取り組むことが定められている。

*1 ①法全体がスポーツ行政に関するもの、②法の一部がスポーツ行政に関するもの、③法自体はスポーツに関する直接的な法ではないが、スポーツに関する行政的規制を含むものに分類される。

*2 スポーツ基本法4条については、第1章（p.17）を参照。

*3 スポーツ基本法6条
「国、地方公共団体及びスポーツ団体は、国民が健やかで明るく豊かな生活を享受することができるよう、スポーツに対する国民の関心と理解を深め、スポーツへの国民の参加及び支援を促進するよう努めなければならない。」

*4 スポーツ基本法10条については、第1章（p.18）を参照。

*5 スポーツ基本法31条
「都道府県及び市町村に、地方スポーツ推進計画その他のスポーツの推進に関する重要事項を調査審議させるため、条例で定めるところにより、審議会その他の合議制の機関（以下「スポーツ推進審議会等」という。）を置くことができる。」

2 地域スポーツと地方自治法

　スポーツ基本法は、国と地方自治体がかかわるスポーツに関する施策の基本を定めており、地域のスポーツ環境の整備にも重要な法として位置づく。一方で、地方自治法は、地方自治体の行政活動の基本となる組織および運営に関する原則を定めており、スポーツはもちろん教育や福祉などのさまざまな施策の展開にかかわっている。

　たとえば、行政計画の一つである総合計画の基本構想について[*7]、2011（平成23）年まで、地方自治法2条4項において市町村が議会の議決を経て定めることを義務づけていた。その後、地方分権改革の一環で2011（平成23）年5月に地方自治法が改正され、基本構想の法的な策定義務がなくなり、策定および議会の議決を経るかどうかは、市町村の独自の判断に委ねられることとなった。

3 地域スポーツとスポーツ条例

　地方公共団体が定める条例においても、さまざまな地域でスポーツに関する条例が制定されている。たとえば、19の都道府県がスポーツに関する基本理念を定めたスポーツ基本条例を制定している（ 表3-1 ）。また、市町村でも同様の動きが見られ、例として、町田市スポーツ推進条例（2013年）や宗像市スポーツ推進条例（2015年）、長岡市スポーツ推進条例（2020年）などがあげられる。

　さらに、スポーツ施設に限定した条例を定めている市町村も複数見られる。たとえば、横浜市スポーツ施設条例（1998年）や富山市スポーツ施設条例（2005年）などである。秋田県田沢湖スキー場条例（2006年）などスキー場の設置および管理に関する条例も複数存在するが、とくに野沢温泉村スキー場安全条例（2010年）は、スキー場にかかわるスキーヤーやスキースクール、競技者、野沢温泉村および指定管理者などの責務を明確にし、スキー場での事故防止とともに、スキーなどをより安全で楽しいものにすることを目的として制定された条例である。これは、スポーツにかかわる条例のなかでも先進的なものだといえる。

＊6　スポーツ基本法32条
「都道府県及び市町村に、地方スポーツ推進計画その他のスポーツの推進に関する重要事項を調査審議させるため、条例で定めるところにより、審議会その他の合議制の機関（以下「スポーツ推進審議会等」という。）を置くことができる。」

＊7　総合計画については、本章第3節(p.48)を参照。

表 3-1 スポーツ基本条例一覧

都道府県	条例の名称	公布日	施行日
埼玉県	埼玉県スポーツ振興のまちづくり条例	平成 18 年 12 月 26 日	平成 19 年 4 月 1 日
鹿児島県	スポーツ振興かごしま県民条例	平成 22 年 6 月 25 日	平成 22 年 6 月 25 日
千葉県	千葉県体育・スポーツ振興条例	平成 22 年 12 月 24 日	平成 22 年 12 月 24 日
山口県	山口県スポーツ推進条例	平成 24 年 3 月 21 日	平成 24 年 4 月 1 日
岡山県	岡山県スポーツ推進条例	平成 24 年 7 月 3 日	平成 24 年 7 月 3 日
群馬県	群馬県スポーツ振興条例	平成 25 年 3 月 26 日	平成 25 年 4 月 1 日
岐阜県	岐阜県清流の国スポーツ推進条例	平成 25 年 3 月 26 日	平成 25 年 3 月 26 日
徳島県	徳島県スポーツ推進条例	平成 26 年 3 月 20 日	平成 26 年 3 月 20 日
三重県	三重県スポーツ推進条例	平成 26 年 12 月 24 日	平成 27 年 4 月 1 日
滋賀県	滋賀県スポーツ推進条例	平成 27 年 12 月 14 日	平成 27 年 12 月 14 日
愛媛県	愛媛県スポーツ推進条例	平成 29 年 3 月 24 日	平成 29 年 3 月 24 日
神奈川県	神奈川県スポーツ推進条例	平成 29 年 3 月 28 日	平成 29 年 3 月 28 日
石川県	石川県スポーツ推進条例	平成 29 年 7 月 4 日	平成 29 年 7 月 4 日
大分県	大分県スポーツ推進条例	平成 30 年 3 月 14 日	平成 30 年 3 月 14 日
山形県	山形県スポーツ推進条例	平成 31 年 3 月 15 日	平成 31 年 3 月 15 日
新潟県	新潟県スポーツの推進に関する条例	平成 31 年 3 月 29 日	平成 31 年 3 月 29 日
福岡県	福岡県スポーツ推進条例	令和 2 年 3 月 31 日	令和 2 年 4 月 1 日
山梨県	山梨県スポーツ推進条例	令和 3 年 3 月 29 日	令和 3 年 3 月 29 日
北海道	北海道スポーツ推進条例	令和 4 年 3 月 31 日	令和 4 年 3 月 31 日

注：2022 年 9 月現在

2 地域スポーツを支える組織と人材

　地域スポーツを支える地方公共団体の担当部署にはどのような型があるのか、担当職員は具体的にどのような事務を担当しているのかを把握するとともに、スポーツ基本法で規定されるスポーツ推進委員の役割について理解する。

1 スポーツ担当部署の根拠法

　地域スポーツにかかわる組織としては、競技団体やスポーツ協会などが想像しやすい。ただ、それらのスポーツ環境の整備に大きな役割を担っているのが、都道府県と市町村の地方公共団体である。

　地域スポーツにかかわるさまざまな業務を担当する部署は、「地方教育行政の組織及び運営に関する法律」（以下、「地方教育行政法」という）を根拠

法として規定される。地方公共団体におけるスポーツ行政は、学校教育など
を担当する教育委員会が担当する型（教育委員会中心型）と、都道府県であ
れば知事、市町村であれば市長・町長・村長といった首長傘下の部局が中心
となる型（首長部局中心型）の 2 つに分類される。

2 教育委員会中心型と首長部局中心型

　教育委員会中心型では、一般的に、地方公共団体の社会教育部スポーツ・
体育担当課といった部署が、スポーツ振興に関する業務を行う。ただし、ス
ポーツ施設関係の所管は多岐にわたっており、すべてのスポーツ行政を担っ
ているわけではない。一方、首長部局中心型では、首長のもとに置かれる事
務担当機関の部局が、スポーツ振興に関する業務を行う。これまで、わが国
では、教育委員会が、体育や運動部活動といった学校教育と同様に地域スポー
ツ政策を担当してきた。そのため、地域スポーツにおいても教育的な色合い
が強い活動が多かった。

　しかしながら、2007（平成 19）年に地方教育行政法が改正され[8]、スポー
ツを取り巻く環境が変化してきたこともあって、これまで教育委員会が所掌
してきたスポーツに関する事務（学校体育に関することを除く）は、首長が
管理し、執行できるようになった（表 3-2）。

＊ 8　24 条の 2（職
務権限の特例）の追加、
現行法 23 条 1 項。

表 3-2　教育に関する事務の役割分担

教育委員会	○ 学校教育に関すること 　・公立学校の設置、管理　　　・教職員の人事、研修 　・児童生徒の入学、退学 　・学校の組織編成、教育課程、生徒指導 　・教科書採択　　・校舎等の施設の整備 ○ 社会教育に関すること 　・講座、集会の開設等社会教育事業の実施 　・公民館、図書館、博物館等の設置、管理 ○ 文化財の保護に関すること ○ 学校における体育に関すること
原則は教育委員会の管理・執行。ただし、条例の制定で首長に移管できる事務	○ 文化に関すること 　・文化事業の実施　　　・文化施設の設置管理 ○ スポーツに関すること 　・スポーツ事業の実施　　・スポーツ施設の設置管理
知事 市町村長	○ 大学に関すること　　○ 私立学校に関すること ○ 教育財産の取得・処分　　○ 契約の締結 ○ 予算の執行

3 首長部局中心型の現状

　現在、複数の地方公共団体が、スポーツに関する事務を教育委員会から首長部局へ移管している。その主な理由として、スポーツに関する事務などを一元化して効率を図ろうとすることがあげられる。実際、47 のうち 25 の都道府県が首長部局の担当となっており、半数の 5 割以上を占めている。また、「環境」、「生活」、「観光」、「文化」などの他の分野と統合した部署になっている場合が多い。たとえば、北海道では、環境生活部文化・スポーツ局スポーツ振興課、秋田県では、観光文化スポーツ部スポーツ振興課などである。

　一方、市区町村では首長部局が担当している割合は 19.6% にとどまり、従来どおり教育委員会が担当している場合が多い。とくに人口規模が小さくなるほど、教育委員会がスポーツ所管部局である割合が大きくなっている（図 3-1）。

　地方公共団体におけるスポーツに関する事務や事業は多様であり、複数の組織にわたる事業も存在している。地域スポーツにかかわる事務は、各々の地方公共団体の実状にあわせて取り扱われることが重要だといえる。

図 3-1 人口規模別スポーツ所管部局の割合

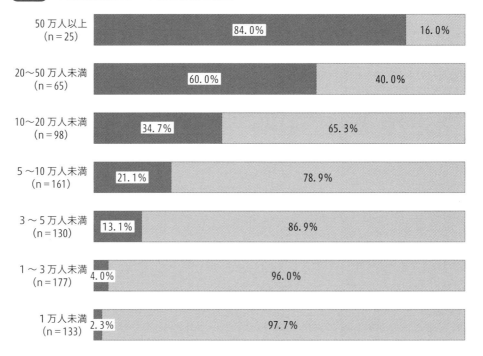

凡例：■ 首長部局　□ 教育委員会

出典：スポーツ庁「平成 28 年度スポーツ政策調査研究『地方スポーツ行政に関する調査研究』報告書」 2017 年　p.6

4 地域スポーツを支える担当職員

　文部科学省によると、スポーツ振興を担当する正規職員数は、都道府県全体では 1,927 人（平均 41 人）、市区町村全体では 4,528 人（平均 5.7 人）である（図 3-2）。また、スポーツ担当部署の正規職員の構成比を見ると、都道府県では、競技スポーツが 21.7％と最も多く、総合調整、学校教育、生涯スポーツと続く。一方、市区町村では、スポーツ施設管理が 21.7％と最も多く、生涯スポーツ、総合調整、スポーツを通じた健康増進と続き、都道府県と市区町村では構成比に違いがあることがわかる。

　私たちの日常生活につながる地域スポーツ政策は、都道府県より市区町村が担うことが多い。その視点からとらえると、スポーツ施設管理と生涯スポーツを担当する市区町村の約 4 割を占める職員は大きな役割を担っているといえるだろう。

図 3-2 スポーツ担当部署の正規職員数の規模

	全体	正規職員（人）	正規職員平均（人）
都道府県	47	1927	41
市区町村	790	4528	5.7
全体	837	6456	7.7

出典：スポーツ庁「平成 28 年度スポーツ政策調査研究『地方スポーツ行政に関する調査研究』報告書　2017 年　p.7

図 3-3 都道府県と市区町村におけるスポーツ担当部署の正規職員の構成比

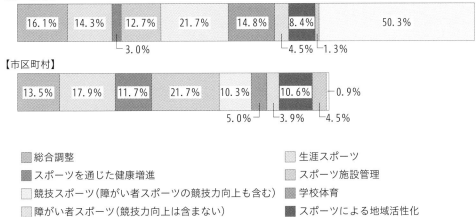

【都道府県】
16.1%　14.3%　12.7%　21.7%　14.8%　8.4%　50.3%
3.0%　4.5%　1.3%

【市区町村】
13.5%　17.9%　11.7%　21.7%　10.3%　10.6%　0.9%
5.0%　3.9%　4.5%

- ■ 総合調整
- ■ 生涯スポーツ
- ■ スポーツを通じた健康増進
- ■ スポーツ施設管理
- ■ 競技スポーツ（障がい者スポーツの競技力向上も含む）
- ■ 学校体育
- ■ 障がい者スポーツ（競技力向上は含まない）
- ■ スポーツによる地域活性化
- ■ スポーツによる経済活性化
- □ その他

出典：スポーツ庁「平成 28 年度スポーツ政策調査研究『地方スポーツ行政に関する調査研究』報告書」 2017 年　p.8, 11

＊9　スポーツ基本法
32条1項
「市町村の教育委員会
（特定地方公共団体に
あっては、その長）は、
当該市町村におけるス
ポーツの推進に係る体
制の整備を図るため、
社会的信望があり、ス
ポーツに関する深い関
心と理解を有し、及び
次項に規定する職務を
行うのに必要な熱意と
能力を有する者の中か
ら、スポーツ推進委員
を委嘱するものとす
る。」

＊10　総合型地域ス
ポーツクラブ
2009（平成21）年に
日本体育協会（日本
スポーツ協会の前身）の
組織内組織として設立
された総合型クラブの
全国組織である。
2011（平成23）年時
点で47都道府県に総
合型地域スポーツクラ
ブ連絡協議会が存在
し、すべての都道府県
の連絡協議会は総合型
地域スポーツクラブ全
国協議会のネットワー
クに加入。2022（令
和4）年時点で2,690
クラブが加入している。

5 地域スポーツを支えるスポーツ推進委員

スポーツ推進委員が、地域スポーツの推進役として存在する。スポーツ推進委員は、スポーツ基本法32条で規定される非常勤の国家公務員であるが＊9、その成り立ちは、1957（昭和32）年までさかのぼる。文部省（当時）が、住民の生活に直結したスポーツ振興を図るうえで、指導者の確保とその活動が不可欠であると判断し、体育指導委員を設置したことから始まり、1961（昭和36）年に制定されたスポーツ振興法では、体育指導委員に関する規定が19条に盛り込まれた。その後、2011（平成23）年に制定されたスポーツ基本法では、体育指導委員からスポーツ推進委員に名称が変更されて、現在に至っている。

スポーツ推進委員には、体育指導委員時代の「スポーツの実技の指導」と「スポーツに関する指導及び助言」に加えて、「当該市町村におけるスポーツの推進に係る体制の整備を図るため」に、「スポーツの推進のための事業の実施に係る連絡調整」を行うという新たな役割が明記された。具体的には、地域における事業の企画立案や連絡調整、地域住民や行政、スポーツ団体、総合型地域スポーツクラブ＊10などを結びつけるコーディネーターとして、地域スポーツ推進の中核的な役割が期待されている。

なお、2022（令和4）年7月現在、全国に48,211名のスポーツ推進委員がいる（全国スポーツ推進委員連合）。委員の職業は、会社員、自営業者、教員、教員経験者などさまざまであるが、減少傾向にあるため、スポーツを専門的に学んだ人たちが担うことを期待したい。

3 地域スポーツと行政計画

地方公共団体は、行政計画をもとにしてスポーツ振興を図っていく。具体的にどのような計画が策定されているのかを理解するとともに、スポーツ振興にかかわる地方スポーツ推進計画の策定状況を把握する。

1 総合計画と総合戦略

地方公共団体はさまざまな行政計画を策定しているが、そのなかで最上位に位置づき、取り組むべき施策を包括的に示すものが総合計画である。総合

計画は地方公共団体によって若干の差異はあるが、基本構想、基本計画、実施計画の階層で示されていることが多い。スポーツについては、基本計画のなかで単独で示されている場合や、学校教育や社会教育・生涯学習等の基本計画の下位項目としてスポーツに関連する計画が示されている場合など、総合計画のなかでのスポーツの位置づけは地方公共団体によって異なる。

　類似の行政計画として総合戦略がある。同戦略はまち・ひと・しごと創生法にもとづいて策定されるものである。地方公共団体によっては、総合戦略においてもスポーツに関係する施策を提示している場合がある。

　なお、総合戦略は総合計画を上位の計画とし、そのほかの個別の計画との整合を図りながら策定されている。また、総合戦略の内容は総合計画の重点戦略に位置づけられ、総合計画と一体的に推進を図るとともに、重要業績評価指標（KPI）を設定して進捗管理が行われる。

2 地方スポーツ推進計画

　スポーツ基本法 10 条で規定される地方スポーツ推進計画が、スポーツ振興にかかわる独自の計画としてあげられる[*11]。同計画は 45 都道府県が策定しているが、2 県が策定していない状況にある（2022 年 9 月現在）。ただし、策定していない香川県と宮崎県では、香川県教育基本計画と第二次宮崎県教育振興基本計画にスポーツ分野の施策を盛り込んでいる。

　市区町村に目を向けると、790 地域のうち 312 地域で同計画を策定しているが、約半数の 424 地域が策定していない[1]。また、前述の担当部局別に見ると、首長部局中心型では 100 地域（64.5％）が策定している一方で、教育委員会中心型では 382 地域（60.3％）が策定していない状況にある。

　スポーツ基本計画の以前に存在したスポーツ振興基本計画は 2000（平成12）年に策定されたが、それ以前から都道府県はスポーツに関する計画を策定してきた。たとえば、大分県スポーツ推進計画（1994 年）、大阪府生涯スポーツ社会づくりプラン（1996 年）、21 世紀を展望した福井県スポーツ振興プラン（1998 年）、岩手県スポーツ振興計画（2000 年）、あおもりスポーツ立県推進プラン（2000 年）などである。その背景には、巨額な投資を含む施設整備や計画的な競技力向上施策が必要である国民体育大会の開催が関係しているといえる。

＊11　スポーツ基本法 10 条については、第 1 章 (p.18) を参照。

4 地域スポーツと施設

　地域スポーツにはどのようなスポーツ施設が存在するのか確認するとともに、学校体育・スポーツ施設と学校開放事業にかかわる法律を理解する。また、公共スポーツ施設にかかわる法律と管理方法について把握し、プロ野球におけるスタジアム運営についても理解を深める。

1 スポーツ施設の種類

　私たちがスポーツに親しもうとすると、体育館や野球場などの地域のスポーツ施設を利用することになるだろう。では、そのようなスポーツ施設は、全国にどの程度あるのか、また誰が管理しているのだろうか。

　スポーツ庁の調査結果によると、日本のスポーツ施設の総数は 187,184 か所で、そのうち学校体育・スポーツ施設が 113,054 か所で 60.4％と約 6 割を占め、2 番目が公共スポーツ施設で 51,611 か所、27.6％である。3 番目には民間スポーツ施設の 16,397 か所、4 番目には短期大学を含む大学・高等専門学校の体育施設の 6,122 か所と続く [2]。

2 学校体育・スポーツ施設と学校開放事業

　学校体育・スポーツ施設にかかわる法律として、義務教育諸学校等の施設費の国庫負担等に関する法律があげられる。本法律は公立義務教育諸学校の施設に要する経費について、国がその一部を負担し、義務教育諸学校における教育の円滑な実施を確保することを目的としている。また、文部科学省が示す学校施設整備指針では [*12]、学校施設にかかわる計画および設計における留意事項をあげており、体育館やグラウンドの配置計画や設備設計なども示されている。

　また、学校教育法 137 条 [*13]、社会教育法 44 条 1 項 [*14]、スポーツ基本法 13 条 1 項 [*15] では、学校教育に支障がない限り、各種施設を公共のために利用することが求められている。そのため、体育館やグラウンドなどの学校開放事業を実施している地方公共団体が多く、地域住民がスポーツ活動の場として利用している。

＊12　幼稚園施設整備指針（令和 4 年 6 月）、小学校施設整備指針（令和 4 年 6 月）、中学校施設整備指針（令和 4 年 6 月）、高等学校施設整備指針（令和 4 年 6 月）、特別支援学校施設整備指針（令和 4 年 6 月）。

＊13　学校教育法 137 条
「学校教育上支障のない限り、学校には、社会教育に関する施設を附置し、又は学校の施設を社会教育その他公共のために、利用させることができる。」

＊14　社会教育法 44 条 1 項
「学校（中略）の管理機関は、学校教育上支障がないと認める限り、その管理する学校の施設を社会教育のために利用に供するように努めなければならない。」

＊15　スポーツ基本法 13 条 1 項
「学校教育法第 2 条第 2 項に規定する国立学校及び公立学校の設置者は、その設置する学校の教育に支障のない限り、当該学校のスポーツ施設を一般のスポーツのための利用に供するよう努めなければならない。」

3 公共スポーツ施設と管理方法

　公共スポーツ施設は、都道府県もしくは市町村が所有しているが、根拠となる法律は地方自治法である。同法 10 章「公の施設」(244 条〜 244 条の 4)において公共施設の設置や管理等が定められており[*16]、公共スポーツ施設も該当する。また、体育館、陸上競技場、野球場が一体となった総合運動公園と呼ばれるスポーツ施設は、都市公園法を根拠法として建設されることが多い。それらのスポーツ施設は同法の整備条件をクリアする必要があり、交通の便が悪いなどの課題を抱えている場合がある。そのほか、建築物の設備や構造などの最低基準を定めた建築基準法がスポーツ施設の整備にかかわるが、スポーツ施設独自の基準に関する法律は存在しないのが現状である。

　公共スポーツ施設の管理方法として、主に 4 つの方式があげられる。第 1 の自治体直営方式は、地方公共団体が自ら職員を配置して管理運営を行う方法である。この方式によって運営の赤字が出た場合は、地方公共団体が赤字を補填することになる。第 2 の管理許可方式は、管理運営者が使用料を地方公共団体に支払い、施設の管理運営を行う。管理運営者の経営の自由度は高く、施設の改築等もできる。営業収入が使用料を上回れば黒字になるが、上回らなければ赤字になってしまうリスクが生じる。第 3 の指定管理者制度は、地方公共団体が、民間事業者などの委託先に対して委託費を払う方法である。民間事業者のノウハウを導入し、利用者の増大、満足度の向上、経費の削減などを目指している。第 4 の PFI 方式は、地方公共団体が事業者に対して土地を貸与する一方、事業者は建設費の資金調達を含めて、設計、建設、運営まで対応する方法で、行政の負担が軽減される。

[*16] 地方自治法 244 条 1 項「普通地方公共団体は、住民の福祉を増進する目的をもってその利用に供するための施設（これを公の施設という。）を設けるものとする。」

表 3-3　公共スポーツ施設の管理方法

	自治体 直営方式	管理許可 方式	指定管理者 制度	PFI 方式
概要	・地方自治体が職員を配置し、自ら管理運営を行う。 ・赤字が補填される。	・事業者が自治体に使用料を支払う。 ・経営の自由度は高い。 ・営業収入は事業者に入る。	・事業者に運営委託する方式である。 ・自治体が委託費を支払う。 ・利用料収入は事業者の収入になる。	・設計、建設、管理運営まで事業者に委ねる。 ・行政負担が低い。

出典：菊 幸一・齋藤健司ほか編『スポーツ政策論』成文堂　2011 年をもとに筆者作成

4 プロ野球における球場の運営管理方法

　プロスポーツのチームが、公共スポーツ施設の球場や競技場を本拠地として利用している場合がある。プロ野球では、広島東洋カープ、千葉ロッテマリーンズ、東北楽天ゴールデンイーグルス、横浜 DeNA ベイスターズ、北海道日本ハムファイターズがそれにあたる。

　広島東洋カープと千葉ロッテマリーンズは、球団が指定管理者制度を活用して、市の所有する球場（MAZDA Zoom-Zoom スタジアム広島、ZOZO マリンスタジアム）を運営管理している。東北楽天ゴールデンイーグルスも宮城県が所有する球場（楽天生命パーク宮城）を本拠地としているが、球団は管理許可方式を採用して運営管理をしている。

　また、横浜 DeNA ベイスターズは、球団の子会社である株式会社横浜スタジアムが管理許可方式で横浜市の所有する球場（横浜スタジアム）を運営管理している。球団ではなく子会社による運営管理は、試合が開催されない日の活用方法なども含めて球場の経営に専念できるメリットがある。

　そのほか、北海道日本ハムファイターズは札幌市が所有する球場（札幌ドーム）を本拠地としているが、前述の 3 球団とは事情が異なる。札幌ドームは札幌市などが出資する株式会社札幌ドームが運営管理を行っており、球団は同社に使用料を支払って試合を開催している。そのため、球場と球団の一体的な経営が難しい状況にある。そのような問題を抱えていたこともあって、2023（令和 5）年度シーズンからは、自前で建設した球場（エスコンフィールド HOKKAIDO）に本拠地を移すこととなった。

表 3-4　プロ野球における球場の所有者と運営管理者（2022 年 9 月現在）

運営管理者 ＼ 所有者	地方公共団体 （名称／運営管理）
球　団	・広島東洋カープ （MAZDA Zoom-Zoom スタジアム広島／球団） ・千葉ロッテマリーンズ （ZOZO マリンスタジアム／球団） ・東北楽天ゴールデンイーグルス （楽天生命パーク宮城／球団）
関連会社	・横浜 DeNA ベイスターズ （横浜スタジアム／㈱横浜スタジアム[注1]）
第三者	・北海道日本ハムファイターズ （札幌ドーム／㈱札幌ドーム）

注 1：球団の子会社
出典：GLOBIS 知見録（https://globis.jp/article/2143）を参考に筆者作成

引用文献

１）スポーツ庁「平成 28 年度　スポーツ政策調査研究『地方スポーツ行政に関する調査研究』報告書
　　2017 年　p.46
２）スポーツ庁「平成 30 年度 体育・スポーツ施設現況調査の概要」
　　(https://www.mext.go.jp/sports/content/20200422-spt_stiiki-1368165.pdf)

参考文献

・日本スポーツ法学会監修、浦川道太郎ほか編『標準テキスト スポーツ法学［第 3 版］』エイデル研究所
　2020 年
・菊 幸一・齋藤健司ほか編『スポーツ政策論』成文堂　2011 年
・石堂典秀・建石真公子編『スポーツ法へのファーストステップ』法律文化社　2018 年

学 び の 確 認

（　　　　）に入る言葉を考えてみよう。

① スポーツ基本法 4 条は、地方公共団体の（　　　　　　　　）を規定している。

② 地方公共団体は、国のスポーツ基本計画を参酌して（　　　　　　　　）を
　定めるよう努めなければならない。

③ 19 都道府県が、スポーツに関する基本理念を定めた（　　　　　　　　）
　を制定している。

④ 地方公共団体のスポーツ担当部署は、（　　　　　　）と（　　　　　　）
　の 2 つに分類される。

⑤ 市区町村のスポーツ担当職員は、（　　　　　　　　）担当の割合が最も高い。

⑥ 地域スポーツの推進役として、（　　　　　　　）委員が存在する。

⑦ 地方公共団体の最上位に位置づく（　　　　　　）でも、スポーツに関連
　する計画が示されている。

⑧ 日本のスポーツ施設で最も多いのは、（　　　　　　　　）である。

⑨ 総合運動公園と呼ばれるスポーツ施設は、（　　　　　）を根拠法として
　建設されることが多い。

⑩ 公共スポーツ施設の管理方法である（　　　　　　　　）は、地方公共団体
　が民間事業者などの委託先に対して委託費を払う方法である。

column

これからの地域スポーツ

スポーツがまちの文化として根づいている地域は古くから存在する。日本選手権大会7連覇を成し遂げた新日鐵釜石ラグビー部（現在の釜石シーウェイブスRFC）によって、ラグビーのまちとして認知されるようになった岩手県釜石市は最たる例であろう。全国大会3年連続3冠を含む優勝回数58回を誇る能代工業高校バスケットボール部で知られる秋田県能代市や、数多くの日本代表選手を輩出してきたサッカーのまち静岡県清水市（現在の静岡市清水区）なども有名である。最近では、岩手県紫波町が町の庁舎やショッピングモールに併設するかたちでバレーボール専用体育館を新たに建設し、バレーボールを活かしたまちづくりを進めている。

また、スポーツとまちづくりが密接なかかわりをもっている地域として、野沢温泉村は理想的な例であろう。同村はスキー場を核とした観光を主産業として、多くの村民が旅館業などで生計をたてている。スキー場の利益はスキークラブの運営資金に活用されたり、小学生の姉妹都市への交換留学費用に充てたりと、オリンピック選手の輩出や子どもたちの教育に活かされている。地域のスポーツ環境を最大限に活用しながら人を育て、育った子どもたちが地元の産業の発展に貢献するという好循環をつくり出している。

そのほか、サッカーのJリーグは、「みる」や「支える」といったスポーツに対する新たなかかわり方を普及させてきた。1993（平成5）年にスタートしたJリーグでは、クラブ名に地域の名称を入れることと、スポンサーである企業名を除外することを条件としている。それから30年近くが経ち、約60クラブを数えるまでに増え、今ではクラブ名を聞くと地域名が連想されるぐらいにまで浸透しており、地域にサッカークラブが根づいているといえる。2017-18シーズンより本格的に始動したバスケットボールのBリーグも、Jリーグを参考にして地域に根ざしたプロリーグの運営を進めている。

その流れはプロ野球でも取り入れられ、チーム名に都道府県または市町村の名称を入れることが一般的になってきた。また、2005（平成17）年には四国を活動地域とする四国アイランドリーグ（現在の四国アイランドリーグplus）が、2007（平成19）年には北信越地方の4県でベースボール・チャレンジ・リーグ（BCリーグ）が新たに発足し、地域に根づいた活動を続けている。このような動きのなかで特に注目されているのが、北海道日本ハムファイターズであろう。本章でも述べたように、同球団は、2004（平成16）年から札幌ドームをホームスタジアムとしてきたが、2023（令和5）年からは札幌市に隣接する北広島市に新球場を建設して稼働しはじめる。新球場は野球観戦にとどまらず、さまざまな活動ができるように、野球以外の施設を付設した「ボールパーク」として展開しようとしている。

プロスポーツを含めてスポーツ界は、地域と切っても切れない関係になってきた。現在の日本は少子高齢化に伴う人口減少社会に突入しており、経済状況も明るい状況にはない。スポーツ界も一部の団体や関係者のみが利益を得ているといった問題を抱えている。これからはスポーツの発展が地域スポーツの環境の改善につながり、さらには地域住民の生活の向上にも寄与していく仕組みが求められる。

［参考文献］
・相原正道・上田滋夢・武田丈太郎『スポーツガバナンスとマネジメント』晃洋書房　2018年　pp.105-122
・スポーツ庁監修、小野花奈著『まんが　スポーツで地域活性化vol.2　日本初のバレーボール専用体育館・オガールベース　スポーツを通じて次世代のリーダーを育てる（オンデマンドブック）』主婦の友社　2017年

第4章 スポーツにおけるジェンダー平等

なぜこの章を学ぶのですか？

スポーツ界がジェンダー不平等な部分社会だからです。誰もが等しくスポーツを楽しむ機会を享受するために、私たちには、スポーツ界およびスポーツに関係するあらゆる人の意識のなかに存在するジェンダー・バイアス（性にかかわる固定観念や差別意識）を見抜き、それを払拭する力を養うことが求められています。

第4章のポイントはなんですか？

スポーツ界において、なにがジェンダー不平等を生じさせているのか、スポーツ界におけるジェンダー不平等を解消するためにどのような法が整備され、どのような課題が残されているのかを学びます。

＼ 考えてみよう ／

① 体育やスポーツ部活動では性別に活動していましたか。それはなぜだと思いますか。

② 体育やスポーツの場面で自分自身の性別であるがゆえに嫌な思いや悔しい思いをしたり、息苦しさや不便さを感じたりしたことはありますか。それはどんなとき、どんな状況ですか。

1 スポーツにおけるジェンダー平等を目指して

国際社会の一員である日本は、スポーツにおけるジェンダー平等の実現が求められている。その実現のためには、ジェンダー平等を阻むジェンダー・バイアスについて理解する必要がある。

1 スポーツにおけるジェンダー平等実現の意義

2015年9月に国連総会は、持続可能な開発目標（Sustainable Development Goals：SDGs）を採択した。そこには「ジェンダー平等を達成し、すべての女性及び女児のエンパワメントを行う」という目標が掲げられた。国際社会の一員である日本は、当然ながらこのジェンダー平等の目標を具現化することが求められている。

また、一般社会に包摂されるスポーツ界という部分社会も例外ではない。スポーツ界でもジェンダー平等の実現が求められている。日本のスポーツの理念を定めたスポーツ基本法は、前文で「スポーツを通じて幸福で豊かな生活を営むことは、全ての人々の権利であり、全ての国民がその自発性の下に、各々の関心、適性等に応じて、安全かつ公正な環境下で日常的にスポーツに親しみ、スポーツを楽しみ、又はスポーツを支える活動に参画することのできる機会が確保されなければならない」とうたっている。このことから私たちは、国際社会とともに、ジェンダーにかかわらず誰もが安全・安心な環境のもと、自由にスポーツに参加・参画する機会を享受できる社会の実現を目指しているといえよう。

2 ジェンダー平等を阻むもの——ジェンダー・バイアス

国際社会において「ジェンダー平等」が目標に掲げられるということは、ジェンダー平等の実現を阻むなにかが存在することを示唆しているといえる。では、ジェンダー平等を阻むものとはなんだろうか。

ジェンダー法学では[1][2]、ジェンダー平等を阻むものとして、人々の意識のなかにあるジェンダー・バイアスの存在が指摘されている。ジェンダー・バイアスは、字義的に性に基づく差別や偏見を意味するが、差別的行為を生み出す要因とされている[3]。また、性に基づく差別は3つの側面からとらえ

ることができる[4]、すなわち、①行為（侮辱をはじめ抑圧や排除など、あからさまな差別行為）、②関係（主従等の非対称的な関係）、③バランス（性比の不均衡）であり、なかでも②と③は慣行、マナーあるいは常識と見られ、性差別として認識されにくい。しかし、②と③には性差別の元凶といえるジェンダー・バイアスが存在し、人々に気づかれないまま、①の性差別行為を生んでいる。

　さらに、ジェンダー・バイアスはアンコンシャス・バイアス（unconscious bias）からも説明することができる[5]。アンコンシャス・バイアスとは、無意識のバイアスあるいは無意識の偏見を意味する。アンコンシャス・バイアスは、生育環境や所属する組織・集団のなかで知らない間に脳に刻み込まれ、既成概念や固定概念になっていき、その対象はジェンダー、人種、貧富など、さまざまであるが、自覚できないゆえ自制することが困難だといわれている。この無意識のバイアスは、さまざまな判断をする際に「ショートカット機能」を果たす。たとえば、「外敵を見たらすぐさま逃げる」といったショートカットの反応として発達した脳機能といわれている。また、「男性はリーダーに向いている」「女性は細やかな感性をもち、サポート役に向いている」といった先入観が刷り込まれた結果、男女児童・生徒・学生そして周囲の人々はそう思い込み、進路・職業選択や意思決定、ひいては自己能力開発などに影響を及ぼすといわれている。

3　スポーツとジェンダー・バイアス

　スポーツはジェンダー・バイアスと無縁なのだろうか。先にジェンダー・バイアスの説明のなかで紹介した性差別の3つの側面から考えてみたい。

　②関係（主従等の非対称的な関係）の例として、女子チームにおける監督が男性でコーチや選手が女性という関係、③バランス（性比の不均衡）の例として、スポーツ参加率における男女比の不均衡があげられる。一見、どちらも問題がないように思われる。なぜなら②の場合は、身体的にも技術的にも男性は女性より勝り、男性は女性よりも積極的であるから、組織のリーダーは男性に向いていると考えられ、「男性監督―女性コーチ・女性選手」という非対称的な主従関係は「自然なこと」と思い込んでいるからである。また、③の場合は、女性は「産む性」であり、そもそも身体的にスポーツのような活動には向かないから「スポーツ参加率における男女の不均等」が生じるのは「自然なこと」と思い込んでいるからである。このような思い込みがジェンダー・バイアスである。このジェンダー・バイアスやそれが生み出した結

果、すなわち「男性監督―女性コーチ・女性選手」という非対称的な主従関係と「スポーツ参加率における男女比の不均衡」という性比の不均等を放置すれば、①の「侮辱、抑圧、あからさまな性差別」を許容するスポーツ界の醸成につながると考えられる。

　稲葉は、スポーツ集団・組織をジェンダーの視点から検討するなかで、「現代のスポーツは、男性中心主義的ジェンダー構造が強固に組み込まれた文化である」という[6]。スポーツが「男らしさ」と強く結びつき「男性文化」として形成されていくそのプロセスにおいて、「男同士の絆」を称えながら、それを壊しうる女性を排除あるいは周縁化するとともに同性愛者の存在を否定してきただけでなく、その価値観をスポーツ領域のすみずみにまでしみわたらせているというジェンダー問題を抱えているのである。つまり、スポーツはジェンダー・バイアスと無縁ではなく、むしろスポーツという部分社会にはジェンダー・バイアスがうめ込まれ、その社会を構成するルールや制度、人々、そこで生まれる知の体系にも、ジェンダー・バイアスがうめ込まれているといえるのである。

2 スポーツにおけるリーダーの女性比率

スポーツにおけるジェンダー・バイアスを解消するために、スポーツにおけるリーダーのジェンダー格差について検討し、女性指導者・役員が過少である状況を理解する。

1 リーダーの女性比率の把握の有効性

　スポーツにおけるジェンダー平等の実現を目指して、スポーツという部分社会にうめ込まれたジェンダー・バイアスを突き止め、批判的に検討することが急がれる。では、そのためにまずなにに着手すればよいのだろうか。

　ジェンダー法学者である辻村は、司法に存在するジェンダー・バイアスが男女平等参画を阻んでいるとし、「その背景に、司法界自体が男性社会で女性の比率がきわめて低いという事情があること」を指摘している[7]。また、稲葉は、スポーツ組織における経営資源（人的、物的、財政的、情報、教育、サービスなど）のジェンダー格差の問題を確認するにあたり、スポーツ組織におけるリーダーの男女比率の検討が有効であることを示唆している[8]。両者の主張から、スポーツにおけるジェンダー平等の実現には、スポーツにおけるリーダーのジェンダー・バランスを検討することが重要である。

2 スポーツ団体における指導者・役員の女性比率

　まず、オリンピック直近 3 大会（2012 年のロンドン大会、2016 年のリオ大会、および 2020 年の東京大会）に出場した日本代表コーチの女性比率を見てみよう [9]。

　ロンドン大会では、134 人中 16 人（11.9％）、リオ大会では 147 人中 23 人（15.6％）、東京大会では 271 人中 40 人（14.8％）が女性であり、いずれの大会でも 20％に達していない。一方、リオ大会および東京大会に出場した各国・地域代表コーチの女性比率を見ると、それぞれ 11％と 13％であった。このことから、日本代表コーチの女性比率は世界水準に達しているものの、どちらにおいてもジェンダー・バランスがきわめて不均衡であることがわかる。

　次に、国際オリンピック委員会（IOC）の役員の女性比率を見てみよう。まず、2021・2022 年度の日本オリンピック委員会（JOC）の役員の女性比率を見ると、30 名中 12 名（40％）であった [10]。一方、2020 年の各国・地域のオリンピック委員会（NOC）の役員の女性比率が 38％であることから、日本オリンピック委員会（JOC）の役員の女性比率は世界水準をわずかに上回っているものの、どちらにおいてもジェンダー・バランスが不均等であることがわかる。

　さらに、2022（令和 4）年 6 月 24 日現在の日本スポーツ協会（JSPO）の理事の女性比率を見ると、理事 28 名中 8 名（28.5％）であり [11]、ジェンダー・バランスの不均等が指摘される。加えて、2021（令和 3）年の総合型地域スポーツクラブにおける代表者等の女性比率を見ると、まず、総合型地域スポーツクラブ全国協議会（SC 全国ネットワーク）における 4 県の代表委員が女性であり、割合にして 8.5％であった [12]。また、都道府県総合型地域スポーツクラブ連絡協議会における 6 県の代表者（会長、理事長など）が女性であり、割合にして 12.8％であった。このことから、全国・都道府県どちらのレベルの組織においても女性比率がきわめて低く、ジェンダー・バランスの不均等が指摘される。

　以上のことから、スポーツにおける女性役員等の過少は、日本だけの問題ではなく国際的な問題であることが明らかになり、スポーツにおけるジェンダー・バイアスの存在と経営資源のジェンダー格差問題の存在が示唆されたといえよう。

3 スポーツにおけるジェンダー平等の実現を目指す法整備

　スポーツにおけるジェンダー平等の実現を阻むジェンダー・バイアスやジェンダー格差を解消するための法整備はなされているのだろうか。ここでは、スポーツにおける性差別を禁止し、ジェンダー平等を推進する代表的な国際法や国内法（日本）、および外国法（アメリカ）について理解を深める。

1 国際社会における法整備

　本項では、「女性に対するあらゆる形態の差別の撤廃に関する条約」（以下、「女性差別撤廃条約」という）と「ブライトン・プラス・ヘルシンキ2014宣言」（以下、「ブライトン＋ヘルシンキ宣言」という）を取り上げる。

（1）女性差別撤廃条約

　国連は、国際社会における性差別の廃絶を目指して1979年に開かれた第34回国連総会において女性差別撤廃条約を採択した。同条約は、前文と30か条の本文から構成され、本文は第1部（1〜6条）が総論、第2部（第7〜9条）が公的生活、第3部（10〜14条）が社会生活、第4部（15〜16条）が私的生活、第5部（17〜22条）が女性差別撤廃委員会、第6部（23〜30条）が最終条項で構成されている。日本は、同条約に、第34回国連総会における採択で賛成を投じている。また、1985（昭和60）年6月25日に同条約に批准し、1985（昭和60）年7月25日から効力が発生している。

　三成らは、同条約の特徴として3つをあげている[13]。1つめは、男女の固定的な性役割を受け入れない点である。これについて条文を見ると、性差別撤廃の条件としての認識について、前文第14段は「社会及び家庭における男子の伝統的役割を女子の役割とともに変更することが男女の完全な平等の達成に必要であること」とし、5条(a)は「両性いずれかの劣等性若しくは優越性の観念又は男女の定型化された役割に基づく偏見及び慣習その他あらゆる慣行の撤廃を実現するため、男女の社会的及び文化的な行動様式を修正すること」と定めている。

　2つめは、個人や社会慣行による性差別の撤廃を求めている点である。これについて条文を見ると、2条が、性差別撤廃のための政策手段をとるための約束として、たとえば、(d)が「女子に対する差別となるいかなる行為

又は慣行も差し控え、かつ、公の当局及び機関がこの義務に従って行動することを確保すること」、（e）が「個人、団体又は企業による女子に対する差別を撤廃するためのすべての適当な措置をとること」、（f）が「女子に対する差別となる既存の法律、規則、慣習及び慣行を修正し又は廃止するためのすべての適当な措置（立法を含む）をとること」、（g）が「女子に対する差別となる自国のすべての刑罰規程を廃止すること」を明確にしている。

　3つめは、ポジティブ・アクション*1 を肯定している点である。これについて条文を見ると、4条は「締約国が男女の事実上の平等を促進することを目的とする暫定的な特別措置をとることは、この条約に定義する差別と解してはならない」と定め、「ただし、その結果としていかなる意味においても不平等な又は別個の基準を維持し続けることとなってはならず、これらの措置は、機会及び待遇の平等の目的が達成されたときに廃止されなければならない」とポジティブ・アクションの運用方法について規定している。

　同条約は、体育・スポーツについて規定しており、教育分野における性差別の撤廃のための適当な措置について定める10条は、たとえば、（g）が「スポーツ及び体育に積極的に参加する同一の機会」を、（d）が「奨学金その他の修学援助を享受する同一の機会」を確保するよう定めている。女性差別撤廃条約に体育・スポーツに関する条項が含まれたことによって、スポーツ団体もジェンダー平等に向けて積極的に取り組むようになってきた。

（2）ブライトン＋ヘルシンキ宣言

　ブライトン＋ヘルシンキ宣言は、国際女性スポーツワーキンググループ*2（以下、「IWG」という）」が1994年第1回世界女性スポーツ会議において採択した「ブライトン宣言」を見直し、教育、研究、女性およびスポーツなどにかかる公的・私的組織、人々およびスポーツや身体活動にかかわる女性の雇用、教育、マネジメント、トレーニング、開発およびケアに携わる個人すべてを視野に入れて、「スポーツ・身体活動のあらゆる側面で女性の十分な参画を可能にし、価値をおくスポーツ文化に発展させていくこと」[16] を目的として採択した。

　ブライトン＋ヘルシンキ宣言には、10の基本方針が示されている（表4-1）。IWGは本宣言をすべてのスポーツ関係組織に普及する活動を行っており、2017（平成29）年4月10日にスポーツ庁をはじめ、独立行政法人日本スポーツ振興センター、日本オリンピック委員会（JOC）、日本障がい者スポーツ協会（現在の日本パラスポーツ協会）、日本パラリンピック委員会（JPC）、日本体育協会（現在の日本スポーツ協会）ほか、日本のスポーツ団体は同宣言に合同で署名した。

＊1　ポジティブ・アクション
社会的・構造的な差別によって不利益を被っている者に対して、一定の範囲で特別の機会を提供することによって、実質的な機会均等を実現することを目的として講じる暫定的な措置をいう[14]。

＊2　国際女性スポーツワーキンググループ（IWG）
国際女性ワーキンググループ（IWG）は、1994年にイギリスのブライトン市で開催された第1回世界女性スポーツ会議で設立された「スポーツ、体育および身体活動におけるジェンダー公正とジェンダー平等の推進に献身的に取り組む世界最大のネットワーク」である[15]。

表 4-1	ブライトン＋ヘルシンキ宣言の 10 の基本方針

① すべての女性がスポーツ・身体活動に参加、あるいはかかわる権利の保障
② 女性・女子のスポーツ・身体活動のニーズに応じた施設の整備
③ 女子の価値観、態度や向上心を考慮した身体的リテラシーや基礎的運動能力を高めるプログラムの構築
④ 女性のニーズおよび向上心に応じた活動の提供・促進
⑤ 女性アスリートのニーズに応じた競技力向上に関連する持続可能なプログラムとジェンダー平等なエリートアスリート支援の保障
⑥ あらゆるレベルの女性指導者の増加と女性指導者がそのポジションを継続できる環境づくり
⑦ ジェンダー平等の視点を取り入れた指導者研修やリーダー教育の機会の提供
⑧ 女性スポーツの理解を深めるための政策立案とプログラム開発、女性スポーツに関する研究の推進、およびジェンダー平等の視点を取り入れた研究・情報収集
⑨ 女性および女性プログラムに有効な資源配分
⑩ 国内外の政府・非政府組織におけるジェンダー・エクイティを促進するための成功事例の共有

2 日本における法整備

本項では、男女共同参画社会基本法およびスポーツ団体に向けたガバナンスコード（以下、「ガバナンスコード」という）を取り上げる。ガバナンスコードについては第 2 章にその詳細が述べられているが[3]、ここではジェンダー平等の観点から見てみよう。

＊3　第 2 章第 4 節（p.35）を参照。

（1）男女共同参画社会基本法

1999（平成 11）年 6 月 23 日、男女共同参画社会基本法は、「男女共同参画社会の形成についての基本理念を明らかにしてその方向を示し、将来に向かって国、地方公共団体及び国民の男女共同参画社会の形成に関する取組を総合的かつ計画的に推進するため」に制定された。同法 2 条 1 項には「男女共同参画社会の形成」について、「男女が、社会の対等な構成員として、自らの意思によって社会のあらゆる分野における活動に参画する機会が確保され、もって男女が均等に政治的、経済的、社会的及び文化的利益を享受することができ、かつ、共に責任を担うべき社会を形成することをいう」と規定されている。また、同条 2 項には「積極的改善措置」について、「前号に規定する機会に係る男女間の格差を改善するための必要な範囲内において、男女のいずれか一方に対し、当該機会を積極的に提供することをいう」と、平等が実現されるまで暫定的に女子・女性に有利な特別措置をとることは差別ではないことを定めている。

　また、8 条は「国の責務」について、「国は、第 3 条から前条までに定める男女共同参画社会の形成についての基本理念（以下「基本理念」という。）にのっとり、男女共同参画社会の形成の促進に関する施策（積極的改善措置を含む。以下同じ。）を総合的に策定し、及び実施する責務を有する」としている。そして、9 条は「地方公共団体の責務」について、「地方公共団体は、基本理念にのっとり、男女共同参画社会の形成の促進に関し、国の施策に準じた施策及びその他のその地方公共団体の区域の特性に応じた施策を策定し、及び実施する責務を有する」としている。

　さらに、10 条は「国民の責務」について、「国民は、職域、学校、地域、家族その他の社会のあらゆる分野において、基本理念にのっとり、男女共同参画社会の形成に寄与するように努めなければならない」としている。このように、男女共同参画社会の形成は、国や地域だけでなく国民ひとりひとりが取り組まなければならない、国・地域・文化の課題なのである。

（2）スポーツ団体に向けたガバナンスコード

　日本では、スポーツ基本法 5 条 2 項の「スポーツ団体は、スポーツの振興のための事業を適正に行うため、その運営の透明性の確保を図るとともに、その事業活動に関し自らが遵守すべき基準を作成するよう努めるものとする」という規定に従い、2019（令和元）年にスポーツ庁がスポーツ団体に向けたガバナンスコードを策定した。このガバナンスコードは、「スポーツの価値を毀損しかねない不祥事の発生を防ぐのみならず、スポーツの価値を一層高めていくためにも、スポーツの普及・振興の重要な担い手となっているスポーツ団体の適正なガバナンスを確保することが必要不可欠」であるとして、6 月 10 日に「スポーツ団体ガバナンスコード＜中央競技団体向け＞」、8 月 27 日に「スポーツ団体ガバナンスコード＜一般スポーツ団体向け＞」が策定された。

　両者は「スポーツ団体が適切な組織運営を行う上での原則・規範」を定め、その原則 2 で「適切な組織運営を確保するための役員等の体制を整備すべきである」とし、「組織の役員及び評議員の構成等における多様性の確保を図る」ために、「外部理事の目標割合（25％以上）及び女性理事の目標（40％以上）を設定するとともに、その達成に向けた具体的な方策を講じること」と「評議員会を置く NF（中央競技団体）においては、外部評議及び女性評議員の目標割合を設定するとともに、その達成に向けた具体的方策を講じること」とし、ジェンダー・バランスに配慮した組織運営体制を整えるよう求めている。

両者の異なる点は、監視レベルである。中央競技団体向けのガバナンスコードは、2020（令和2）年以降、団体に対してその遵守状況について毎年、「自己説明及び公表を行うこと」や、日本スポーツ協会（JSPO）、日本オリンピック委員会（JOC）および日本パラリンピック協会（JSPA）による「適合性審査」を4年ごとに受けることを求めている。「適合性審査」の結果は日本スポーツ協会（JSPO）、日本オリンピック委員会（JOC）および日本パラリンピック協会（JSPA）に公表されるだけでなく、スポーツ庁長官が主宰し、各団体等の長で構成される円卓会議においても報告される。必要に応じてスポーツ庁が改善を求め、結果を公表することにもなっている。一方、一般スポーツ団体向けのガバナンスコードは、2021（令和3）年以降、団体に対して遵守状況について指定のセルフチェックシートを利用し、自主的に自己説明・公表を行うことを求めている。なお、「適合性審査」は求められていない。

3 アメリカにおける法整備——タイトルナイン

ここでは、アメリカの女性スポーツの参加機会を拡大し、スポーツの参加機会におけるジェンダー平等に貢献した教育法修正第9編 [17]（以下、「タイトルナイン」という）を見てみよう。

タイトルナインは、1972年に連邦法として誕生した。同法の目的は、連邦支援を受ける教育機関が提供するプログラムにおいて性差別を禁止することである。タイトルナインは、同法を遵守しない教育機関に対する連邦支援の打ち切りをはじめ、そのような教育機関への司法審査権の行使、男女別居住施設の管理の容認などについて規定した。

1975年に連邦健康教育福祉省の市民権局は、スポーツを教育の一環ととらえ、教育における性差別の禁止という政策目標を達成するために、「教科体育」、「スポーツ奨学金」および「競技スポーツ」について実施規則を定めた [18] *4。まず、「教科体育」では、「性別に教育プログラムや活動を実施したり、性にもとづき参加を要求あるいは拒否してはならない」とし、基本的に教育機関は男女共習を求められている（106.34節(a)）。ただし、コンタクトスポーツ、たとえば、レスリング、ボクシング、ラグビー、アイスホッケー、アメリカンフットボール、バスケットボールや身体接触を主要な活動とするスポーツを実施する場合には、性別に実施することは禁止されていない（106.34節(a)(1)）。また、性別にかかわらず、客観的な指標によって

＊4　これは2020年6月20日に修正された。修正点は、最終版（final Title IX regulations）で確認されたい。

得た個々人のパフォーマンス能力の結果に基づく能力別グループも禁止されていない。(106.34 節(a)(2))。さらに、教科体育の評価方法については、技能や向上を測る際に 1 つの基準を用いる場合には、その基準によって一方の性に不利益が生じないよう求めている（106.43 節）。

　次に、「競技スポーツ」では、「学校対抗スポーツ、大学対抗スポーツ、校内スポーツやクラブにおいて、性にもとづき排除したり、参加を拒んだり、異なる処遇をしてはならない」とし、基本的に教育機関は性別で競技スポーツを提供しないよう求められている（106.41 節(a)）。ただし、競技力にもとづく選手のセレクションが行われる、あるいは身体接触の伴う活動であれば、性別にチームを編成することが許される（106.41 節(b)）。

　一方、身体接触の伴わないスポーツの場合は、一方の性のためのスポーツチームが支援され、もう一方の性の者がそのスポーツチームに参加する機会を制限されていれば、制限された性の者にそのスポーツチームに参加する機会を平等に保障するために、トライアウトに参加する機会を与えなければならない。ここでいう身体接触の伴うスポーツとは、ボクシング、レスリング、ラグビー、アイスホッケー、アメリカンフットボール、バスケットボールおよび身体接触を主要な活動とするスポーツである。

　また、教育機関は、競技スポーツにおけるジェンダー平等の機会を確保するために、次の点に配慮しなければならない（106.41 節(c)）。①スポーツの選択や競技レベルは、児童・生徒・学生の関心や能力に応えているか、②施設・設備・備品の提供、③ゲームや練習時間のスケジューリング、④遠征費・日当、⑤コーチングおよびチューターを受ける機会、⑥コーチおよびチューターの業務および報酬、⑦更衣室および練習・大会施設の提供、⑧診療・トレーニングの施設およびサービスの提供、⑨宿泊・食事の施設およびサービスの提供、⑩広報である。これに加えて、予算については、教育機関が性別にチームを支援している場合、支出総額において男女格差が生じてもコンプライアンス違反とならないが、平等の機会について評価する際に、一方の性のチームに必要な資金を提供できなかったことについては、検討の対象となる。

　最後に、「スポーツ奨学金」では、教育機関が「学校対抗スポーツあるいは大学対抗スポーツに参加する男女の割合に合わせてスポーツ奨学金を分配しなければならない」としている（106.37 節(c)）。

4 スポーツにおけるジェンダー平等推進の課題

　スポーツにおけるジェンダー平等の実現には、ジェンダー・バイアスの解消とスポーツ団体におけるジェンダー格差の改善が喫緊の課題である。では、スポーツにおけるジェンダー平等を実現するための方策として、具体的にどのようなものが考えられるだろうか。ここでは、ジェンダー・バイアス研修の実施、スポーツ団体ガバナンスコード遵守の徹底、女性人材の育成について検討してみよう。

1 ジェンダー・バイアス研修の実施

＊5　男女共同参画基本計画
男女共同参画社会基本法の13条「政府は、男女共同参画社会の形成の促進に関する施策の総合的かつ計画的な推進を図るため、男女共同参画社会の形成の促進に関する基本的な計画（中略）を定めなければならない」に基づき、2000年12月に第1次基本計画が策定された。その後、5年ごとの見直しを経て、2020年12月に第5次基本計画が策定されている。なお、第7章（p.107）も参照。

＊6　本章第1節（p.58）を参照。

　第5次男女共同参画基本計画[*5]は、男女共同参画社会の実現に向けた取り組みが遅々として進まない要因の一つとして、「社会全体において固定的な性別役割分業の意識や無意識の思い込み（アンコンシャス・バイアス）が存在していること」をあげている。つまり、強固なジェンダー役割およびジェンダーバイアスがジェンダー平等社会の実現を阻んでいるというのである。本章第1節で述べたように[*6]、スポーツの分野でも、スポーツにかかわる知の体系およびスポーツにかかわる人にジェンダー・バイアスが存在しているが、そのなかでジェンダー・バイアスの存在に気づくことは容易ではないだろう。

　ジェンダー・バイアスの存在が、女性競技者の居場所や出番を奪ったり、キャリア選択を狭めたり、身体を動かす自由を制限することがないようにしなければならない。そのためには、スポーツ団体の全構成員がジェンダー・バイアスの存在を認識し、理解し、行動変容につなげられるよう、ジェンダー・バイアス研修を実施することが求められる。

2 スポーツ団体ガバナンスコード遵守の徹底

＊7　本章第3節（p.63）を参照。

　本章第3節で述べたように[*7]、スポーツ団体ガバナンスコードは、スポーツ団体に対して女性理事の割合目標を40％に設定し、それに向けた方策を講じるよう求めている。また、第5次男女共同参画基本計画でも同様に、スポーツ団体に対して、女性理事の割合の目標を40％に設定し、2030年までの早期にこの目標を達成するよう求めている。

　スポーツ団体がこの目標を達成するには、実効性のある手法として、ポジ

ティブ・アクションの導入が必要である。ポジティブ・アクションといっても、その手法は強い強制力をもつ措置から啓発活動まで多様であるが、スポーツ団体には、クオータ制の手法を自発的に採用し、ドラスティックに内規などで女性理事の割合目標を 40％に設定することが期待される。

3 女性人材の育成

　スポーツ団体において 40％のクオータ制を採用するには、40％を達成できる女性の人材が必要である。2020 年のオリンピック東京大会に出場した代表選手の女性比率を見ると、日本代表選手においては 583 人中 277（48％）であった[19]。各国・地域代表選手全体においては 11,420 人中 5,457 人（48％）であった[20]。

　これらの女性選手が培った高い技術と経験を指導者として、そして役員（組織経営者）として生かせるようにするには、そのための環境整備が不可欠である。これに関連した取り組みとして、第 5 次男女共同参画基本計画には、文部科学省が「競技団体や部活動等の指導者を目指す女性競技者等を対象として、コーチングのための指導プログラムを活用し、女性特有の身体特徴やニーズ等への配慮、ハラスメント等についての研修を実施する」と定められている。しかし、本章第 2 節で見たとおり[*8]、日本のスポーツ団体における女性役員・女性指導者が過少である現状から、スポーツ団体はより積極的かつ具体的な人材育成に取り組む必要があるだろう。

　たとえば、国際オリンピック委員会（IOC）は、女性人材を育成してコーチのジェンダー格差を改善するために、国際競技団体や国内オリンピック委員会（NOC）と連携して女性コーチを育成するための女性コーチワーキンググループを立ち上げたり、女性エリートコーチ養成のためのスカラシップ制度を導入したりしている。さらに、国際競技団体等と連携して女性を対象にリーダーシップ養成プログラムを実施したり、組織経営のリーダーを養成するために、試験的にメンターリング・プログラムを実施したりしている。ジェンダー平等に向けた方策として、国際レベルでのこのような女性人材の育成・能力開発等への取り組みも参考になるだろう。

＊8　本章第 2 節(p.59)を参照。

引用文献

1）司法におけるジェンダー問題諮問会議編『事例で学ぶ司法におけるジェンダー・バイアス［改訂版］』明石書店　2009年

2）辻村みよ子・糠塚康江・谷田川知恵『概説ジェンダーと人権』信山社　2021年　pp.1-13

3）三成美保・笹沼朋子ほか『ジェンダー法学入門［第3版］』法律文化社　2019年　p.2

4）同上

5）男女共同参画学協会連連絡会「無意識のバイアス―Unconscious Bias―を知ってますか？」2019年
（https://djrenrakukai.org/doc_pdf/2019/UnconsciousBias_leaflet.pdf）

6）中村敏雄・髙橋健夫ほか『21世紀スポーツ大辞典』大修館書店　2015年　pp.135-137

7）前掲書2）　p.6

8）前掲書6）　pp.135-137

9）日本オリンピック委員会「競技力強化のための施策に関する評価検討会資料」2021
（https://www.mext.go.jp/sports/content/20210929_spt_kyosport_000018179_3.pdf）

10）日本オリンピック委員会「令和3・4年度役員一覧」
（https://www.joc.or.jp/about/executive/）

11）日本スポーツ協会「理事・監事名簿」
（https://www.japan-sports.or.jp/Portals/0/data/somu/doc/yakuinmeibo.R4.6.24.pdf）

12）日本スポーツ協会「総合型地域スポーツクラブにおける男女共同参画に関する調査報告書」2022年

13）前掲書3）　p.22

14）内閣府男女共同参画局ウェブサイト「ポジティブ・アクション」
（https://www.gender.go.jp/policy/positive_act/index.html）

15）International Working Group "About Us"（https://iwgwomenandsport.org/）

16）女性スポーツ研究センター訳「変化をおこし、その原動力になるためのヘルシンキからスポーツの世界への呼びかけ」（第6回IWG世界女性スポーツ会議2014年6月12-15日）

17）Pub. L. No. 92-318, 36 Stat. 373（codified at 20 U.S.C. sections 1681-86（Supp. II, 1972））

18）40Fed. Reg. 24128（1975）

19）日本オリンピック委員会「第32回オリンピック競技大会日本代表選手団」
（https://www.joc.or.jp/games/olympic/tokyo/japan/）

20）IOC, "Factsheets Women in the Olympic Movement", December 9, 2021（https://stillmed.olympics.com/media/Documents/Olympic-Movement/Factsheets/Women-in-the-Olympic-Movement.pdf）

参考文献

・井谷惠子・大勝志津穂ほか「東京2020大会"女性蔑視発言"の追跡調査から考えるスポーツ界のジェンダー平等報告1」『スポーツとジェンダー研究』2022年　pp.82-100

・司法におけるジェンダー問題諮問会議編『事例で学ぶ司法におけるジェンダー・バイアス［改訂版］』明石書店　2009年

・辻村みよ子・糠塚康江・谷田川知恵『概説ジェンダーと人権』信山社　2021年

┌ 学 び の 確 認 ───

（　　　　）に入る言葉を考えてみよう。

① （　　　　　　　　　　　　　　　　　　　） は、性に基づく差別や偏見を意味する。

② （　　　　　　　　　　　　　　　　） は、無意識のバイアス或いは偏見を意味する。

③ 1971 年に米国で体育及びスポーツにおける性差別を禁止する連邦法として、（　　　　　　　　　　） は誕生した。

④ スポーツ庁が策定したスポーツ団体ガバナンスコードは、中央競技団体に女性理事の割合を （　　　） ％以上にするよう求めている。

⑤ 1979 年に国際連合は、第 34 回総会において国際社会における性差別の廃絶を目指して （　　　　　　　　） を採択した。

⑥ 2014 年に IWG は、女性スポーツの発展のための国際的な戦略・行動計画を指導する 10 の原理・原則を示した （　　　　　　　　　　　　　） を発表した。

⑦ 「社会的・構造的な差別によって不利益を被っている者に対して、一定の範囲で特別の機会を提供することによって、実質的な機会均等を実現することを目的として講じる暫定的な措置」を （　　　　　　　　　　） という。

⑧ 男女共同参画社会基本法第 13 条を根拠に策定された計画を（　　　　　　　　）という。

性別確認検査とは

性別確認検査とは、女子競技の公平性を守るために、女性のみに課される性別確認検査である。検査対象が女性であるため女性確認検査とも称される。

性別確認検査の方法は、これまで批判を受けながら変化してきた。同検査は1948年に大会出場選手が英国女子陸上競技連盟に医師からの女性証明書を提出したことから始まった。その後、1966年に欧州陸上競技選手権大会で、医師による視認検査が行われた。同方法は、選手が医師の前で裸体になり外部生殖器の形状を検査されることから、侮辱的でプライバシーの侵害であると批判され、1968年に廃止された。視認検査に代わり染色体検査が導入されたのは、1968年オリンピックグルノーブル大会である。同方法は口腔粘膜を採取してXX染色体の有無を確認するが、性分化疾患の症状をもつ女性はXY染色体をもっていてもXX染色体の女性と同様に身体が発達し、スポーツに影響が及ばない症例や、検査結果が陰性であってもスポーツに影響を及ぼす症例があることからその正確性を問われ、1991年に廃止された。染色体検査に代わりポリメラーゼ連鎖反応（PCR）法が導入されたのは、1992年オリンピックバルセロナ大会からである。口腔粘膜や毛根等から採取した細胞からY染色体につながる物質の有無を確認する同方法をより精度の高い検査方法として国際オリンピック委員会（IOC）が導入したが、同方法は先の染色体検査と同じ問題を抱えながら、2011年まで続いた。一方、国際陸上競技連盟は、女性のみを対象にする性別確認検査には人権上の問題があるとの批判が高まるなか、無作為検査および個人検査の実施権限を維持しつつ、1992年に全女性選手を対象とする性別確認検査を廃止した。

以上のような全女性選手を対象にした生物学的性別を検査する方法は廃止されたが、性別確認検査自体はなくならなかった。女性選手の体内で生成されるテストステロン値を測定し、一般男性のテストステロン値の下限（10n/mol）を超えると女子競技に参加できないと判断する方法が採用された。しかし、同方法はテストステロン値が競技力にどう影響するのか不明確であるにもかかわらず、女性選手のみを対象とすることから女性差別であるとの批判を受けた。このようななか、2021年に国際オリンピック委員会（IOC）は参加資格の判断基準に関するガイドライン[注1]を発表し、実質的に参加基準の判断を各競技団体に委ねた。

このように性別確認検査の方法の変遷をたどると課題が見えてくる。私たちはスポーツの公平性を埋由に当たり前に性別に競っているが、その性別を決定する基準はどこにあるのか。見た目か、身体的構造か、筋肉量か、テストステロン値か、染色体か、遺伝子か、スポーツ団体の規定か、立法か、司法か。そもそも、公平性のためにスポーツは性別に競わなければならないのか。そこにはジェンダー・バイアスが存在していないのか。このような課題を頭の片隅におき、スポーツ団体がどのような参加資格の判断基準を示すのか注視していきたい。

注1）IOC, "Factsheets Women in the Olympic Movement", December 9, 2021（https://stillmed.olympics.com/media/Documents/Olympic-Movement/Factsheets/Women-in-the-Olympic-Movement.pdf）

［参考文献］
・日本スポーツとジェンダー学会編『データでみるスポーツとジェンダー』八千代出版　2016年　pp.150-175
・飯田貴子・熊安貴美江・來田享子『よくわかるスポーツとジェンダー』ミネルヴァ書房　2018年　pp.150-151

障害者スポーツと法

なぜこの章を学ぶのですか？

　障害のあるトップアスリートのなかには、オリンピックにも出場している選手がいることを知っていますか。障害のある人が障害のない人と同じようにスポーツを行うために、どのような配慮や工夫があるかを理解することは、自分自身を含めた誰もが暮らしやすい社会のあり方を考えることにつながるでしょう。

第4章の学びのポイントはなんですか？

　障害者関連法をもとに、障害のある人がスポーツに参加する「機会平等」を保障するために必要不可欠な「社会モデル」の考え方や「合理的配慮」とはなにかを理解します。また、義足選手のオリンピック出場をめぐる裁判例から、公正な競争とはなにかを考えます。

＼ 考えてみよう ／

① 車いすに乗って生活するのが当たり前の世界では天井が低く設定されており、車いすに乗らない人は暮らしにくさを感じている。ここから、「障害とはなにか」、「障害者とはどのような人をいうのか」を考えてみよう。

② つぎのような4人のきょうだいが「かけっこ」を行おうとしたとき、どのような工夫をすればみんなで楽しく競争し合えるだろうか。
　兄（高校生）、姉（高校生）、妹（中学生）、弟（小学生）

1 障害者のスポーツ権を保障する法律

障害者の権利に関する初めての国際条約である「障害者権利条約」に批准するために、「スポーツ基本法」、「障害者基本法」、「障害者差別解消法」が整備された。これらは、障害を「社会モデル」という考え方でとらえ、障害者がスポーツに参加する際に生じる困りごとに対しては、「合理的配慮」の提供を求めている。

1 リハビリテーションから競技スポーツへ

（1）障害者スポーツのはじまり

＊1 「しょうがい」の用語は、「障害」「障がい」「障得」等があるが、本章では、固有名詞や引用箇所以外は、法律上の「障害」を使用した。

障害者[*1]スポーツを代表するパラリンピックは、どのようにしてはじまったのだろうか。それは、第二次世界大戦で負傷した兵士のリハビリテーションの一環としてスポーツが導入されたことに由来する。1944（昭和 19）年にイギリスのロンドン郊外にあるストーク・マンデビル病院内に脊髄損傷センターが設置された。初代センター長に就任したのが、のちに「パラリンピックの父」と称されるルードウィッヒ・グットマン（Ludwig Guttmann）である。グットマンは、「失ったものを数えるな。残されたものを最大限生かせ」の理念のもと、戦争で心も身体も傷ついた兵士を再び社会へ復帰させるために、スポーツを利用した新しいリハビリテーションを実行した[1]＊2。

＊2 当時は脊髄損傷者に対する積極的な治療が行われることはなく、ただ死を待つのみであった。スポーツを用いた治療を行うことに対し、同僚から厳しい批判の声があがった。それでもグットマンが決してあきらめなかったのは、彼の出自が関係しているといわれる。ドイツ系ユダヤ人としてドイツ北部の小さな町で生まれ、国際的に有名な神経外科医として活躍するも、ユダヤ人強制収容施設に送られる危機が迫り、1939（昭和 14）年にイギリスに亡命する。負傷した兵士たちの「人間としての尊厳を奪われ、社会から途絶されている姿」を自身の姿に重ねたのかもしれない。

1948（昭和 23）年にはアーチェリー大会が開かれ、1952（昭和 27）年にはオランダの軍人リハビリテーションセンターの参加により、初の国際大会として開催されるようになった。これ以後も参加国を増やしながら、「国際ストーク・マンデビル競技大会」として毎年開催され、ついに 1960（昭和 35）年のオリンピックローマ大会の年に、同都市・同時期に開催しようという話がもち上がる。実際に、「第 9 回国際ストーク・マンデビル競技大会」が行われ、1989（平成元）年の国際パラリンピック委員会（IPC）設立後に、さかのぼってこれを「第 1 回パラリンピックローマ大会」と定めた。

1964（昭和 39）年のオリンピック東京大会の後には、「第 13 回国際ストーク・マンデビル競技大会」が開催された（のちの「第 2 回パラリンピック東京大会」）。大会の愛称は対まひ者を意味する「パラプレジア（paraplegia）」のオリンピックの意で「パラリンピック」とされ、パラリンピックという呼び名は日本で生まれたものであった[2]。1988（昭和 63）年のパラリンピックソウル大会からは、平行を意味する「パラレル（Parallel）＋オリンピック」として、もう 1 つのオリンピックの意でとらえられるようになり、競技スポー

ツとしての地位を確立していった。

（2）厚生労働省から文部科学省への移管

　障害者スポーツのはじまりがリハビリテーションの一環であったことから、わが国において障害者スポーツは社会福祉の向上・増進等の推進を目的とする厚生労働省が所管してきた。これが、2014（平成 26）年にスポーツ振興の観点が強い事業に関しては、一般のスポーツを所管する文部科学省に移管されるようになった。さらに、2015（平成 27）年にはスポーツに関する施策を総合的に推進することを目的に、文部科学省の外局としてスポーツ庁が設置され、現在は同庁に所管されている[*3]。この背景には、2011（平成 23）年に施行された「スポーツ基本法」がある。

2 「社会モデル」にもとづく障害者関連法

（1）スポーツ基本法の改正

　スポーツ基本法は、スポーツ振興法を 50 年ぶりに全面改正するかたちで制定された[*4]。その前文において、「スポーツを通じて幸福で豊かな生活を営むことは、全ての人々の権利」であることが示されている。当然ながらここでいう「全ての人々」には障害者も含まれており、同法 2 条 5 項には、「スポーツは、障害者が自主的かつ積極的にスポーツを行うことができるよう、障害の種類及び程度に応じ必要な配慮をしつつ推進されなければならない」ことが明記されている。同法は障害者がスポーツに参加する権利を有する主体者であることを宣明し、国内法として障害者スポーツ推進の重要性について初めて言及した。これにより、各種スポーツ振興の施策につながった。

（2）障害者権利条約への批准

　わが国の障害者に関係する国内法の整備を推し進めたのは、障害者の権利に関する条約（以下、「障害者権利条約」という）によるところが大きい。同条約は、障害者の権利に関する初めての国際条約である。2006（平成 18）年に国連総会において採択され、2008（平成 20）年に批准国が 20 か国を超えて正式に発効された。わが国も 2007（平成 19）年に署名したが、批准は 7 年後の 2014（平成 26）年であった。批准とは条約に拘束されることを国が正式に宣言する行為とされ、国の憲法と一般法の間に位置づけられる[3]。したがって、批准に向けては国内法を整備する必要があり、批准に時間を要したのはこのためといわれている[4]。同条約の前文には、「障害者

＊3　日本の障害者スポーツを統括する最大組織は、「日本パラスポーツ協会」であり、つぎの変遷をたどる。
・1965（昭和 40）年に「日本身体障害者スポーツ協会」の名称で当時の厚生省の許可を受けて設立。
・1999（平成 11）年に三障害（身体、知的、精神）のすべてのスポーツ振興を担う組織として、「日本障害者スポーツ協会」へと改称。
・2014（平成 26）年には、「たとえ少数であっても活字の『害』を不快に思う人に配慮するとともに、社会の意識を変える一つの誘因にもなるよう期待」し、「日本障がい者スポーツ協会」に変更。
・2021（令和 3）年には、パラリンピック東京大会後のレガシーとして、国民のパラスポーツへの理解をさらに高めること等を目的に現在の名称へと改称。

＊4　スポーツ基本法について、詳しくは、第 1 章（p.17）を参照。

が全ての人権及び基本的自由を差別なしに完全に享有することを保障することが必要である」ことが記されている。スポーツに関しては、30条5項に、「障害者が他の者との平等を基礎としてレクリエーション、余暇及びスポーツの活動に参加することを可能とすることを目的として」、適当な措置をとることが定められている*5。

（3）医学モデルから社会モデルへの転換

　障害者権利条約の最大の特徴は、障害の「医学モデル」から「社会モデル」へのパラダイムシフトを示したことであった[5]。2つのモデルの違いは、障害の原因を個人と社会のどちらにあると考えるか、また障害を解消する手段や責任が個人と社会のどちらにあると考えるか、という点にある。

　医学モデルによる障害のとらえ方を表しているのは、1980（昭和55）年に国連によって発表された「国際障害分類（以下、「ICIDH」という）」である。「脳性まひ」という障害を例にすると、脳性まひという【疾病・変調】があるために、下肢のまひという【機能障害】が生じ、これにより歩行できないという【能力障害】が生じるために、買い物に行けないという【社会的不利】を被る、と障害をとらえる。このICIDHは、「脳性まひのある障害者は、買い物に行けないという社会的不利を受けている」ということを可視化した点、つまり障害が障害者の生活にどのようにかかわるかを構造的に示したという点で評価された。しかし、つぎのような批判を受け、改訂されることとなる。

- ・【機能障害（下肢のまひ）】から【社会的不利（買い物に行けない）】に至る過程が一方向的な流れで、障害者に「できない」レッテルを貼ってしまい、社会的不利の出発点は障害があることになってしまう。
- ・したがって、社会的不利は障害者本人の問題で、これを克服するためのリハビリテーションに取り組む本人の努力を強調してしまう。

　ICIDHの改訂版として、2001（平成13）年に「国際生活機能分類（以下、「ICF」という）」が発表された。ICFは、【健康状態】として脳性まひがあり、【心身機能・身体構造】として下肢にまひがあったとしても、それが歩けないことや買い物に行けないことにすぐにつながるのではなく、【環境要因】として車いすの性能がよければ歩けなくても移動が可能になるかもしれないし、【個人因子】として障害を受け容れられていない気持ちの影響が大きいのかもしれないなど、単に医学的な視点からとらえるのではなく、実際の生活機能の視点から障害をとらえている。つまり、環境因子や個人因子（とくに、環境因子）が変われば、障害の有無にかかわらず活動や参加は可能であ

＊5　具体的には、つぎの（a）～（e）の5つがあげられている。
（a）障害者があらゆる水準の一般のスポーツ活動に可能な限り参加することを奨励し、及び促進すること。
（b）障害者が障害に応じたスポーツ及びレクリエーションの活動を組織し、及び発展させ、並びにこれらに参加する機会を有することを確保すること。このため、適当な指導、研修及び資源が他の者との平等を基礎として提供されるよう奨励すること。
（c）障害者がスポーツ、レクリエーション及び観光の場所を利用する機会を有することを確保すること。
（d）障害のある児童が遊び、レクリエーション、余暇及びスポーツの活動（学校制度におけるこれらの活動を含む。）への参加について他の児童と均等な機会を有することを確保すること。
（e）障害者がレクリエーション、観光、余暇及びスポーツの活動の企画に関与する者によるサービスを利用する機会を有することを確保すること。

り、その人の社会参加を阻む障壁は社会の側が改善するべきとの立場をとる。ICIDH から ICF への改訂は、「障害者対策（障害者を訓練してなんとかする）」から「障壁対策（障害によって生じる障壁に多角的にアプローチする）」への移行といえる[*6]。

（4）障害者基本法の改正

　障害者権利条約の批准のために整備された国内法の一つに、2011（平成23）年に改正された障害者基本法がある。同法はその性格上、個々の障害者に対する具体的なサービスを定めているものではないが、障害者スポーツを含むすべての具体的な法令や国・自治体の施策は同法が示す理念や目的に沿ったものでなければならないという意味で重要な法律である[6)]。「障害者」の定義においては社会モデルの考え方が反映され、障害者が日常や社会生活で受ける制限の原因は、「社会的障壁」[*7] にあることを示している。

（5）障害者差別解消法の制定

　2016（平成28）年には、障害を理由とする差別の解消の推進に関する法律（以下、「障害者差別解消法」という）が施行された。同法の目的は、障害者基本法の理念にのっとり、「差別の禁止」を具体的に実現することにある。また、「障害者が他の者との平等を基礎として全ての人権及び基本的自由を享有し、又は行使することを確保するための必要かつ適当な変更及び調整」[*8] として、「合理的配慮」の提供を求めている。

（6）合理的配慮とは

　合理的配慮とは、障害者を特別扱いしたり、優遇したりすることではない。合理的配慮の考え方を理解するのに役立つのが図 5-1 のイラストである。野球観戦を行う親子 3 人の姿であるが、3 人が同じ数の箱を使うのが左側に示される「平等（EQUALITY）」である。しかし、これでは一番背の低い弟は試合が観戦できる状況にない。等しく平等な社会参加、すなわちここでいう野球観戦を実現するためには、個々の背の高さに応じた数の箱を利用することが求められ、これが右側の「公平（EQUITY）」である。つまり、等しく平等な機会の実現には、合理的配慮としてただ単になにかを提供することではなく、その人が目的とする活動に実質的に参加できているかどうかを問う必要がある。障害者は障害者でない者と平等の権利（野球観戦を行う権利）をもっているが、これを行使する際に困難が生じる。このときになにかしらの配慮（背の高さに応じた箱の提供）が行われることで公平となり、平等の権利を行使するスタートラインに立つことができるのである[*9]。

＊6　この意味において、共生社会を目指して社会の構成員が障害者にかかわる事象を適切に理解することが求められるが、「障害理解」と「障害者理解」ではその意味合いが異なってくる。障害者理解は「障害者」という特別な人を理解するというニュアンスが含まれるが、障害理解は障害の有無により二分されることなく、その人の障害の原因や症状、それによって生じる生活上の困りごと等を理解することととらえられる。

＊7　社会的障壁
「障害がある者にとって日常生活又は社会生活を営む上で障壁となるような社会における事物、制度、慣行、観念その他一切のものをいう」（障害者基本法2条2項）。

＊8　障害者権利条約2条（定義）より引用。

＊9　これに関して、福祉政策の根本理念である「ノーマライゼーション」を提唱したバンク・ミケルセンも、「障害者にとって、その国の人々が受けている通常のサービスだけでは十分ではない。障害者と障害者でない者とが平等であるためには、特別な配慮が必要である」と述べている[7)]。

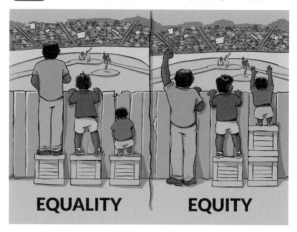

図 5-1 「平等（左側）」と「公平（右側）」の図解

出典：Interaction Institute for Social Change, Artist: Angus Maguire, 2016, Illustrating Equalility VS Equity. (comms@interactioninstitute.org; angus@madewithangus.com)

2 「合理的配慮」とツールドーピングをめぐる問題

　合理的配慮の考え方をもとに、障害の状態に合わせてルールや用具等の環境を調整することでパラリンピックは大きな発展を遂げた。そしてついに、オリンピックを目指す選手が登場するが、使用する義足が失われた能力以上の効果をもたらしているのではないかという「ツールドーピング」の疑義が生じ、公平性をめぐる議論が巻き起こる。機会平等のための合理的配慮であっても、競技の本質を損なうとみなされる場合の競争のあり方が問われることになる。

1 パラリンピックにおける合理的配慮とその先

（1）アダプテッド・スポーツとは

　合理的配慮の考え方をスポーツにもち込んだのが、アダプテッド・スポーツ（Adapted sport）である。アダプテッド・スポーツとは、「スポーツを行うその人の状態（障害の種類や部位、その程度など）に、ルールや用具等の環境のほうを適応（adapted）させて、参加できるように工夫したスポーツ」[8] の総称である。従来のスポーツは、既存の用具やルールに適応するように人が訓練してその効率性や卓越性を追求する、いわば「医学モデル」型であった。しかし、このようなやり方ではスポーツに参加できず取り残されてしまう人が出てきてしまう。アダプテッド・スポーツという概念は、人の

ほうにスポーツを引き寄せ、「スポーツを楽しむためにはその人を取り巻く環境を問題として取り上げることが大切である」[8] という考え方にもとづいており、この意味で「社会モデル」型といえる。

　国際パラリンピック委員会（IPC）が掲げるパラリンピックの 4 つの価値[*10]の一つは「公平（Equality）」であるが、その意味は「多様性を認め、創意工夫すれば誰もが同じスタートラインに立てることを気づかせる力」[9] である。原文の "Equality" は一般的には「平等」と訳されるが、これをなぜ「公平」としているのか。その理由は、「『平等』な状況を生むには、多様な価値観や個性に即した『公平』な機会の担保が不可欠」[9] であるという点を強調するためとされる。ここからも、パラリンピックは合理的配慮としてのルールや用具の工夫を行うことで公平性を担保し、これにより等しく平等にスポーツに参加する機会を保障することでその競技性を追求し、発展してきたことがわかる。

　ところが、パラリンピックがオリンピックに近づき、これを超えようとする動きが見られると、オリンピックをおびやかす存在として問題視されるようになる。義足の陸上選手として、パラリンピックで華々しい活躍を誇った陸上短距離のオスカー・ピストリウス（南アフリカ）と走り幅跳びのマルクス・レーム（ドイツ）は、オリンピックへの出場をめぐってスポーツ仲裁裁判所（CAS）で争うこととなる。

（2）オスカー・ピストリウスのスポーツ仲裁裁判所（CAS）仲裁判断例

　南アフリカのオスカー・ピストリウスは、「ブレードランナー」の異名をもつ両足義足のスプリンターである。競技をはじめて 1 年足らずの 17 歳で出場した 2004（平成 16）年のパラリンピックアテネ大会（200m）では、世界記録を塗り替える 21 秒 97 で金メダルを獲得した[10]。翌年から健常者の大会に招待されるようになり、次期開催のオリンピック北京大会の出場を希望するようになる。ところが、国際陸上競技連盟（現在の世界陸連。IAAF）は、彼の義足が競技力向上につながる人口装置を禁じた規則に抵触するとし、健常者レースへの出場を認めなかった。これを不服としたピストリウスはスポーツ仲裁裁判所（CAS）へ提訴した。そして、2008（平成 20）年 5 月、スポーツ仲裁裁判所（CAS）は義足を使用することによるアドバンテージは確実なものではないとして、彼の訴えを認めた。その後、2012（平成 24）年のオリンピックロンドン大会予選で見事に自己ベストを更新し、両足義足のランナーとして初めてオリンピックに出場することとなった[*11]。

＊10　国際パラリンピック委員会は、パラリンピアンたちに秘められた力こそが、パラリンピックの象徴であるとし、つぎの 4 つの価値を重視している。
・勇気（Courage）マイナスの感情に向き合い、乗り越えようと思う精神力。
・強い意志（Determination）困難があっても、諦めず限界を突破しようとする力。
・インスピレーション（Inspiration）人の心を揺さぶり、駆り立てる力。
・公平（Equality）多様性を認め、創意工夫をすれば、誰もが同じスタートラインに立てることを気づかせる力。

＊11　個人で出場した 400m では惜しくも準決勝で 8 位（最下位）にとどまり、決勝進出とはならなかった。チームでは決勝において第 4 走者を務めたが、結果は 8 位（最下位）であった。

（3）マルクス・レームのスポーツ仲裁裁判所（CAS）仲裁判断例

　ドイツの走り幅跳び選手であるマルクス・レームは、「ブレードジャンパー」として2014（平成26）年に健常選手に交じってドイツ選手権に出場し、8m24cmの自己新記録で優勝した。同大会は、ヨーロッパ選手権ドイツ代表選考会も兼ねており、優勝したレームは筆頭候補に躍り出るが、関係者から「義足が有利に働いたのではないか」との声があがった。その後の調査の結果、ドイツ陸上連盟は「他の選手と跳躍メカニズムが異なり、不当な助力を得ている」とし、優勝したレームではなく2位に入った健常選手を代表に選出した。

　国際陸上競技連盟（IAAF）は、義足選手が国際大会に出場する条件として、義足の反発力が競技に有利に働いていないことの証明を選手自身に求めるという見解を示している。しかしながら、この証明には大学等の調査機関の協力のもと、数千万円の費用が必要とされ、選手自身が行うには相当な負担となっている[11]。レームは、2021（令和3）年に開催されたパラリンピック東京大会への出場をめぐり、ドイツオリンピック委員会の協力を得て成績がつかない参考記録というかたちでの出場を求め、スポーツ仲裁裁判所（CAS）に申立てを行った[12]。結果、訴えは審理されることなく、開会式当日の7月23日付で却下されている[*12]。

　ピストリウスとレームの義足をめぐっては、「パフォーマンスを過剰に高める効果があり、明らかに有利である」、「薬物ドーピングと同様の性質をもつのではないか」など、ツール（道具）ドーピングの問題として、いまなお議論が続いている[15]。

2　公正な競争とは

（1）選手間の「機会平等」と競技の「本質」

　アダプテッド・スポーツの考え方にもとづけば、ピストリウスとレームの義足は、スポーツ参加のための合理的配慮として必要不可欠であることに疑う余地はない。ところが、使用する義足が競技において最も直接的に利用される身体の部位にかかわることから公正か否かが問われることになった[16]。つまり、障害の有無という実質的な不平等が存在する障害選手と健常選手との間に、「機会平等」を保障するために障害選手に与えられる合理的配慮であっても、それが競技の「本質」に影響を及ぼすとみなされる場合には、かえって不公平が生じるとの非難や疑義が投げかけられたのである。ここで、合理的配慮が提供される状況における選手間の「機会平等」と競技の「本質」

＊12　レームは、自身がオリンピックに出場したいと思う動機は、自分のジャンプを世界に見せつけてメダルを獲ることだけではなく、つぎのような思いがあるからだと語っている。
「僕はパラリンピック・アスリート。パラリンピアンであることを誇りに思います。ただ、僕はオリンピアンとパラリンピアンをもっと近づけたい。そして、パラリンピアンも素晴らしいアスリートであり、素晴らしい結果を出している選手がたくさんいることを多くの人に知ってもらいたいだけ。オリンピックという世界最高峰の大会で健常の選手と戦うことは、その大きなチャンスの場だと思っています」[13] [14]。

について、いわゆるケイシー・マーティン事件から考えてみたい。

（2）ケイシー・マーティン事件

　右足に障害のあるプロゴルファーのケイシー・マーティンは、歩行の代わりにカートで移動してPGAツアー*13 に参加することを求めたが、これが拒否されたために同ツアーを相手どり、裁判を起こした。4年の歳月を経て、2001（平成13）年にアメリカ連邦最高裁は、「カートを使用することがゴルフの本質的側面を変更することにはならない」として、マーティンの訴えを認めたが、この事件をめぐってさまざまな議論がなされた[17]。

　歩行に障害のある者が禁止されているカートを使用して競技に参加することを認めるか否かは、「ゴルフというスポーツにおいて歩行による移動は競技の本質か否か」を問うことになる。歩行による移動がその本質にかかわるのであれば、カートの使用はゴルフの本質を変えてしまう。それはカートを使用した選手がほかの選手よりも不当に有利に扱われることになるので、「カートの使用は選手間の機会平等を害する」ことになる。

　このように、物事の本質を変更してしまうような配慮は、そもそも機会平等を害する場合があり、障害者差別解消法においても同法で提供される合理的配慮は、「機会平等」と「本質変更不可」の条件を満たした内容でなくてはならないとされている[18]。

（3）社会モデルの視点からスポーツのあり方を問う

　ピストリウスとレームが投げかけた問題は、義足の適切な利用条件の確定というレギュレーション（絶対に守らなければならない規則）の問題にとどまらない。スポーツの本質をどうとらえるか、すなわち近代スポーツのあり方にまで通ずる問いであった。このような視点からの議論が十分に尽くされないままであったから、スポーツ仲裁裁判所（CAS）や国際陸上競技連盟（IAAF）は彼らが使用する義足が健常選手に対して有利か／不利かという視点に切りつめる医学モデル的な立場をとり、選手個人の問題として当人にその解決の努力を求めた。科学技術の発展に伴い、障害選手が使用する用具の性能がさらに向上していくことは必至であり、今後彼らのような選手が登場することは想像に難くない。医学モデルからのアプローチ、すなわち健常者中心のスポーツに異なる身体を適合させるか否かだけで判断することは、問題の先送りにすぎない。

　障害者スポーツの振興がうたわれるのは、障害者にはスポーツ権が阻害されてきた過去があるからであり、スポーツは人々に平等に与えられる機会であることを強く認識していかなければならない[19]。しかし、それはこれま

*13　アメリカ合衆国および北米における男子プロゴルフツアーを運営する団体、およびこの団体が運営するツアートーナメントの名称である。

*14　たとえば、「サイバスロン（CYBATHLON）」という、ロボット工学等の先端技術を応用し、障害者が日常生活に必要な動作に挑む国際競技大会を軸にしたスイス発の取り組みがある。サイバスロンは、アシスト技術を使うことによって、障害者の日常生活はより快適になり得るという想いを出発点としており、つぎのような特徴がある[20]。

・キーワードは「日常生活」。競技の課題も、日々の生活に必要な動作ばかり。

・さらに使いやすい技術を開発するために、技術者と、（技術を操縦する方という意味で）パイロットと称する障害者が共同で開発にあたる。

・大会を通じて、技術や障害に接点のない人にも、興味を持ってもらうことを目指し、そのうえで障害者にとっての日常生活における平等や社会参画について対話を促す。

でスポーツの埒外（らちがい）に置かれてきた人々に対して償いをしなくてはならないという過去への視点にとどまるのではなく、障害者権利条約に示される「障害者があらゆる水準の一般のスポーツ活動に可能な限り参加することを奨励し、及び促進すること」が、これからのスポーツにとってよい結果をもたらすという未来への視点で考えていくことが重要である*14。つまり、既存のスポーツのあり方を前提に論じるのではなく、障害者と健常者がともにスポーツをすることで生まれる新たな関係性を通じて、スポーツがいかにおもしろく魅力的になるかを考えることが重要ではないだろうか。

　また、原点に立ち返ることからも多くの示唆が得られよう。オリンピック憲章にあるように、オリンピックが「スポーツを通して心身を向上させ、文化・国籍などさまざまな違いを乗り越え、友情、連帯感、フェアプレーの精神をもって、平和でよりよい世界の実現に貢献すること」を根本原則とするならば、目に見える競技記録の追求だけでなく、本来の姿に立ち戻り、社会に期待される機能を果たせる競技のあり方も考えられないだろうか。障害者関連法に示される社会モデルや合理的配慮の知見を実質的にスポーツの場に当てはめ、「多様な身体をもつ人々の活躍の場を広げ、よりよい社会の実現のためにスポーツにはなにができるか」という立場に立って議論を進めることで、健常選手にとっても、障害選手にとっても、価値あるスポーツの実現が期待される。

3 社会モデル型スポーツがひらく可能性

　本章のまとめとして、社会モデルの考え方を実際のスポーツの場に当てはめることでなにが期待できるのかを考察する。合理的配慮をスポーツにもち込む際にはルールの変更を伴うが、スポーツの歴史がそうであったように、これこそがスポーツをさらにおもしろく魅力的にさせる。また、ルールの変更には合意形成（対話）が必要であるが、スポーツの文化的特徴である非日常性（遊び）を介すことで、障害を理解しなくてはならないという真面目な構えが崩され、ここにスポーツの価値を見出すことができる。

ハンドサッカーに学ぶ互恵的関係

＊15　競技の詳細は、日本ハンドボール協会ウェブサイト（https://handsoccer.jimdofree.com/）を参照されたい。

　社会モデルを実装し、アダプテッド・スポーツの極致といわれるのが、東京都の特別支援学校で考案された「ハンドサッカー」*15 である21)。一般的に、どのボールゲームでも参加の前提条件はボールが保持できることになるが、

写真 5-1　ハンドサッカー①

写真提供：日本ハンドサッカー協会

写真 5-2　ハンドサッカー②

写真提供：写真 5-1 に同じ

ハンドサッカーではこれが困難な選手は身体や車いすにボールが当たった（タッチした）時点でボール保持とみなされる[22]。これによりキャッチできないことが無効化され、「タッチによりキャッチする選手」として黄色いハチマキを着用し、できることを視覚化（他者との共有）させる。

　また、シュートの距離や方法、使用するボールの大きさ等は、障害の程度に合わせ、「練習時の成功率が 50%」の範囲で個々に選択できる[*16]。このルールは、ゲームの条件における公平性ではなく、勝利の可能性における公平性を保障するルールとして、「結果の平等」をもたらすものと考えられるかもしれない[*17]。しかし、これによって得られる利益が全体の利益を高めること、すなわち、個々の今できる力に応じた目標を設定し、これに挑んだ結果の集合体としてチームの勝利があるという、スポーツの本来的性質である「競争の未確定性」を障害の軽重の別なく誰もが享受し、追求できるよういざなっているともとらえられる[23]。このようにハンドサッカーは互恵的な関係によって成立するスポーツであり、誰もが暮らしやすい社会を実現するための多くのヒントがつまっている。

写真 5-3　ハンドサッカー③

写真提供：写真 5-1 に同じ

2 ルールの変更がもたらす新たな魅力

　スポーツを社会モデルや合理的配慮の点からとらえ直すと、さまざまなルールの変更が生じるかもしれない。しかし、そもそもスポーツはルールによる制約をもとに、これをかいくぐるように新たな技術や戦術が生まれ、さらにそれを規制するルールが設けられるような "いたちごっこ" を続けるこ

＊16　スポーツには勝ち負けがつきものであり、競争の結果、不平等を生むことになる。しかし、多くの人はこのような不平等を容認する。それはこの不平等を受け入れるために、ある種の平等が実現されているからである。しかし、ここでいう平等の実現のための条件は、必ずしも同一ルールである必要はなく、同意されたルールであることが重要である。

＊17　平等を考える際、「どうすれば平等なスタートラインとなるか？」を問うことは目的に到達するまでの方法を考えることにしかすぎず、「なんのための平等か？」というその目的を問うことが、これからのスポーツには重要ではないだろうか。これは、経済学者のアマルティア・センの言葉を借りれば、「（スポーツという）財の特性を活用できているか」を問うことであり、多様な人びとがスポーツにアクセスする（目的の自由を達成する）ためには、手段としての自由が実質的に選択可能でなければならず、社会はその選択肢を用意しておかねばならないことを意味する。

とで発展してきた。ルールはスポーツの楽しみを生むものであり、社会モデルや合理的配慮の視点から出発するスポーツは、その魅力や可能性をさらに広げていくことが期待できる。

　また、サッカーを例にすると、サッカーが世界で高い人気を誇っている理由は、「サッカーにおける手の使用の禁止が、不必要な障害をあえてもうけて、それを克服しようとする試み」[24]にサッカーというスポーツの本質的なおもしろさがあるからだという。この発想は無限の展開の可能性を秘め、車いすバスケットボールやゴールボールを健常者が実践することも含まれる。実際に、両競技の国内大会においては健常選手の出場も可能となっている*18。

　スポーツは他者と競争し、勝利を得ようとするゲームであり、他者なくしてスポーツは成立しない[26]。ここでいう他者に健常者でない人も含まれていることを想像できる人はどれほどいるだろうか*19。障害者のスポーツへの参加を含む生活上の障壁は、障害者でない者が意識を向けなければ可視化されず、問題として取り上げられにくい。それは、障害者でない者の多くはそのような生活が当たり前にまもられているからであり、問題意識と関心がもちにくいことから生じているといえる。多様な他者の存在を認識し、その状況を想像することが、ルールを考える際のスタートラインとなるであろう。

3 対話にもとづく人間理解

　ルールを変更したり新たに設けたりする際には、当事者間の合意形成が必要である。この点は、「障害を理由とする差別の解消の推進に関する基本方針」にも、合理的配慮の提供プロセスは提供する側・受ける側の話し合いを通じて進んでいくという対話的性格を読み取ることができる[28]。障害者施策は、常に障害者本人や家族の主張を受けた先駆的実践をカバーするかたちで制定され、当事者の声なしにはどんな政策も制度も生まれ得なかった[29]。筆舌に尽くせぬ先人の努力により法が整備され、ようやく対話のテーブルにつくことができたのである。それでもなお、「女性」と「障害者」という2つのカテゴリーに属す女性障害者や、健常者と障害者のカテゴリーのボーダーにいる軽度障害者等の状況は見過ごされがちで、障害者のなかにもさらに少数派といわれる存在があることに留意する必要がある。また、権利を主張する際に当事者の視点だけにこだわりすぎると、両者が折り合う地点を見出せず、いたずらに対立や葛藤を生み出してしまう点にも留意したい[30]。

　対話によってそれぞれの状況や考え方が理解できれば、両者間のズレや摩擦を減じることにつながるだろう。そこにスポーツの文化的特徴である非日

＊18　車いすバスケットボールは、2019（令和元）年から国内最高峰の「天皇杯日本車いすバスケットボール選手権大会」において健常者選手の出場が認められるようになった（コートに出られるのは2名まで）[25]。ゴールボールについては、「一般社団法人日本ゴールボール協会主催公式競技大会開催規定等細則」の「4. 参加資格・チーム構成」において、「4-2. 障害の有無は問いません」と明記されている。

＊19　競争の語源とされるコンペティティオには、「共同の努力」という意味がある。スポーツは相手と協力して相互に、そして共同で自分を高め、互いの卓越性を追求する。言い換えれば、スポーツは卓越性を相手と共同の努力で目指すなかで自分を成長させてくれる文化である[27]。このときの相手が多様な存在であれば、新たな自分の一面を引き出し、豊かなスポーツ観や新しいスポーツのあり方を提供してくれるのではないだろうか。

常性が媒介することで、健常者と障害者の間において障害を理解しなければならないといった真面目で常識的な構えが崩され[31]、ポジティブに対話する可能性がひらかれる。ここに、スポーツの価値を見出すことができる。

引用文献

1 ）中道莉央『障がいのある女性アスリートの挑戦——車椅子バスケットボール生活の実相』柏艪舎　2014 年　p.18

2 ）日本パラスポーツ協会「パラスポーツの歴史と現状」2022 年　pp.41-42 （https://www.parasports.or.jp/about/pdf/jsad_ss_2022_web.pdf）

3 ）竹内啓也「障害者権利条約とパラリンピックを考える——スポーツ権の具体化と統合スポーツの実践から」『福祉研究』99 号　2009 年　p.113

4 ）谷川知士「障害を有する人のスポーツに関する立場から——障害者権利条約にみるスポーツ」『スポーツ精神医学』12 号　2015 年　p.8

5 ）永井順子「精神障害の生活モデルとインペアメント——精神障害の社会モデルを展望して」『北星学園大学社会福祉学部北星論集』54 号　2017 年　pp. 49-50,63

6 ）佐藤久夫・小澤　温『障害者福祉の世界［第 5 版］』有斐閣　2016 年　p.158

7 ）鈴木　勉・田中智子編『新版　現代障害者福祉論』高菅出版　2011 年　p.57

8 ）佐藤紀子「わが国における「アダプテッド・スポーツ」の定義と障害者スポーツをめぐる言葉」『日本大学歯学部紀要』46 号　2018 年　pp.2-4

9 ）日本パラリンピック委員会「パラリンピックとは」2022 年 （https://www.parasports.or.jp/paralympic/what/index.html）

10）スティーヴ・ヘイク著・藤原多伽夫訳『スポーツを変えたテクノロジー』白揚社　2020 年　pp.290-293

11）パラサポ WEB「マルクス・レーム選手——義足のジャンパー」2016 年 （https://www.parasapo.tokyo/super-athletes/markus-rehm）

12）NHK「陸上 義足のドイツ選手 オリンピック出場かなわず CAS 訴え却下」2021 年 （https://www3.nhk.or.jp/sports/news/k10013157551000/）

13）同上

14）パラサポ WEB「8m 超えの跳躍でパラリンピック 3 連覇のマルクスレーム。オリンピックを目指すパラリンピアンの思い」2021 年 （https://www.parasapo.tokyo/topics/62436）

15）金子元彦「パラリンピックの発展と今日的課題」谷釜尋徳編『オリンピック・パラリンピックを哲学する——オリンピアン育成の実際から社会的課題まで』晃洋書房　2019 年　p.31

16）早川吉尚編『オリンピック・パラリンピックから考えるスポーツと法』有斐閣　2021 年　pp.107-113

17）望月浩一郎「日本の障害者スポーツと法をめぐる現状と課題」『身体教育医学研究』8（1）　2007 年　pp.6-8

18）川島　聡・飯野由里子・西倉実季・星加良司『合理的配慮——対話を開く、対話が拓く』有斐閣

2016 年　pp.52-53

19）長田菜美子「パラリンピック自国開催を迎えるにあたり障害者の「スポーツの権利」について考える」
　　『日本の科学者』51（12）　2016 年　pp.22-23

20）在日スイス大使館「サイバスロン――人を動かし、技術を進める」2016 年
　　（https://www.stofficetokyo.ch/cybathlonseriesjp-main）

21）岩岡研典「アダプテッド・スポーツ（adapted sports）とは――パラリンピック、そしてその先に
　　あるもの」『日本義肢装具学会誌』34（4）　2016 年　pp.216-218

22）中道莉央「教材づくりに合理的配慮の視点を生かす――インクルーシブ体育の実現に向けて」広島
　　大学附属小学校学校体育研究会『学校体育』1229 号　2020 年　pp.6-13

23）菊　幸一「共生社会の実現に向けたスポーツのあり方を問う――スポーツ文化論と新学習指導要領の
　　視点から」『スポーツ教育学研究』40（1）　2020 年　pp.83-88

24）西山哲郎『近代スポーツ文化とはなにか』世界思想社　2006 年　pp.181-182

25）パラサポ WEB「車いすバスケットボール天皇杯。"門戸拡大"で生まれる価値とは」2019 年
　　（https://www.parasapo.tokyo/topics/17764）

26）島田哲夫『スポーツ哲学入門――オリンピック・レガシーのために』論創社　2018 年　p. vii

27）友添秀則編『よくわかるスポーツ倫理学』ミネルヴァ書房　2017 年　p.19,57

28）西原和久・杉本　学編『マイノリティ問題から考える社会学・入門――差別をこえるために』有斐閣
　　2021 年　p.49

29）前掲書 7）　p.274

30）山田富秋『生きられた経験の社会学――当事者性・スティグマ・歴史』せりか書房　2020 年
　　p.29,168

31）奥田睦子「『後期近代社会が健康づくりやスポーツ文化にもたらす影響』研究経過報告」『京都産業
　　大学総合学術研究所所報』15 号　2020 年　p.199

参考文献

・飯島　俊・松原範之・阿部新治郎・三輪　渉「スポーツにおける公正性・公平性の実現のために――障害
　者スポーツ、不祥事対応を題材として（2020 関東弁護士会連合会シンポジウム報告）」『専門実務研究』
　15 号　2021 年　pp.45-48

・盛永審一郎・松島哲久・小出泰士編『いまを生きるための倫理学』丸善出版　2019 年　pp.222-
　223,226-227

・樫田美雄・小川伸彦編『〈当事者宣言〉の社会学――言葉とカテゴリー』東信堂　2021 年　pp.27-49

【写真提供】
本書の写真 5-1、5-2、5-3 は、日本ハンドサッカー協会よりご提供いただきました。
ここに記して、御礼申し上げます。

学びの確認

1.（　　　）に入る言葉を考えてみよう。

① パラリンピックの父と称される（　　　　　　）が負傷した兵士のリハビリテーションにスポーツを導入した際の理念は、（　　　　　　　　　　）である。

② 障害者スポーツは、（　　　　　　）省に管轄されていたが、2014（平成 26）年にスポーツ振興事業に関しては（　　　　　　）省へ移管され、現在は（　　　　　　）庁が管轄している。

③ 障害者スポーツ推進の重要性について初めて言及した法律は、（　　　　　　　）である。

④ 障害者権利条約の最大の特徴は、（　　　　　　）モデルから（　　　　　　）モデルへの転換である。

⑤ 社会モデルは、障害者の社会参加を阻む障壁は（　　　　　　）の側が改善すべきとの立場をとる。この考え方は、2011（平成 23）年に改正された（　　　　　　）の障害者の定義においても（　　　　　　）という言葉に反映されている。

⑥ 2016（平成 28）年に制定された（　　　　　　　　　　）においては、「差別の禁止」と（　　　　　　）の提供を求めている。

2.　以下のことについて、考えてみよう。

① あなたの身近な生活のなかにある「平等」と「公平」を考えてみよう。

....

....

....

....

② ピストリウスとレームの判断例、マーティンの事例から、あなたが考えたことを整理しよう。まわりの人とも考えを共有し合い、多様な考え方に触れてみよう。

....

....

....

....

「障害者差別解消法」の当事者とは誰か

障害者差別解消法は、もともと障害者差別禁止法という名称で検討されていた。しかし、ただ差別を禁止するだけでなく「差別のない社会をつくり上げること」を目的としたため、解消という言葉が用いられている[1]。同法では「障害を理由とする差別」を禁止しているが、差別を定義する規定は置かれていない。差別に該当する行為は人それぞれの受け取り方や状況によって異なるからであり、具体的な事例等を積み重ね、認識を共有していくことが期待されている。実際にどのような裁判例があるかを見てみると、2021（令和3）年10月に都内の大手スポーツクラブで車いすでの入店や受付を断られ、一方的に会員から除名される等の差別を受けたとして、電動車いす利用者が運営会社を相手取り慰謝料330万円を求めた訴訟に判決が下された[2]。東京地裁は慰謝料等33万円の支払いを命じ、車いすのまま入店して受付をすることを制限したのは対応が不十分だったとして、「合理的な範囲内で代替の利用方法を提案すべきだった」としている。

この裁判の背景には、施設等の物理的環境が障害のある人のスポーツ参加を阻害していることがあげられる。たとえば、国内の公共のスポーツ施設が5万1,611施設あるのに対し、障害者専用・優先スポーツ施設は150施設ときわめて少ない現状にある（公共施設の0.3%）[3]。スポーツ基本法という法律で障害のある人のスポーツ権が保障されていたとしても、一般のスポーツジムや施設等でスポーツできる環境になければ、その権利は十分に行使できないのである。このような状態が続けば、スポーツ権を行使する前の段階で、自らをスポーツと切り離した存在と位置づけてしまうかもしれない[4]。

障害者差別解消法における合理的配慮の提供は、これまで国や地方公共団体等の行政機関のみに義務とされていたが、2021（令和3）年の改正により民間事業者においてもそれまで努力義務であったものが義務化されることとなった（公布日2021年6月4日から起算して3年以内）。配慮と聞くと思いやりや気遣いが想起され、なぜこれが義務化されなければならないのかと思われるかもしれないが、障害者権利条約における合理的配慮の原文は"Reasonable accommodation"であり、"accommodation"は「調和」や「調節」を意味することから、合理的配慮は「障害の状況に応じた環境調整」ととらえると理解しやすい。

さまざまな法律等によってスポーツ権が保障されたとしても、実際にその法律で保障された社会を生きるのは私たち一人ひとりである。合理的配慮は提供する側／受ける側の対話によって成り立つものであり、障害のある人だけが当事者なのではなく、私たち一人ひとりが障害のある人のスポーツ権を保障する「当事者」である意識をもつことが期待される。

［引用文献］
1) 二本柳 覚『これならわかる＜スッキリ図解＞障害者差別解消法』翔泳社 2016年 p.26
2) 毎日新聞「ジム側に賠償命令車椅子会員除名「無効」東京地裁判決」2021年 (https://mainichi.jp/articles/20211029/ddg/041/040/005000c)
3) 笹川スポーツ財団『障害者専用・優先スポーツ施設に関する研究2021年度調査報告書』2021年 p.6 (https://www.ssf.or.jp/files/2021_report_dsbr.pdf)
4) 稲葉慎太郎・青山将己「スポーツ権の観点によるわが国の障害者スポーツの現状と課題」『天理大学人権問題研究室紀要』22号 2019年 pp.49-50

スポーツにおける体罰と暴力

なぜこの章を学ぶのですか？

スポーツ場面では、選手を強くするため、気合を入れるために指導者が平手打ちをする程度は練習の一部として当然のことと考えていませんか？　スポーツにおける体罰や暴力の扱われ方を知ることは、今後のスポーツで大切なことです。

第6章の学びのポイントはなんですか？

本章では、スポーツ場面における暴力問題のなかでも、とくに部活動での体罰に注目して現状を知ったうえで、体罰・暴力が法的にどのように扱われるのか、どのような行為が体罰に該当するのかを理解します。

考えてみよう

① スポーツ指導者と選手の間に信頼関係があり、選手や保護者が同意しているのであれば、スポーツ指導における軽い平手打ち程度は許されると思いますか。

② これまでのスポーツ場面で、選手に暴力を振るったり、罵声をあびせたりする指導者はいませんでしたか。その指導者は、周囲からどのように評価されていましたか。

1 スポーツにおける暴力

2012（平成24）年に発生した事件を契機として、2013（平成25）年に日本スポーツ界からの暴力根絶が宣言された。しかし、その後もスポーツ現場から暴力は根絶していない。スポーツにおける体罰と暴力を学ぶ前に、日本のスポーツ界における暴力の現状を知る必要がある。

1 日本のスポーツにおける体罰・暴力

＊1 トップスポーツ
での暴力例
・2012（平成24）年
に柔道女子日本代表監
督が選手への暴力等で
戒告処分を受けた。
・2019（令和元）年
にプロ野球の監督が選
手への暴力で厳重注意
処分を受けた。
・2021（令和3）年
にプロ野球選手が同僚
選手への暴力で出場停
止処分を受けた。
・2021（令和3）年
にプロサッカーの監督
が選手らへの暴力等で
指導者ライセンス降格
処分を受けた。

日本のスポーツ界では、これまでにプロ・アマチュアを問わず、数多くの体罰・暴力事件が発生している[*1]。そのなかでも、主に青少年が活動する部活動やクラブにおけるスポーツ指導者から選手に対する暴力が頻繁に発生している。図6-1 は、文部科学省が発表している資料にもとづいた、中学校・高等学校・中等教育学校における体罰発生件数と部活動中の体罰発生件数を示したものである[1]。

近年は、学校教育および部活動における体罰に対して社会の厳しい視線が向けられているため、体罰の発生総数および部活動中の体罰発生件数は減少しているように見える。しかし、調査で明らかになった部活動の体罰発生件数だけでも年間100件を超えており、「スポーツ界における暴力行為根絶宣

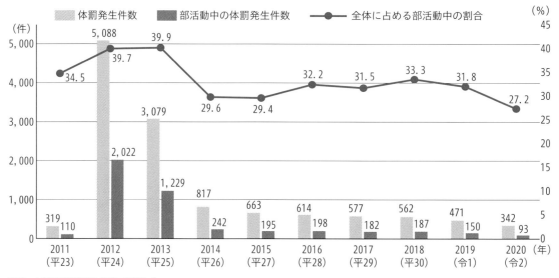

図6-1 中学校・高等学校・中等教育学校における体罰発生件数および全体に対する部活動の割合

出典：文部科学省資料を参考に筆者作成

言」の文言に見られる、「暴力行為の根絶」には至っていない。また、体罰と判断されるような暴力が、「指導の一環」とする名目で表面化していない事案もふまえれば、根絶という目標からはほど遠いのが日本の青少年のスポーツ現場における体罰・暴力の現状と考えられる。

2　スポーツ中の体罰と繰り返された生徒の自死

　2012（平成 24）年は、社会における部活動の体罰に対する注目が非常に集まった年である。その理由として、同年 12 月に大阪市立桜宮高校バスケットボール部の主将であった生徒が、同部顧問であった男性教員（教員は事件後に懲戒免職）からの体罰を理由に自死をした事件があげられる[*2]。スポーツが好きで部活動に入った子どもがスポーツを理由にして自死をするという非常に痛ましい事件が発生したことで、スポーツ指導における体罰・暴力へ社会から厳しい視線が向けられるようになった。しかし、同事件の前にも類似した生徒の自死事件が発生していた。

　1985（昭和 60）年に岐阜県立中津商業高校の陸上競技部で、同部の部員であった生徒が、この部顧問であった男性教員から体罰等を理由として自死をしている。この事件もスポーツ指導における体罰・暴力を理由とした事件であり、2012（平成 24）年の事件と類似している部分が多い[*3]。

　部活動は本来、運動部・文化部を問わず、生徒が自主的・自発的に参加する活動であり[*4]、スポーツは語源の意味では、「自分の楽しみのために行う活動」である。しかし、スポーツ活動で体罰・暴力によって生徒が自死をしてしまう事件が繰り返されてしまっている。日本のスポーツと暴力はきわめて緊密な関係にあるといわざるを得ないのが現状である。

3　スポーツ界の対応と現在

（1）スポーツ界における暴力行為根絶宣言

　スポーツ界の暴力に対する対応として、桜宮高校バスケットボール部事件後の 2013（平成 25）年に、日本体育協会（現在の日本スポーツ協会）、日本オリンピック委員会（JOC）、日本障害者スポーツ協会（現在の日本パラスポーツ協会）、全国高等学校体育連盟（通称「高体連」）、日本中学校体育連盟（通称「中体連」）の 5 団体が、「スポーツ界における暴力行為根絶宣言」を発表した。

＊2　東京地裁平成 28 年 2 月 24 日判決『判例時報』2320 号 71 頁。

＊3　岐阜地裁平成 5 年 9 月 6 日判決『判例時報』1487 号 90 頁。

＊4　中学校学習指導要領・高等学校学習指導要領
「生徒の自主的、自発的な参加により行われる部活動については、スポーツや文化、科学等に親しませ、学習意欲の向上や責任感、連帯感の涵養等、学校教育が目指す資質・能力の育成に資するものであり、学校教育の一環として、教育課程との関連が図られるよう留意すること。」

同宣言内では「殴る、蹴る、突き飛ばすなどの身体的制裁、言葉や態度による人格の否定、脅迫、威圧、いじめや嫌がらせ、さらに、セクシュアルハラスメントなど、これらの暴力行為は、スポーツの価値を否定し、私たちのスポーツそのものを危機にさらす。フェアプレーの精神やヒューマニティーの尊重を根幹とするスポーツの価値とそれらを否定する暴力とは、互いに相いれないものである。暴力行為はたとえどのような理由であれ、それ自体許されないものであり、スポーツのあらゆる場から根絶されなければならない」[2] として、スポーツ界からの暴力根絶が宣言されている。しかし、その後もスポーツにおける体罰・暴力は繰り返されており（ 表6-1 ）、宣言が体罰・暴力に対して効果的な対応となったかと考えると疑問が残る。

（2）数えきれないほどたたかれて

　2020（令和2）年に、国際人権 NGO であるヒューマン・ライツ・ウォッチは、日本のスポーツにおける虐待問題の報告書（『数えきれないほどたたかれて』）を発表している[*5]。

＊5 『数えきれないはど叩かれて』はウェブ上で一般公開されている
(https://www.hrw.org/sites/default/files/media_2020/07/japan0720jp_web.pdf)。

　報告書の冒頭は、「数えきれないほど叩かれました。……集合の際に呼ばれて、みんなの目の前で顔を。血が出てたんですけれど、監督が殴るのは止まらなかったですね。ちょっと鼻血が、と言ったんですけれど止まらなかったです」[3] という体罰を受けた男性の発言から始まっている。さらに、「日本では、子どもがスポーツのなかで、暴力等の虐待を経験することがあまりにも多い。その結果、あまりに多くの子どもにとって、スポーツが痛みや恐怖、苦痛をもたらす経験となってしまっている」[4] と厳しい指摘がされている。日本の今後のスポーツを考えるうえでスポーツにおける体罰・暴力問題は、注目し、解決に向けた取り組みが求められる問題といえる。

表6-1 「スポーツ界における暴力行為根絶宣言」後の部活動における暴力・暴言事例

2017（平成29）年	埼玉県の高校サッカー部指導者が部員への暴力で解雇処分
2018（平成30）年	岩手県の高校バレーボール部指導者が部員への暴言で懲戒免職処分（部員は自死）
2019（平成31）年	兵庫県の高校バレーボール部指導者らが部員への暴力で停職・減給処分
2019（令和元）年	神奈川県の高校野球部指導者が部員への暴力・暴言で解任処分
2021（令和3）年	沖縄県の高校運動部指導者が部員への暴言で懲戒免職処分（部員は自死）
2022（令和4）年	熊本県の高校サッカー部指導者らが部員への暴力で懲戒解雇・減給・戒告処分
2022（令和4）年	千葉県の高校バレーボール部指導者が部員に暴行容疑で逮捕

2 体罰・暴力の法的扱い

　スポーツでの体罰・暴力とはどのような行為なのか。選手に体罰を行ったスポーツ指導者は、どのような法的責任に問われる可能性があるのか。今後スポーツに携わる可能性があるすべての人は、体罰・暴力について正しく理解する必要がある。

1 体罰とは

　ここまでスポーツにおける体罰・暴力と記してきたが、そもそも体罰とはどのような行為か、日本における体罰について正しく理解する必要がある。

　体罰とは、主に学校教育や児童福祉で使用される用語である。明治時代に日本が近代公教育制度を整備するなかで、corporal punishment を「身体の懲罰」と訳し*6、それが体罰として扱われるようになった。

　1879（明治 12）年に示された教育令 46 条で、「凡学校ニ於テハ生徒ニ体罰殴チ或ハ縛スルノ類ヲ加フヘカラス」として、学校教育における体罰の禁止が示された。この時期に体罰禁止を発表した国としては、日本は世界で 6 番目の早さであり、日本は世界で最も早く体罰禁止を示した国家の一つであった 5)。

＊6　体罰の英語表記
体罰を英語表記すると、corporal punishment であるが、本章で扱うスポーツ場面での体罰・暴力は、海外では虐待を意味する abuse として表記されることが多い。

2 学校教育法との関連

（1）学校教育法 11 条

　1947（昭和 22）年に現行の学校教育法が施行され、11 条で「校長及び教員は、教育上必要があると認めるときは、文部科学大臣の定めるところにより、児童、生徒及び学生に懲戒を加えることができる。ただし、体罰を加えることはできない」と体罰の禁止が定められている。部活動も学校教育の一環であるため学校教育法が適用され、体罰は許されない。体罰が問題となった際に時折、「許される体罰もある」といった言説が見られるが、そのような例外は一切ない。学校教育および部活動では体罰は明確に禁じられていることを理解する必要がある。

（2）体罰の禁止及び児童生徒理解に基づく指導の徹底について（通知）

体罰の禁止は、学校教育法 11 条で定められている。条文では体罰の禁止は示されているが、具体的な行為の判断基準が示されているわけではない。文部科学省は、体罰に関する注意喚起を複数回にわたり通知として示している[*7]。そのなかでも、「体罰の禁止及び児童生徒理解に基づく指導の徹底について」では、「体罰は、学校教育法第 11 条において禁止されており、校長及び教員（以下、「教員等」という）は、児童生徒への指導に当たり、いかなる場合も体罰を行ってはならない。体罰は、違法行為であるのみならず、児童生徒の心身に深刻な悪影響を与え、教員等及び学校への信頼を失墜させる行為である」として、改めて体罰の禁止を明言している。さらに、「部活動は学校教育の一環であり、体罰が禁止されていることは当然である。成績や結果を残すことのみに固執せず、教育活動として逸脱することなく適切に実施されなければならない」とも指摘し、部活動での体罰の禁止も改めて指摘している。

① 体　　罰

2013（平成 25）年の「体罰の禁止及び児童生徒理解に基づく指導の徹底について」では、別紙「学校教育法第 11 条に規定する児童生徒の懲戒・体罰等に関する参考事例」が提示され、そのなかで行為の判断基準が示されている。

まず体罰は、「身体に対する侵害を内容とするもの」と「被罰者に肉体的苦痛を与えるようなもの」に大別されている。「身体に対する侵害を内容とするもの」（表6-2）は、生徒の身体に対して直接たたく、蹴るといった行為が該当する。留意するべきこととしては、教員の指導に対して反抗をした生徒や、生徒指導に応じなかった生徒に対してであっても、身体に対する侵害を行うと体罰であると判断されることである。これをスポーツの場合で考えると、選手が指導者の指示を聞かなかった、練習中に反抗的な態度をとっ

（表6-2）　身体に対する侵害を内容とした体罰例

- 体育の授業中、危険な行為をした児童の背中を足で踏みつける。
- 帰りの会で足をぶらぶらさせて座り、前の席の児童に足を当てた児童を、突き飛ばして転倒させる。
- 授業態度について指導したが反抗的な言動をした複数の生徒らの頬を平手打ちする。
- 立ち歩きの多い生徒をしかったが聞かず、席につかないため、頬をつねって席につかせる。
- 生徒指導に応じず、下校しようとしている生徒の腕を引いたところ、生徒が腕を振り払ったため、当該生徒の頭を平手でたたく。
- 給食の時間、ふざけていた生徒に対し、口頭で注意したが聞かなかったため、もっていたボールペンを投げつけ、生徒に当てる。
- 部活動顧問の指示に従わず、ユニフォームの片づけが不十分であったため、当該生徒の頬を殴打する。

＊7　文部科学省による体罰に関連した通知
・「問題行動を起こす児童生徒に対する指導について（通知）」（2007 年）
・「体罰禁止の徹底及び体罰に係る実態把握について（依頼）」（2013 年）
・「体罰の禁止及び児童生徒理解に基づく指導の徹底について（通知）」（2013 年）
・「体罰に係る実態把握の結果（第 1 次報告）について」（2013 年）
・「体罰に係る実態把握の結果（第 2 次報告）について」（2013 年）
・「体罰根絶に向けた取組の徹底について（通知）」（2013 年）

たなどの場合が推測される。このような場合であっても、体罰は認められないことをスポーツに携わる者全員がよく理解する必要がある。

つぎに、「被罰者に肉体的苦痛を与えるようなもの」（表6-3）は、生徒に直接たたく、蹴るといった行為を行わなくても、罰を受ける生徒が苦痛を感じることはあってはならないという内容になっている。提示された例のなかで、とくに正座は、人によって肉体的苦痛の基準が異なるため注意が必要といえる[8]。

＊8　正座と体罰の関係が注目された例
2015（平成27）年に都立高校の教員が、校外学習で遅刻をした生徒たちを屋外のタイル張りの地面に20分間正座をさせたことが体罰に当たるとして処分が検討された。

表6-3　被罰者に肉体的苦痛を与えるような体罰例

・放課後に児童を教室に残留させ、児童がトイレに行きたいと訴えたが、一切、室外に出ることを許さない。
・別室児童のため、給食の時間を含めて生徒を長く別室に留め置き、一切室外に出ることを許さない。
・宿題を忘れた児童に対して、教室の後方で正座で授業を受けるように言い、児童が苦痛を訴えたが、そのままの姿勢を保持させた。

②　懲　　戒

懲戒とは、学校教育法11条で示されている、生徒に対する指導として認められている行為である。同通知内では、「通常、懲戒権の範囲内と判断されると考えられる行為、ただし肉体的苦痛を伴わないものに限る」と提示されている。

「懲戒として認められる行為例」（表6-4）に見られるように、懲戒は体罰とは異なり、直接身体に侵害を及ぼす行為や苦痛を与える行為はない。教育的に正当な指導の範囲内で行われる行為である。しかし、肉体的苦痛を与える行為は体罰と判断されるため、懲戒として認められている行為が無制限に許されるわけではない。部活動でも懲戒として認められている行為が指導として行われる例は見られるが、度を越した懲戒は体罰となり得ることを理解する必要がある。

表6-4　懲戒として認められる行為例

・放課後等に教室に残留させる。
・授業中、教室内に起立させる。
・学習課題や清掃活動を課す。
・学校当番を多く割り当てる。
・立ち歩きの多い児童生徒をしかって席につかせる。
・練習に遅刻した生徒を試合に出さずに見学させる。

③　正当な行為

正当な行為とは、学校教育法11条では言及のない行為で、通常、正当防

衛や正当行為と判断されると考えられる行為である。体罰に対する社会的な認識が厳しくなるなかで、生徒からなにをされても教員はまったく手を出すことができないとする言説がしばしば見られる。しかし、文部科学省は、「児童生徒の暴力行為等に対しては、毅然とした姿勢で教職員一体となって対応し、児童生徒が安心して学べる環境を確保することが必要」として、児童生徒が暴力行為に及んだ場合の対応を求めることを示している。

　正当な行為は、「児童生徒から教員等に対する暴力行為に対して、教員等が防衛のためにやむを得ずした有形力の行使」と「他の児童生徒に被害を及ぼすような暴力行為に対して、これを制止したり、目前の危険を回避するためにやむを得ずした有形力の行使」であると示されている。

　前者は、児童生徒が教員に対して暴力行為に及んだ際に、教員が自身を防衛するための行為として提示され、後者は暴力の対象が教員ではない場合であっても暴力を止めるための行為は正当であることを示している。例示されている「試合中に相手チームの選手とトラブルになり、殴りかかろうとする生徒を、押さえつけて制止させる」行為は、スポーツの場面で選手同士の小競り合い等が想定されることで、感情的になってしまった選手らを制止させ、場を鎮静化するために理解しておくことが重要といえる。

表 6-5 正当な行為例

- 児童生徒から教員等に対する暴力行為に対して、教員等が防衛のためにやむを得ずした有形力の行使
  - 児童が教員の指導に反抗して教員の足を蹴ったため、児童の背後に回り、体をきつく押さえる。
- 他の児童生徒に被害を及ぼすような暴力行為に対して、これを制止したり、目前の危険を回避するためにやむを得ずした有形力の行使
  - 休み時間に廊下で、他の児童を押さえつけて殴るという行為に及んだ児童がいたため、この児童の両肩をつかんで引き離す。
  - 全校集会中に、大声を出して集会を妨げる行為があった生徒を冷静にさせ、別の場所で指導するため、別の場所に移るよう指導したが、なおも大声を出し続けて抵抗したため、生徒の腕を手で引っ張って移動させる。
  - 他の生徒をからかっていた生徒を指導しようとしたところ、当該生徒が教員に暴言を吐き、つばを吐いて逃げ出そうとしたため、生徒が落ち着くまでの数分間、肩を両手でつかんで壁へ押しつけ、制止させる。
  - 試合中に相手チームの選手とトラブルになり、殴りかかろうとする生徒を押さえつけて制止させる。

3 刑事責任

　体罰は他人に対する違法な有形力の行使であるため、当然刑事罰の対象と

なる。スポーツだから多少の暴力が許されるということはなく、一般社会と同様の法律が適用される。そのため、スポーツ場面で体罰・暴力を行った場合、刑事責任を負う可能性を有している。選手に対して故意の暴力があった場合、刑法 204 条（傷害）[*9]、208 条（暴行）[*10] 等の適用可能性があげられる。故意でなく過失であった場合でも、同 209 条（過失傷害）、210 条（過失致死）[*11]、211 条（業務上過失致死傷等）[*12] の適用可能性があげられる。

　以上は、直接の身体への侵害行為であるが、直接身体へ当たらなくても、顔をねらって物を投げつけることも暴行と認定される可能性を有しており、プールなどに突き落とされてケガがなかった場合であっても暴行となる可能性がある[6)]。

4　民事責任・行政責任

　スポーツ場面で体罰・暴力を行った場合には、刑事責任だけではなく、民事責任、職業によっては行政責任を問われる可能性もある。具体的には、スポーツ指導者の体罰・暴力によって選手がケガをした場合、民法 709 条（不法行為による損害賠償）[*13] にもとづき、慰謝料や治療費を支払う可能性がある。部活動は現在、学校の教員が指導者を務めていることが多いが、教員が公立学校の教員であれば、行政責任として停職や戒告といった処分を受ける可能性がある。なお、教員ではなく部活動指導員が部活動指導を行っている場合があるが[*14]、地方公共団体から任命を受けている場合と同様に、行政責任を負う可能性がある。

　民事責任に関連して、民法 820 条（監護及び教育の権利義務）[*15] において、親権の一部として親が子に対して有する監護・教育権についての定めがある。また、民法 822 条（懲戒）が、監護および教育において親が子に対して懲戒を行うことを容認する根拠となってきたが、2022（令和 4）年 12 月、民法改正により懲戒権規定は削除された。懲戒権削除の背景には、近年の親による虐待の増加があげられている。懲戒権が削除されたことで、親権者であっても子に対して懲戒が認められなくなった。親でさえ認められない懲戒がスポーツ指導者に認められることは考えづらく、今後はこれまで以上に選手の身体に訴えることのないスポーツ指導が、指導者たちに求められる。

*9　刑法 204 条
「人の身体を傷害した者は、15 年以下の懲役又は 50 万円以下の罰金に処する。」

*10　刑法 208 条
「暴行を加えた者が人を傷害するに至らなかったときは、2 年以下の懲役若しくは 30 万円以下の罰金又は拘留若しくは科料に処する。」

*11　刑法 210 条
「過失により人を死亡させた者は、50 万円以下の罰金に処する。」

*12　刑法 211 条
「業務上必要な注意を怠り、よって人を死傷させた者は、5 年以下の懲役若しくは禁錮又は 100 万円以下の罰金に処する。重大な過失により人を死傷させた者も、同様とする。」

*13　民法 709 条や不法行為については、第 9 章（p.139）を参照。

*14　学校教育法施行規則 78 条の 2
「部活動指導員は、中学校におけるスポーツ、文化、科学等に関する教育活動（中学校の教育課程として行われるものを除く。）に係る技術的な指導に従事する。」

*15　民法 820 条
「親権を行う者は、子の利益のために子の監護及び教育をする権利を有し、義務を負う。」

5 スポーツ基本法上の扱い

現在の日本のスポーツに関する根幹となる法律が、2011（平成23）年に施行されたスポーツ基本法である。スポーツ基本法において、体罰・暴力に関連した直接の言及はない。しかし、同法2条（基本理念）2項[*16]では、スポーツは心身の成長過程にある青少年にとって、体力の向上、人格の形成に大きな影響を与えるものと示されている。さらに、体罰や暴力・暴言が子どもの心身に悪影響を与えることが、すでに複数の研究で示されている。体罰・暴力は、スポーツ基本法の定める基本理念を大きく裏切る行為であると考えられる。

なお、2022（令和4）年度から2026（令和8）年度までを期間とする、第3期スポーツ基本計画における12の施策のなかで[*17]、「スポーツ・インテグリティの確保」が示されており[*18]、今後の施策目標として、「スポーツ関係者のコンプライアンス違反や体罰、暴力等の根絶を目指すとともに、スポーツ団体のガバナンスを強化し、組織経営の透明化を図る」と示されている。

さらに、「スポーツを実施する者の安全・安心の確保」では、「暴力や不適切な指導等の根絶に向けた指導者養成・研修の実施、スポーツ安全に係る情報発信・安全対策の促進等」の必要性についても言及されている。以上の内容からも、スポーツ場面における体罰・暴力が認められることは今後も一切ないことを誰もが理解する必要がある。

＊16　スポーツ基本法2条2項については、第1章の表1-2（p.18）を参照。

＊17　第3期スポーツ基本計画については、第1章の注25（p.18）を参照。

＊18　スポーツ・インテグリティについては、第7章（p.107）を参照。

3 今後のスポーツにおける暴力への視点

スポーツ場面における体罰・暴力は法律で禁止されており、スポーツ指導者は法的な責任を問われる可能性があることを確認した。そこで、今後スポーツ場面から体罰・暴力を根絶していくために、スポーツに携わる人々がどのような視点をもつ必要があるかを考える。

1 指導の一環として受け容れられる体罰・暴力

今後、日本のスポーツ場面から体罰・暴力を根絶していくためには、法律上の禁止のみを確認するのではなくさまざまな視点をもち、問題に関連する規範意識について常に考えることが求められる。そこで、筆者が実施した調査結果から見られた、体罰が指導の一環として受け容れられる様相について

紹介する。

　表6-6は、2015（平成27）年の全日本バレーボール大学選手権大会の男子・女子でベスト16以上の結果を残した大学を中心とした、全国の強豪とされる大学バレーボール部員を対象に行った調査結果である。質問では部活動で発生し得る場面をあげ、それぞれの場面で指導者から手をあげられた場合、「指導の一環」ととらえるか、「体罰」であるととらえるかを4件法で質問した。

　その結果、すべての場面で半数以上の部員が、指導者からの暴力を体罰としてはとらえず、指導の一環としてとらえている結果が見られた。とくに注目されるのは、「部活動を怠けていたとき」（1.71）、「礼儀やマナーが悪かったとき」（1.77）、「練習に寝坊して遅刻したとき」（1.90）、「自分の技術でできることをやらなかったとき」（1.98）といった、選手が自分自身に教育的な指導をされる理由を見出しているときは、違法であったとしても体罰を指導の一環として受容する態度を強く示していたことである。

　高い競技レベルで活動している選手になればなるほど、指導者との信頼関係は強く、指導者は選手にとっての心強いサポーターとなり、指導者の言動すべてが選手の成長につながると信じてしまうことがある。しかし、スポーツ科学的な根拠のある厳しい指導と体罰・暴力はまったく異なるものであり、体罰・暴力を指導の一環として容認することは、つぎの世代の子どもたちに体罰を継承してしまうことにつながる。体罰・暴力と同様に、科学的な合理

表6-6　運動部場面における体罰のとらえ方

質問項目 （1）指導の一環である （2）どちらかといえば指導の一環である （3）どちらかといえば体罰である （4）体罰である	体罰のとらえ方 平均 （n = 390）	「指導の一環」と回答した割合 （「指導の一環である」＋「どちらかといえば指導の一環である」の合計）
① 部活動を怠けていたとき	1.71	87.2%
② 不甲斐ないミスをしたとき	2.08	72.2%
③ 指導者の指示通りにできなかったとき	2.33	58.9%
④ 勝てる試合に負けたとき	2.16	69.0%
⑤ ポジション上の役割を果たせなかったとき	2.07	75.1%
⑥ 自分は悪くないが連帯責任として咎められたとき	2.42	56.3%
⑦ 自分の技術以上のことを求められたとき	2.45	53.1%
⑧ 自分の技術でできることをやらなかったとき	1.98	75.1%
⑨ 代表して責任を追及されたとき	2.12	69.2%
⑩ 指導者から怠慢と指摘されたとき	2.14	65.6%
⑪ 礼儀やマナーが悪かったとき	1.77	82.6%
⑫ 練習に寝坊して遅刻したとき	1.90	77.6%
⑬ 高い競技成績を残した指導者から指導されたとき	2.41	54.0%
⑭ 自らを追い込もうとしないとき	2.10	70.1%

出典：村本宗太郎「学校運動部活動における体罰の発生要因に関する研究」立教大学大学院コミュニティ福祉学研究科博士学位論文　2018年

性が一切ない苦しさだけを与えるしごきと指導も、また別のものである。スポーツの上達のために負荷のかかる練習は必要であるが、現在はスポーツ科学の進展と機材の発達により、さまざまな指導方法を採用する余地がある。スポーツ指導者は指導方法を常に学び、指導を受ける選手もただ指導を受けるだけではなく、常に考えることが今後のスポーツでは求められる。

2 スポーツにおける体罰・暴力に対する対応

　それでは現在において、スポーツにおける体罰・暴力に直面したときには、どのような対応をとることができるだろうか。

　まず考えられるのが、日本スポーツ協会（JSPO）が 2014（平成 26）年11 月から設けている「スポーツにおける暴力行為等相談窓口」である[19]。相談を利用できる対象として、「暴力、暴言、各種ハラスメント、差別的な言動、不適切指導など」によって被害を受けた本人、その家族、知人、チームメート、チームスタッフ等の広い範囲で相談受付が可能となっている。平均して 1 か月に 10 件程度の相談があるため、実績も十分であるといえる。また現在は、国内でもスポーツ法を扱う弁護士が増加しつつあるため、事態が深刻であれば相談を求めることも一つの方法といえる。

　今後は、各競技団体から独立した、スポーツにおける体罰・暴力・その他ハラスメントに関する通報・相談の受付、および調査を行う専門機関（日本セーフスポーツセンター）を設置することも検討されると考えられる[20]。

3 暴力を容認しないスポーツ環境のために

　第 3 期スポーツ基本計画のなかで、「東京オリ・パラ大会のスポーツ・レガシーの継承・発展に資する重点施策」の一つとして「スポーツに関わる者の心身の安全・安心確保」があげられており、「東京大会でも課題となったアスリート等の心身の安全・安心を脅かす事態に対応するため」、下記に取り組むことが示されている。

- ・誹謗中傷や性的ハラスメントの防止
- ・熱中症対策の徹底など安全・安心の確保
- ・暴力根絶に向けた相談窓口のいっそうの周知・活用

　スポーツにおける体罰・暴力は、スポーツにかかわる者の心身の安全・安心を著しく害する行為である。スポーツにかかわる選手・指導者・選手の保

＊19　スポーツにおける暴力行為等相談窓口の利用方法
①ウェブ：相談フォームで 24 時間随時受付
② FAX：03-6910-5820 あて 24 時間随時受付
③ 電 話：03-6910-5827（毎週火・木曜日 13:00 ～ 17:00［年末年始・祝日を除く]）

＊20　スポーツにおける体罰・暴力・ハラスメント等を専門に扱うセーフスポーツセンターがアメリカ合衆国（US Center for SafeSport）やオーストラリア（Sport Integrity Australia）では設置され運用されはじめている。

護者・部活やクラブの所在地の人々、スポーツ選手を取り巻く人々のプレーヤーズセンタード*21 の意識が、今後さらに強く求められるものといえるだろう。

　最後に、スポーツ場面における体罰・暴力の根絶のためには、人々の法の理解、法制度の整備および体罰や暴力に対応するための組織整備が当然求められる。しかし、それらと同様に重要となるのが、体罰・暴力に対する人々の規範意識である。スポーツ場面では多少の暴力は許される、強くなるために暴力は必要だ、指導者と選手の間に信頼関係があれば許されるといった、体罰・暴力がスポーツにつけいる隙を許さない意識をもつことで、日本のスポーツ環境は徐々に変わっていくものといえる。法というルールだけに頼るのではなく、人々が内面に有しているモラルによっても正しい規範意識を定めてスポーツに取り組むこと、それが今後日本のスポーツが文化として発展していくうえでも重要であるといえるだろう。

　子どもが好きで始めたはずのスポーツで自死者を出すことなど絶対に許されない。同じ過ちを二度と繰り返さないためにも、スポーツに携わる全員が体罰・暴力について正しく理解することが求められる。

*21　プレーヤーズセンタード
「プレーヤー（選手）を中心にしながら、それを取り巻くアントラージュ（「競技環境を整備し、アスリートがパフォーマンスを最大発揮できるように連携協力する関係者」[指導者、保護者、トレーナー、ドクターなど] 7)）自身の Well-being（良好・幸福な状態）も意識しながら、プレーヤーを支えていこうという考え方」をいう 8)。

引用文献

1）文部科学省「体罰の実態把握について」（各年度）
2）日本体育協会ほか「スポーツ界における暴力行為根絶宣言」2013 年
　（https://www.japan-sports.or.jp/Portals/0/data/boryoku/bouryokukonzetsusengen(yoko).pdf）
3）ヒューマン・ライツ・ウォッチ『数えきれないほど叩かれて』2020 年　p.1
　（https://www.hrw.org./sites/default/files/media_2020/07/japan0720jp_web.pdf）
4）同上書　p.1
5）アーロン・L・ミラー著（石井昌幸ほか訳）『日本の体罰——学校とスポーツの人類学』共和国　2021 年　pp.102-103
6）渡邉健太郎「暴力行為などの違法性知ってますか！？　それ犯罪です！」『Sport Japan』vol.52 JSPO　2020 年　pp.23-25
7）松尾哲矢「それはまさに必然だった　プレーヤーズセンタード推進の理由」『Sport Japan』vol.56 JSPO　2021 年　p.5
8）同上書　p.5

参考文献

・アーロン・L・ミラー著（石井昌幸ほか訳）『日本の体罰——学校とスポーツの人類学』共和国　2021 年
・セーフスポーツ・プロジェクト監修『スポーツの世界から暴力をなくす 30 の方法』合同出版　2021 年

・入澤　充編著『体育・部活動指導の基本原則』エイデル研究所　2015 年
・日本スポーツ法学会監修『標準テキスト　スポーツ法学 [第 3 版]』エイデル研究所　2020 年
・白井久明・片岡理恵子ほか『Q&A 学校部活動・体育活動の法律相談』日本加除出版　2017 年

学びの確認

1. 次の文が正しい場合は〇、間違っている場合は×を記しなさい。

① 学校教育における体罰は、1947 年に施行された学校教育法から禁止が明文化された。（　　　）

② 2013 年の「スポーツ界における暴力行為根絶」宣言後、部活動における体罰発生件数は年間 100 件未満まで減少した。（　　　）

③ スポーツ指導者と選手の間に信頼関係があり、選手に対する懲戒的な意味を有していれば軽い平手打ち程度は指導の範囲内として許容される。（　　　）

④ 教員は体罰をしてはならないため、たとえ児童生徒が他の児童生徒に暴力を振るっていても体に触れて静止することはできない。（　　　）

2. （　　　　）に入る言葉を考えてみよう。

①「体罰の禁止及び児童生徒理解に基づく指導の徹底について」によると、体罰とは児童生徒に対する「身体に対する（　　　　　）を内容とするもの」と「被罰者に（　　　　）を与えるようなもの」に大別される。

② 体罰・暴力に対して刑事責任を問われる場合、刑法 204 条（　　　　　）、208 条（　　　　　）等が対応する条文としてあげられる。

③ 体罰・暴力に対して、民事責任を問われる場合、民法（　　　　　）条（　　　　　）による損害賠償が想定される。

④ 第 3 期スポーツ基本計画では、スポーツにおける体罰・暴力等の根絶に関連して、「スポーツ・（　　　　　）の確保」が示されている。

3. ディスカッションしよう。

① スポーツ界から体罰・暴力を根絶させるために、選手の立場からどのような対策をすることができるだろうか。

② スポーツ界から体罰・暴力を根絶させるために、指導者や保護者等の選手をサポートする立場からどのような対策をすることができるだろうか。

「愛のムチ」は「哀の無知」？

■ 2人のコーチからの愛の？ムチ

スポーツ界における暴力について、架空の事例を示す。なにが問題であり、登場人物たちについて、みなさんはどのように考えるだろうか。

A選手はあるスポーツで日本代表入りも視野に入る有望な若手アスリートで、日々一生懸命練習している。A選手の練習に携わるコーチとして、BコーチとCコーチがいる。Bコーチは、A選手が子どものころから長年にわたって日々指導を行っているコーチで、公私にわたりよき理解者でもある。一方、Cコーチは国の競技団体で幹部にあたる人で、代表候補合宿で指導を受けることはあるが、普段あまりA選手と接点はない。

Bコーチはいわゆる熱血コーチで、A選手が練習中にふてくされてしまったり不安な顔を見せているときにビンタをしたり、激しい罵声をあびせて気合を入れようとする。Cコーチも代表候補合宿中に、Bコーチと同様に選手に対してビンタをしたり、罵声をあびせたりして気合を入れようとする。

ある日、A選手はCコーチを、自身にスポーツ指導中に暴力・暴言を行ったとして、競技団体の暴力相談窓口に通報した。Cコーチは団体の聴取に対してA選手への行為を認めたうえで、「暴力ではありません。A選手を成長させるための指導の一環です」と主張した。そのころ、競技団体に匿名で、BコーチがA選手に暴力・暴言を行っているという通報があった。Bコーチは団体の聴取に対してA選手への行為を認めたうえで、「暴力ではありません。A選手を成長させるための指導の一環です」と主張した。

A選手は、Cコーチの行為は暴力・暴言としかとらえられないが、Bコーチの行為は自分への愛のムチで、自分を強くしてくれるための愛情のある行為であると、両コーチが暴力・暴言を理由に処分されてからも信じている。

■ 選手と指導者の信頼関係のワナ

事例のA選手のようなアスリートに限らず、部活動や民間のスポーツクラブでも、全国大会・国際大会を目指すような選手たちは、日々厳しい練習に取り組んでいる。競技レベルに関係なく、自分のことをよく知る指導者からの声かけや指導は、ときに選手に力を与え、ときに選手の不安を軽減させてくれる。そのような経験を通じて、苦楽をともにした選手と指導者の間には非常に強固な信頼関係が構築されることもある。それでは、選手と指導者の間に信頼関係が構築されていれば、多少の暴力や暴言は「愛のムチ」として受け容れるべきものだろうか。

■ プレーヤーズセンタードのスポーツ環境に向けて

答えは否である。選手がいかに擁護しても暴力は許されるものではない。近年、「プレーヤーズセンタード」という言葉が聞かれるように、いうまでもなくスポーツの中心は選手である。指導者や選手の保護者、スポーツを見ている観客も、選手を中心とした良好なスポーツ環境をつくり上げる役割を担っているといえるだろう。そこに暴力というものは不要のはずである。

これまでの調査研究の結果や著名なスポーツ指導者の自伝のなかで、「昔は体罰をしていたが、暴力を伴う指導では勝てないことを知り、指導方針を転換して勝つことができるようになった」という話はよく聞かれる。つまり、暴力がなくても勝利に導くことが可能であることはすでに複数の指導者によって示されているのである。指導者が、指導中の「愛のムチ」を正当化することは、残念なことであるが、スポーツ指導に関する自身の無知を示してしまう「哀の無知」であるともいえる。

第7章 スポーツにおける ハラスメント

なぜこの章を学ぶのですか？

　スポーツ界で生じるハラスメントには、その独特の構造から、自覚しにくく、隠蔽（いんぺい）されやすいという特徴があります。その構造を理解し、どのような法がかかわっているかを理解することは、みなさんがハラスメントの被害者のみならず加害者にならないためにも重要です。

第7章の学びのポイントはなんですか？

　一般企業とスポーツ界の間には、男女比、師弟関係、運営の閉鎖性など、さまざまな環境の違いがあります。また、試合出場や学校部活動では進路や就職に至るまで、指導者個人の裁量の余地が大きいといった特徴があります。スポーツ界特有のハラスメントについて理解しよう。

＼ 考えてみよう ／

① 耳にしたことがあったり、頭に浮かんだりする「○○ハラスメント」をリストアップして、具体的にどのような内容なのかを考えてみよう。

② 運動部の経験者は、部の人間関係で不快な経験をしなかったか、思い出してみよう。未経験者は、どのような不快を経験し得るか、想像してみよう。

1　さまざまなハラスメント

　厚生労働省が策定した一般企業向けのハラスメント指針は、スポーツ界のハラスメント対応でも応用されている。そもそもハラスメントとはなんなのか、そしてスポーツ界ではどのようなハラスメントが生じ得るかを理解しよう。

1　ハラスメントとはなにか

　『ロングマン現代英英辞典［第6版］』で "harassment" を引くと、"when someone behaves in an unpleasant or threatening way towards you" とある。すなわち、「他者があなたに対し不快な、あるいは脅迫的な行為をするとき」それを「ハラスメント」という。しかし、不快だからといって、常にそれがハラスメントであるとは限らない。ハラスメントとみなされるか、法に抵触すると判断されるかは、他の条件に大きく依存している。

　本章では、パワハラ防止法（改正労働施策総合推進法）30条の2にもとづいて策定されたハラスメント指針が、スポーツ界におけるハラスメント指針とどのように関係しているかを見ながら、その条件について考えてみよう。

2　スポーツにおけるパワーハラスメント

（1）スポーツにおけるパワーハラスメントの定義

　厚生労働省の「事業主が職場における優越的な関係を背景とした言動に起因する問題に関して雇用管理上講ずべき措置等についての指針」（以下、「パワハラ指針」という）[*1] をそのまま応用するかたちで、文部科学省は、スポーツにおけるパワーハラスメント（以下、「パワハラ」という）を「同じ組織（競技団体、チームなど）で競技活動をする者に対して、職務上の地位や人間関係などの組織内の優位性を背景に、指導の適正な範囲を超えて、精神的若しくは身体的な苦痛を与え、又はその競技活動の環境を悪化させる行為・言動等」と定義している[*2]。

　このように、スポーツにおけるパワハラとは、①優位性を背景とした言動であって、②指導上必要かつ相当な範囲を超えたものにより、③競技環境が害される行為・言動等であり、①から③までの要素をすべて満たすものをいう。

＊ 1　https://www.mhlw.go.jp/content/11900000/000605661.pdf にて閲覧可能。

＊ 2　「スポーツを行う者を暴力等から守るための第三者相談・調査制度の構築に関する実践調査研究協力者会議報告（平成 25 年 12 月 19 日）」https://www.mext.go.jp/b_menu/shingi/chousa/sports/020/toushin/__icsFiles/afieldfile/2014/01/17/1343415_01.pdf にて閲覧可能。

（2）パワハラの3要件

　では、スポーツにおいてどのような人間関係の優位性が生じ得るだろうか。真っ先に頭に浮かぶのは、選手に対する指導者の優位性であろう。しかし、パワハラ指針が同僚間や部下から上司へのハラスメントを例示しているように、選手間・指導者間のハラスメントや選手から指導者へのハラスメントも想定される。選手間では後輩に対する先輩の優位性がイメージされるだろうが、レギュラーの後輩が控えの先輩に対して優位に立つことも考えられる。指導者間でも、選手時代の実績や指導者としての実績によって優位性が生まれることが考えられる。

　「指導の適正な範囲を超えて、精神的若しくは身体的な苦痛を与え、又はその競技活動の環境を悪化させる行為・言動」の「適正な範囲」はどのように判断されるのだろうか。ほとんどのスポーツは、試合や練習の過程において身体的な苦痛（きつさ）を伴う。それは精神的な負荷にもなるだろう。もし苦痛のみを基準にすると、すべての指導がハラスメントになってしまう。したがって、パワハラ指針が「社会通念に照らし、当該言動が明らかに当該事業主の業務上必要性がない、又はその態様が相当でないもの」としているように、社会通念上、適正であるかという条件は必要不可欠である。パワハラ指針の具体例を応用すると、「指導の必要性」「目的からの逸脱」などをもって適正かどうかを判断することになる。

　競技活動の環境を悪化させているか否かの判断について、パワハラ指針は「『平均的な労働者の感じ方』、すなわち、同様の状況で当該言動を受けた場合に、社会一般の労働者が、就業する上で看過できない程度の支障が生じたと感じるような言動であるかどうかを基準とすることが適当である」としており、主観のみによってハラスメントが判断されるわけではないことには注意が必要である。これをスポーツ界に応用すると、本人の主観ではなく、他の競技関係者や社会一般が競技環境を害されていると感じるかにもとづいて判断されることになる。2018（平成30）年、日本大学アメリカンフットボール部にて、指導者が選手に対して試合中に危険行為を強要したことが問題となった。当該選手は、かねてより監督とコーチから「試合に出さない」「日本代表に行っちゃダメだよ」と言われたり、練習から外されたりしており、相手選手への危険行為を試合出場の条件として提示され、「後がない」と思って実行したと証言している[3]。多くの人は、これは競技活動の環境が悪化していると感じるのではないだろうか。しかし、なにをハラスメントと感じるかの基準が完全に一致するとは限らないため、なんらかのガイドラインが必要である。

　なお、パワハラ指針では、パワハラを、①身体的な攻撃（暴行・傷害）、

＊3　記者会見は、https://youtu.be/SINjcljxlGA（THE PAGE）にて閲覧可能。

②精神的な攻撃（脅迫・名誉毀損・侮蔑・ひどい暴言）、③人間関係からの切り離し（隔離・仲間外し・無視）、④過大な要求（業務上明らかに不要なことや遂行不可能なことの強制・仕事の妨害）、⑤過小な要求（業務上の合理性なく能力や経験とかけ離れた程度の低い仕事を命じることや仕事を与えないこと）、⑥個の侵害（私的なことに過度に立ち入ること）の 6 つに類型化しており、スポーツ界でもこれを踏襲することが多い[*4]。

＊4　例として、全日本柔道連盟の「柔道からパワハラをなくそう」というパンフレットでは、パワハラ指針をほぼ踏襲している。

3　スポーツにおけるセクシュアル・ハラスメント

（1）スポーツ界におけるセクシュアル・ハラスメントの定義

　厚生労働省の「事業主が職場における性的な言動に起因する問題に関して雇用管理上講ずべき措置等についての指針」（以下、「セクハラ指針」という）[*5] をスポーツ界に応用すると、スポーツにおけるセクシュアル・ハラスメント（以下、「セクハラ」という）は「同じ組織（競技団体、チームなど）において行われる性的な言動に対する競技関係者の対応により当該競技関係者がその競技条件につき不利益を受けるもの（対価型）と、当該性的な言動により競技関係者の競技環境が害されるもの（環境型）がある」と定義できよう。対価型は、性的な言動を拒絶することでチームから解雇されたり、役職を失ったり、試合や練習への参加を制限されることである。環境型は、性的な言動によって不快な思いをし、練習や試合に集中できなくなるような状態である。

＊5　https://www.mhlw.go.jp/content/11900000/000605548.pdf にて閲覧可能。

　2007（平成 19）年の国際オリンピック委員会（IOC）による「統一声明　スポーツにおけるセクシュアル・ハラスメントと性的虐待」（以下、「IOC 声明」という）では、セクハラを「言語を伴う行為であれ、言語を伴わない行為であれ、身体的行為であれ、個人や集団に対してなされる性的な意味合いを帯びた行為のことをいい、それは、その行為の主が意図的か意図的でないかにかかわらず、また合法的か合法的でないかにかかわらず、権力と信頼の乱用にもとづく行為であって、被害者や周囲の者にとって望まれない、あるいは強要されたと認識される行為」としている[*6]。つまり、パワハラと同様に、人間関係の優位性を背景とした、指導者から選手、先輩から後輩という関係が想定できる。しかし、パワハラと同様にその逆もあり得るため、IOC 声明では仲間の競技者が加害者になり得ることも指摘されている。

＊6　http://players-first.jp/overseas/IOC_Consensus_Statement_Japanese.pdf より声明の翻訳を閲覧可能。

（2）性的虐待とグルーミング

　IOC 声明では、セクハラと区別されて性的虐待が整理されている。性的

虐待は、「同意が与えられていないあらゆる性的な行為、あるいは同意を与えようのない性的行為を含む」と定義されているが、同意を与えようのない性的行為とはなんだろうか。これについてはグルーミングという概念でしばしば説明される。グルーミングとは、「被害者自身が被害にあっているとは気がつかないほどに周到に、時間をかけて二人の間の距離を徐々に縮めていきながら境界線を越え、問題となる行為に至る」ことである[1]。しばしば加害者は「同意のうえだった」と主張するが、事実上拒否できない状況に誘い込んでの性的行為は、性的虐待に該当する。

4 スポーツにおけるジェンダー・ハラスメント

IOC声明では、ジェンダー・ハラスメントを「一方のあるいは他方のジェンダーに対する軽蔑的な扱いを要素とするもので、制度的で繰り返し行われるものであるが、必ずしも性的な含みはもたない」と定義している。つまり、必ずしも性的ではないが、性別に関連して行われるハラスメントのことであり、競技者を「男のくせに」「女のくせに」と軽蔑したり、性別にもとづいて競技を差別したりするような言動を指す。女子ボクシングについて、男性コメンテーターが「女性でも殴り合いが好きな人がいるんだね」「嫁入り前のお嬢ちゃんが顔を殴り合って」と、テレビ番組で発言したのは記憶に新しい*7。

現代社会では、「スポーツ＝力強さ＝男らしさ」というジェンダー規範がいまだに存在している。スポーツで活躍する女性は、「女らしさ＝しなやかさ＝か弱さ」という規範から逸脱するため、「スポーツ＝力強さ＝男らしさ」というジェンダー規範を揺るがし、男性中心社会に対する脅威となる。その脅威を隠蔽（いんぺい）するために、しばしば規範からの逸脱者として女性アスリートが表象されることがある。すなわち、スポーツをする女性は「男のような女＝女でない女」として、男性中心的な目から描き出されるのである。女性アスリートの「女らしさ」を強調することより、脅威を隠蔽することもある。2011（平成23）年サッカー女子W杯で日本代表が優勝した際は、女性の優秀性ではなく特殊性、具体的には男性監督に従う忠誠心や純粋さがメディアでは強調された[2]。しばしば女性アスリートに対しては、「身体能力」ではなく男性目線の「身体的美しさ」が強調される*8。女性は従順で美しくあらねばならないという決めつけは、女性競技者へのハラスメントとなり得る。

また、ジェンダーの代表例が、「男は仕事、女は家庭」に代表される性別役割分業である。この性別役割分業規範は、女性の競技継続の支障となるこ

*7 オリンピック東京大会の女子ボクシングにて、金メダルを含むメダル2つを獲得したときの発言（2021年8月8日）。日本ボクシング連盟会長は「女性及びボクシング競技を蔑視した」として抗議文を送り、放送局は謝罪文を提出した。

*8 女性アスリートの身体的美しさを重視する傾向は、かつての著名女子テニスプレーヤーの名前から、「クルニコワ・シンドローム」とよばれていた。

とも指摘されている。引退したオリンピアン男女 23 名へのインタビュー調査では、女性選手が「理解のある」同競技の男性選手や関係者と結婚した場合は競技の継続が容易だが、選手や関係者以外と結婚した場合、競技を継続すると家庭での女性としての役割を果たせないことから、「結婚したから引退する」傾向があることが指摘されている[3]。ジェンダーの強調は、女性競技者に消極的理由による引退を強いかねないのである[*9]。

＊9　一方、男性は「引退するから結婚する」や「引退したから結婚する」という回答があり、結婚は競技継続の阻害要因ではなかった。

2　スポーツにおけるハラスメントに関係する法律

スポーツにおけるハラスメントを防ぐために、どのような法制度が存在するのだろうか。また、不幸にもハラスメントの被害者や加害者になった場合、どのような法律にもとづいて救済が行われ、罰則が科されるのかを理解しよう。

1　公法とハラスメント

2022（令和 4）年 3 月現在、スポーツ基本法そのものにはハラスメントについての記述はないが、ハラスメントは、同法 2 条におけるスポーツを通じて幸福で豊かな生活を営むことが人々の権利であり、青少年の豊かな人間性を育むという「基本理念」に明確に反している[*10]。また、同法 5 条 1 項にてスポーツ団体は「スポーツを行う者の権利利益の保護」に努めるよう定めていることから[*11]、スポーツ団体はハラスメントの防止策を講じる必要がある。

2022（令和 4）年に策定された第 3 期スポーツ基本計画では、第 2 期スポーツ基本計画で掲げた「我が国のスポーツ・インテグリティを高め、クリーンでフェアなスポーツの推進に一体的に取り組むことを通じて、スポーツの価値の一層の向上を目指す」を継続し、「クリーンでフェアなスポーツの推進によるスポーツの価値の向上」に努めるとしている。スポーツ・インテグリティとは、誠実性、健全性、高潔性を意味し、ドーピング、八百長、賭博、違法薬物、暴力、各種ハラスメント、人種差別、スポーツ団体のガバナンスの欠如などの不正がない状態を目指すとしている。

男女共同参画社会基本法にもとづいて制定された第 5 次男女共同参画基本計画においても、文部科学省による女性スポーツ指導者の参画促進のための研修、女性競技者の競技生活と子育ての両立に向けた環境整備、男性指導者等によるセクハラ防止の取り組み、スポーツ団体ガバナンスコード[*12]に

＊10　スポーツ基本法 2 条については、第 1 章の 表1-2 (p.18) を参照。

＊11　スポーツ基本法 5 条 1 項については、第 2 章 (p.29) を参照。

＊12　スポーツ団体ガバナンスコードについては、第 2 章 (p.35) を参照。中央競技団体に対してはコンプライアンス強化のための教育実施、通報制度の構築、懲罰制度の構築など、一般スポーツ団体に対しては暴力行為の根絶等に向けたコンプライアンス意識の徹底などを求めている。

もとづき、各スポーツ団体における競技者等に対する各種ハラスメント根絶に向けたコンプライアンス教育の実施などが明記されている。

さらに、第6章で述べたように、学校教育法11条で学校での懲戒は許可されても、体罰のようなハラスメントは禁止されている[*13]。2012（平成24）年に大阪市立桜宮高校バスケットボール部員が体罰を苦に自死した事件をきっかけに、文部科学省は「運動部活動での指導のガイドライン」を策定し、科学的で合理的な指導を行うことと、体罰やハラスメントが生徒間でも行われないようにすることを喚起している。

*13 懲戒については、第6章第2節(p.93)を参照。

2 民事法とハラスメント

民法709条は、「故意又は過失によって他人の権利又は法律上保護される利益を侵害した者は、これによって生じた損害を賠償する責任を負う」としている。スポーツ場面における体罰やハラスメントは、いうまでもなく権利や利益を侵害する不法行為に該当するため[*14]、民法709条の損害賠償責任や、その使用者責任（715条）[*15]が問われる。ただし、故意や過失が要件となっていることには注意が必要である。

たとえば2011（平成23）年、ある大学の柔道部監督が、女子部員に飲酒させたうえで合宿先のホテルにて性行為に及んだ事件について、被害者が大学を運営する学校法人に対して民事訴訟を行った結果、学校法人には損害賠償金（慰謝料）の支払いが命じられている。

さらに、選手と契約関係がある場合は、指導者や組織に対して安全配慮等義務違反としての債務不履行責任（民法415条）[*16]が問われ、この法律構成の事案が増えてきているという[4]。また、加害者が公立学校などの職員である場合は、国家賠償法にもとづく損害賠償責任が問われる。前述の大阪市立桜宮高校の事件では、市に対して損害賠償金の支払いを命じている。

*14 不法行為については、第9章(p.139)を参照。

*15 使用者責任
民法715条1項に「ある事業のために他人を使用する者は、被用者がその事業の執行について第三者に加えた損害を賠償する責任を負う」とあるように、雇用している指導者がハラスメント行為を行った場合は、その雇用主も責任を問われるというものである。第9章(p.141)も参照。

*16 安全配慮等義務違反としての債務不履行責任
労働者が安全に労働できるよう配慮しなければならないことは労働契約法5条に定められており、ハラスメントによって安全が脅かされた場合は、その安全配慮義務を果たさなかった（債務不履行）として損害賠償の請求が可能である。なお、債務不履行責任については、第9章(p.139)を参照。

3 刑事法とハラスメント

スポーツ場面における体罰やハラスメントに対しては、民事上のみならず刑事上の責任が問われる。代表的なのは、刑法による傷害罪（204条）、傷害致死罪（205条）、業務上過失致死罪（211条）、暴行罪（208条）、脅迫罪（222条）、強要罪（223条）、名誉毀損罪（230条）、侮辱罪（231条）である。たとえば、2007（平成19）年、大相撲の時津風部屋で当時17歳

の男性が死亡した事件について、親方は暴行ではなく稽古の一環であるとして無罪を主張したが、5 分が通常であるぶつかり稽古を 30 分課したり、バットで殴打したりするのは社会通念上正当な業務ではないとして、傷害致死罪による懲役 5 年の実刑判決が確定している。

　セクハラであれば、代表的なのは刑法による強制わいせつ罪（176 条）や強制性交等罪（177 条）である。前述の女子柔道部員への性的虐待事件について、被告人は合意があったと主張したが、グルーミングと判断され、準強制性交等罪（178 条）による懲役 5 年の実刑判決が確定している。

3 スポーツにおけるハラスメントの構造的要因

　中央競技団体向けのスポーツ団体ガバナンスコードには、「スポーツ界においては、縦社会的および閉鎖的体質を背景として、違反行為自体は存在するにもかかわらず、これが顕在化せず、未解決のままになる傾向がある」と示されている。ハラスメントの背後にあるスポーツ界の構造について考えてみよう。

1 縦 社 会

　スポーツ集団は競技をする以上、程度の差こそあれ勝利を目的とする。集団が目的を能率的に達成するためには組織化が必要であり、指揮命令系統の明確化が行われる[*17]。イメージしやすいのは、指導者と選手の関係であろう。戦前の日本の体操科（保健体育科）を担った多くが退役軍人であったため、強力な支配－服従関係が構築され、暴力が日常化した。戦後も日本スポーツ界は、指導者の多くが「軍隊あがり」であったため、支配－服従関係は継承された。たとえば、プロ野球の野村克也監督は、「営倉（懲罰房）に入れるぞ」などの軍隊用語が飛び交い、なにかあるとすぐ正座をさせられ、ビンタを受けるのが日常茶飯事だったと回想している[5]。現在でも、日本スポーツ界には「なんでも話し合えば強くなるというなら話はかんたんだ。しかし話してもわからない奴には手を出したほうが早い」といった常識が残るなど民主化が不徹底であり[6]、筆者が 2004（平成 16）年から 2005（平成 17）年にかけて九州・山口の 7 大学の学生を対象に行った調査でも、運動部員は相対的にコーチやキャプテンの指示に従順であり、縦社会を意識することを示す結果が得られている（図 7-1）[*18]。

　選手の先輩―後輩関係でも縦社会は存在する。『広辞苑［第 7 版］』で「体

＊17　指揮命令系統の明確化は、「職階制」と呼ばれる。組織化には、他に「専門化」「規則の支配」「公私の峻別」「文書主義」が必要とされ、これらの特徴を備えた組織を官僚制組織と呼ぶ。

＊18　筆者が所属する研究グループが、九州・山口の 7 大学 1,285 名を対象に行った『『体育会系』のイメージに関する調査」より引用。

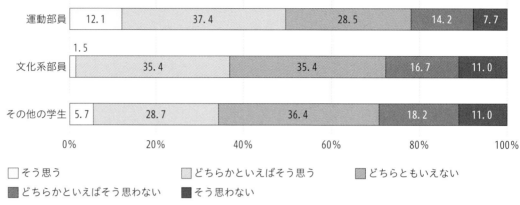

図 7-1 コーチやキャプテンの指示に、選手は全面的に従うべき

	そう思う	どちらかといえばそう思う	どちらともいえない	どちらかといえばそう思わない	そう思わない
運動部員	12.1	37.4	28.5	14.2	7.7
文化系部員	1.5	35.4	35.4	16.7	11.0
その他の学生	5.7	28.7	36.4	18.2	11.0

□ そう思う　　□ どちらかといえばそう思う　　▨ どちらともいえない
■ どちらかといえばそう思わない　　■ そう思わない

出典：森 康司「なぜ＜体育会系＞は就活で人気なのか？」友枝敏雄・山田真茂留・平野孝典編著『社会学で描く現代社会のスケッチ』みらい　2019 年　p.133

育会系」を調べると、「運動部員のような気質・雰囲気があること。先輩・後輩の上下関係に厳しく、強い精神力や体力を重視することなどにいう」という記述があるように [7]、理不尽さを含めた上下関係が生じやすく、活躍できない先輩が支配欲を満たすために後輩に厳しく当たることがあるとも指摘されている [8]。後輩のときに我慢しておけば、自分が先輩になったときに後輩に厳しく当たる特権が与えられるわけだが、「自分が不快な経験をしたから、自分が先輩（指導者）になったらそのような慣習はなくす」と考える人もいるかもしれない。しかし、私たち人間は自分が不快な経験をしたのに他人がそれを経験しないのは不公平、という妙な平等意識をもつことがある [*19]。自分が経験した理不尽を、後輩や選手が経験しないのは不公平であり不快であるため、その構造を変える動機づけを失ってしまうのである [9]。

　中等教育におけるスポーツの国際比較によると、日本の特殊性は青少年のスポーツの中心が学校運動部にあり、それが大規模に成立していることや、学校間対抗スポーツの規模が大きく盛んであることであるという [10]。幼いころから学校中心の競技生活を送り、指導者や先輩からの理不尽な上下関係を当たり前のものとして受け入れてしまうために、自覚しづらく問題化しにくいのである。問題化されても、それは「愛のムチ」として正当化されることすらある。サッカー J リーグのサガン鳥栖における監督のパワハラ事件においても、一部の選手からは監督を擁護する意見も出ている [*20]。

　指導者間においても縦社会は存在する。東海林は、監督が存在価値を明確にするため、あるいは権限を失わないために、わざとコーチを選手の前でしかることがあると指摘する。逆に、コーチもコーチングスキルを発揮できない状況を避けるために、監督を無視したりすることもあるという。その根底には、「チームを強くしたのは自分だ」という思い込みがあり、それを主張

*19 「他人の不幸は蜜の味」のように、個人の態度や意見の形成に影響を与える対象を準拠集団と呼ぶ。社会学者 R.K. マートンは、準拠集団との関係から生じる不満を相対的剥奪感と呼んだ。

*20 「サガン鳥栖に関する通報等に係る調査チーム」が行ったサガン鳥栖のパワハラ調査報告書にて、選手の監督に対する肯定的・否定的意見が閲覧可能。

するために、足を引っ張り合い、ハラスメントが生じるのである[11]。

2 指導者の裁量の大きさ

　指導者の裁量が大きいのも特徴である。指導者は、スポーツ現場においては試合への出場、学校においては進学や就職という将来に関する重要な決定権を有している。縦社会が成立する理由の一つでもある。

　大学への推薦入試においては、競技成績に加え、主将やスタッフとしての実績も評価の対象となる。実績を含めた推薦書を作成するのは部活動の顧問であるため、指導者の権力拡大につながりやすい。進学への影響を恐れると、被害者は異議申立てがためらわれてしまう[12]。

　また、大学生を対象とした調査からは、特定の競技においては体育会系が就職に有利という実態が残っていることが明らかにされており、それはその部の OB や OG がリクルーターを務めるため、後輩が内定を得やすいからというネットワーク仮説が支持されている[13]。異議申立てによって、このネットワークから除外される懸念を抱くのは充分考えられる。指導者自身が「コネ」をもっている場合、異議申立てを行うことでにらまれると就職は不利になり、異議申立ての結果、指導者が処分されると指導者自身がコネを失い、結局自分の就職に困るというジレンマがある。報復は困るし、訴えが受け入れられて処分されても困るとなると、それならばなにもしないほうがまだましということになってしまう。

　さらに、高峰らが大学生を対象に行った調査からは、高校時代にスポーツクラブに所属していたり、現在体育・スポーツ系学部に所属していたり、体育会系運動部に所属している学生ほど、セクハラに対する認識が低く寛容であることが明らかになっている。加えて、高峰らが 19 歳以上のハイレベル競技者を対象に行った別の調査からは、被害者になりやすい女性のほうがセクハラに対して寛容であるという、海外とは逆の傾向が見出されている。権力に対する従順さや諦観は、レギュラーに選ばれ続けるための生き残り戦略であると考えられる[14]。

　それを裏づけるように、日本スポーツ協会の調査によると、競技水準が高い現場ほど、ハラスメントが見聞きされる傾向があった（**図 7-2**）。競技水準の高い競技者ほど、競技が人生において重要な意味をもつため、試合出場への願望が強くなる。試合出場機会を失わないためにハラスメントを我慢しがちなため、ハラスメントが生じやすくなってしまうと考えられる。指導者も、選手がより大きな大会で成績を残すほど、本人の指導歴にも箔（はく）がつく。

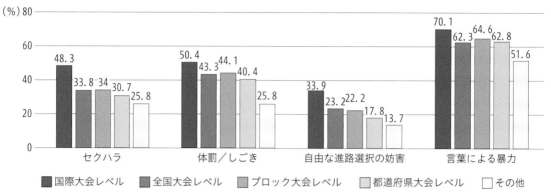

図 7-2 見聞きしたハラスメントと指導対象の競技水準

(%) 80

セクハラ: 国際大会レベル 48.3、全国大会レベル 33.8、ブロック大会レベル 34、都道府県大会レベル 30.7、その他 25.8

体罰／しごき: 国際大会レベル 50.4、全国大会レベル 43.3、ブロック大会レベル 44.1、都道府県大会レベル 40.4、その他 25.8

自由な進路選択の妨害: 国際大会レベル 33.9、全国大会レベル 23.2、ブロック大会レベル 22.2、都道府県大会レベル 17.8、その他 13.7

言葉による暴力: 国際大会レベル 70.1、全国大会レベル 62.3、ブロック大会レベル 64.6、都道府県大会レベル 62.8、その他 51.6

■ 国際大会レベル　■ 全国大会レベル　■ ブロック大会レベル　□ 都道府県大会レベル　□ その他

注：日本スポーツ協会に登録された指導者 2,661 名から回答を得ている。
出典：日本スポーツ協会「日本スポーツ協会公認スポーツ指導者を対象としたオンライン調査報告書」2020 年 3 月 29 日
（https://www.japan-sports.or.jp/Portals/0/data/katsudousuishin/doc/A_summary_of_online_survey.pdf）

そのため、行きすぎた指導によるハラスメントが生じやすくなると考えられる。

3 閉鎖性

　わが国のスポーツ集団は、競技者や指導者が施設で長期間合宿をしたり、寮などで共同生活を営んだりすることもめずらしくない。代表例は相撲部屋である。スポーツ集団には親方と力士のような独特の師弟関係が存在し、指導者が異なるチームに移動した場合、競技者も同行するような強力な師弟関係もある。そのような家族的な集団であるがゆえに閉鎖的になりがちであり、ほかの集団との交流は制限され、集団内部でなにが起きているのか外部からは観察しづらいため、ハラスメントが生じやすく、かつ顕在化しにくくなってしまうのである。

　また、スポーツ界は、チーム（スポーツ集団）と、それらを統括する競技団体の 2 つから構成される。もしハラスメント被害から逃れるためにチームを変更したとしても、加害者と同じ競技団体に所属し続けることになり、加害者の影響力から完全に逃れられる保証はない。加害者がその競技団体で大きな権力をもっていたり、広い人的ネットワークを形成したりしている場合はなおさらである。

　ハラスメントが認定され指導者がチームを去っても、加害者である指導者が競技団体に保護されることもある。2021（令和 3）年、東京ヴェルディの監督によるパワハラが認定され、J リーグからは東京ヴェルディに管理監督義務違反として処分が下されたが、すでに辞任しているとして元監督個人

への処分はなかった。日本サッカー協会は、遅れて 2022（令和 4）年 3 月 10 日、元監督に 1 年間の S 級ライセンス停止処分を下した。しかし、そのわずか 3 週間後に元監督がヴィッセル神戸スポーツディレクターに就任することが発表された。日本サッカー協会会長は、元監督がつぎのステップに進むためであるとして問題はないとし、J リーグチェアマンもこれに同調した。競技者が競技を退いた後もその競技団体で指導者として生活していくためには、上役と対立したり、業界のさまざまなしきたりに背くことは、指導者としての将来を危険にさらすことになるため、異議申立てを行うには相当な勇気を必要とする。

　そもそも学生の場合、転学自体が容易ではないため、被害者は転学での問題解決を図るのが困難である。競技団体そのものの変更、すなわち他競技へ転向することで解決を試みるのも選択肢の一つではある。しかし、たとえば、野球競技者や指導者がサッカーへ転向するのは、競技で要求されるスキルや知識があまりに異なるため困難であり、さらにそれまで積み重ねてきた競技生活を台なしにすることを意味するため、現実的な選択肢とはいえない。

4 男性中心社会

　女性アスリートや指導者は増えてきたものの、いまだに指導者や競技団体の要職者は、男性が多い男性中心社会である。また、メディアはその派手さから男性に有利な筋力・瞬発系競技を中心に報道し、私たちはそれを目にする機会が多い。すると、「すべてにおいて男性が優れている」と錯覚してしまうことがある。先に紹介した筆者が行った大学生を対象に実施した調査でも、運動部員ほど「男は仕事、女は家庭」「父親が威厳をもつことが大切」といった性別役割分業意識が強いという結果が得られた。さらに、女性運動部員よりも男性運動部員、さらに県大会以上の強豪チームに所属する男性運動部員ほどその傾向が強く、男性中心的な価値観をもっていた [15]。そのような価値観が支配的な集団では、女性に対するハラスメントが発生しやすい。

　2016（平成 28）年、アメリカの女子体操界で男性アスレチックトレーナーによる性的虐待が告発され、結果的に 140 名以上が同一人物から被害を受けたと名乗り出ることになった。アメリカ体操連盟が、それまでコーチによる性的虐待の申立てを却下し続けていたことも明るみとなった。男性から女性へのハラスメントの背景には、男尊女卑的な価値観に加え、前項のような閉鎖性と、身体への接触が日常化しているというスポーツ界の特徴がある。

　関係者への啓発や加害者への適切な処分など、ハラスメントが許されない

ものであるという認識を高める必要がある。しかし、なによりも重要なのは、ハラスメントの温床となる構造そのものを変えることである。それにはまず、被害者が告発しても競技を続けることができるような環境を確保し、ハラスメントが隠蔽されない仕組みをつくる必要がある。そのために、被害者が安心して訴えることができる機関を設ける努力を継続するべきであろう。

引用文献

1）高峰 修「ハラスメントの受容——なぜスポーツの場でハラスメントが起こるのか？」『現代思想』41-15　青土社　2013 年　pp.157-158

2）井谷聡子『＜体育会系女子＞のポリティクス——身体・ジェンダー・セクシュアリティ』関西大学出版部　2021 年　pp.72-74

3）木村華織「女性トップ・アスリートの競技継続のための社会的条件に関する研究——1960 ～ 1990 年代に活躍した選手の結婚・出産・育児というライフイベントに着目して」『スポーツとジェンダー研究』8 号　2010 年　p.55

4）佐藤大和・山本健太編著『スポーツにおけるハラスメントの弁護士実務』第一法規　2021 年　pp.51-52

5）野村克也『リーダー論——覚悟を持って道を示せ』大和書房　2013 年　p.65

6）森川貞夫「日本的集団主義と学校運動部——不祥事の温床としての運動部を問う」『現代スポーツ評論』28 号　2013 年　p.79

7）新村 出編『広辞苑［第 7 版］』岩波書店　2018 年　p.1738

8）片岡栄美「体育会系ハビトゥスにみる支配と順応——スポーツにおける『理不尽さ』の受容と年功序列システムの功罪」『スポーツ社会学研究』29-1　2021 年　p.21

9）森 康司「なぜ＜体育会系＞は就活で人気なのか？」友枝敏雄・山田真茂留・平野孝典編著『社会学で描く現代社会のスケッチ』みらい　2019 年　p.136

10）中澤篤史『運動部活動の戦後と現在——なぜスポーツは学校教育に結び付けられるのか』青弓社　2014 年　pp.47-49

11）東海林祐子『コーチングのジレンマ』ブックハウス・エイチディ　2013 年　pp.62-63

12）西山哲郎「体罰容認論を支えるものを日本の身体教育文化から考える」『スポーツ社会学研究』22-1　2014 年　p.58

13）束原文郎『就職と体育会系神話——大学・企業・スポーツの社会学』青弓社　2021 年　pp.64-66

14）前掲書 1）　pp.161-162

15）前掲書 9）　pp.135-136

参考文献

・佐藤大和・山本健太編著『スポーツにおけるハラスメントの弁護士実務』第一法規　2021 年

┌学びの確認━━━━

①〜③についてまとめてみよう。

① パワーハラスメント認定に必要な 3 つの条件をまとめてみよう。

....

....

....

....

....

② ハラスメントの加害者になった場合、どのような責任が問われ得るのかをまとめ
　てみよう。

....

....

....

....

....

③ スポーツ界において、ハラスメントが発生しやすく、かつ顕在化しにくい理由を
　まとめてみよう。

....

....

....

....

....

望ましい指導者像とは

・・・

　もし自分がスポーツの指導者になったら、どのような指導を行うだろうか。競技者時代に指導者のおかげでよい成績を残せたと感じる場合、その指導者を模倣するかもしれない。逆に指導者のせいでよい成績が残せなかったと感じる場合、その指導者を反面教師にするかもしれない。しかし、それでよいのだろうか。模倣した指導者が実はハラスメント的な指導を行っていたら、うっかりハラスメントを再生産してしまうことになる。また、模倣したり、反面教師にしたりすれば必ずよい成績が残せるという保証はない。なぜなら、自分が指導するチームの状況が、基準となる指導者のときと同じとは限らないからである。

　チームの状況に応じて、求められるリーダーシップは異なるというのが、心理学者フィードラーの「条件即応モデル」である。表7-1のように、リーダーの状況統制力（リーダーがメンバーを統制でき、影響力を行使できる度合い）が高いか低い場合は人間関係を重視する「関係動機型」リーダーシップ、中程度の場合は目的達成を重視する「課題動機型」リーダーシップが望ましいというものである。望ましいリーダーシップはチームの状況によって大きく異なるため、指導者が臨機応変に自らの役割を変え

る（あるいは、チームの状況そのものを変える）必要がある。

　しかし、指導者としてのスタイルを変えるのは容易なことではない。たとえば、筆者はプロ野球の野村克也監督を目的達成志向が強い課題動機型、野村時代のヤクルトを区分Ⅴの中統制、野村時代の阪神を区分Ⅷの低統制と分析しており、ヤクルトとの相性はよく、阪神との相性は悪い。実際に野村は、ヤクルトでは成功を収めたが阪神ではさっぱりで、「人には向いているチームと向いていないチームがあるのだな」とぼやいている[1]。

　指導者になる準備として、条件即応モデルを参考に、実在のスポーツ集団の状況と監督との相性を検討して、実際の成績がどうなっているかを分析してみてはどうだろうか（自分の所属チームや、政党などでもよい）。そして、指導者になったら、自分の指導者のみを基準にするのではなく、ハラスメントのない、チームの状況に応じたリーダーシップを模索してみよう。

［引用文献］
1）野村克也『愛とボヤキの平成プロ野球史』角川新書　2017年　p.84

表7-1　状況統制力と適切なリーダーシップの関係性

		リーダー／成員関係	課題構造度	地位力	適切なリーダーシップ
高統制	区分Ⅰ	良い（＋）	高い（＋）	強い（＋）	低LPC（関係動機型）
	区分Ⅱ	良い（＋）	高い（＋）	弱い（－）	
	区分Ⅲ	良い（＋）	低い（－）	強い（＋）	
中統制	区分Ⅳ	良い（＋）	低い（－）	弱い（－）	高LPC（課題動機型）
	区分Ⅴ	やや悪い（－）	高い（＋）	強い（＋）	
	区分Ⅵ	やや悪い（－）	高い（＋）	弱い（－）	
	区分Ⅶ	やや悪い（－）	低い（－）	強い（＋）	
低統制	区分Ⅷ	やや悪い（－）	低い（－）	弱い（－）	低LPC

出典：森　康司「自主性を重んじるとチームは強くなるのか」三隅一人・高野和良編『ジレンマの社会学』ミネルヴァ書房　2020年　p.176

学校スポーツと法

なぜこの章を学ぶのですか？

　体育・スポーツ部活動中は、事故を起こさぬように心がけていても思わぬ事故が起きています。障害が残ったり、命にかかわるような事故も散見されます。子どもたちを守るため、体育教師やスポーツ部活動指導者が事故防止のためにできることを考えることは大切です。

第8章の学びのポイントはなんですか？

　体育・スポーツ部活動中に事故が発生した場合、担当していた教師・顧問・管理にあたる者が、法的な問題解決に直面する事例が見られます。事故の本質的な原因を探りながら、体育・スポーツ部活動で得られる達成感や爽快感などの醍醐味を生徒たちに体感してもらいつつ、事故を防ぐ安全対策や安全指導のあり方を探ります。

考えてみよう

① 教師や指導者が、体育・スポーツ部活動中や活動前に、危険を回避するためにどのような指導や言葉がけをしていたかを思い出してみよう。

② 体育・スポーツ部活動中に、ケガをしたり、事故が起こったりしたことはありますか。また、そのときの教師の対処方法を思い出してみよう。

1 体育・スポーツ部活動とはなにか

スポーツ基本法17条には、「学校における体育の充実」が定められている[*1]。学校体育は教育課程として行われ、スポーツ部活動は教育課程外の教育活動として行われる。学校における体育・スポーツ部活動をさらに充実させるために大切なことはなにかを考える。

学校における体育・スポーツ部活動の意義

＊1 スポーツ基本法17条
「国及び地方公共団体は、学校における体育が青少年の心身の健全な発達に資するものであり、かつ、スポーツに関する技能及び生涯にわたってスポーツに親しむ態度を養う上で重要な役割を果たすものであることに鑑み、体育に関する指導の充実、体育館、運動場、水泳プール、武道場その他のスポーツ施設の整備、体育に関する教員の資質の向上、地域におけるスポーツの指導者等の活用その他の必要な施策を講ずるよう努めなければならない。」

＊2 教育基本法9条
「法律に定める学校の教員は、自己の崇高な使命を深く自覚し、絶えず研究と修養に励み、その職責の遂行に努めなければならない。」

憲法をはじめ教育基本法、学校教育法、学習指導要領などに明記されているように、学校は、「個人の能力を伸ばし、社会で自立的に生きる知識を身につけ、社会で必要な基本的な資質を養う」という目的・目標を達成するために、計画的・継続的に教育を行う機関である。

学校における体育教育として、小学校では「体育」、中学・高校では「保健体育」がある。学習指導要領ではこれらの教科の意義について、下記のように定めている。

> 心と体を一体としてとらえ、適切な運動の経験と健康・安全についての理解を通して、生涯にわたって運動に親しむ資質や能力の基礎を育てるとともに健康の保持増進と体力の向上を図り、楽しく明るい生活を営む態度を育てる。

具体的には、教師は知識・技術を用いて計画的に授業を実施し、生徒に対して教育基本法9条[*2]が定める研究と修養を実践する一方、生徒は授業に参加し、教師から評価される。

また、学校におけるスポーツ部活動には、下記のような意義がある。

> 「学校の運動部活動は、スポーツに興味・関心のある同好の生徒が参加し、教師等の指導のもと、学校教育の一環として行われ、我が国のスポーツ振興を大きく支えてきた。体力や技能の向上を図る目的以外にも、異年齢との交流の中で、生徒同士や生徒と教師等との好ましい人間関係の構築を図ったり、学習意欲の向上や自己肯定感・責任感・連帯感の涵養に資するなど、生徒の多様な学びの場、そして活躍の場として、教育的意義を有している」[1]。

体育やスポーツ部活動のいずれにおいても、教師は、生徒の個性・能力を尊重し、健康・安全に配慮して活動を行っていくことがその役割である。

2　学校保健安全法の解釈

学校保健安全法 1 条は「学校における教育活動が安全な環境で実施され、児童生徒等の安全の確保が図られるよう」、学校における安全管理について取り組みを定めている[*3]。

体育・スポーツ部活動では、身体を動かし、ほかの生徒と接触したり、用具を使って動いたりするので、本質的に不可避的な危険な要素を含んでいる。そのため、教師は、起こるかもしれない危険を内包して、体育・スポーツ部活動の責任を引き受けていることになる。なぜなら、学校での教育活動中に事故が発生した場合、生徒は学校の管理下にあるからである。したがって、学校は事故の責任を負担しなければならない。さらに、学校の設置者（自治体や学校法人）においても、活動場所や施設や器具等の設置・管理、教師の指導のもとで遂行する教育の管理に対して、生徒の生命や健康等を危険から保護すべき義務（安全配慮義務）を負っている。

危険を完全に回避することはできないかもしれないが、生徒が安心して体育やスポーツ部活動に参加できるようにするために、教師には、事故の危険を予測しながら、スポーツの特性に応じて適切な指導をする力が求められる。

*3　学校保健安全法 1 条
「この法律は、学校における児童生徒等及び職員の健康の保持増進を図るため、学校における保健管理に関し必要な事項を定めるとともに、学校における教育活動が安全な環境において実施され、児童生徒等の安全の確保が図られるよう、学校における安全管理に関し必要な事項を定め、もつて学校教育の円滑な実施とその成果の確保に資することを目的とする。」

2　事故が減らない原因とは

体育やスポーツ部活動では、どのような事故・傷害がどの程度発生しているのだろうか。学校の事故実態を知ることで、指導上の安全への配慮を考えるきっかけにつなげよう。

1　体育・スポーツ部活動中の事故実態

独立行政法人日本スポーツ振興センターがスポーツ庁の委託を受けて作成した統計によると[2)]、2001（平成 13）年から 2020（令和 2）年までに死亡見舞金・障害見舞金の災害共済給付[*4]を給付したのは 655 件（死亡 474 件、重度障害 181 件）であった。

死亡や重度障害に至った事故件数を学年別に示した 表 8-1 を見ると、小学校から高校ではすべての学年で突然死が最も多く、高校でつぎに多いのは脊髄損傷である。また、水の事故（溺水）は小学校で最も多いが、死亡・重度障害事故は、小学校・中学校より高校で数多く起きていることがわかる。

*4　災害共済給付
スポーツ振興センターは小・中・高校などの管理下における災害に対して、災害共済給付を行っている。負傷や疾病、障害（程度により等級で区分）、死亡などに医療費や見舞金が給付される。ここでの統計は、死亡見舞金、障害見舞金のうち第 1 級から第 3 級を給付した件数を示している。

表 8-1 傷病別・学年別の死亡・重度障害の事故件数

	小	中1	中2	中3	高1	高2	高3	合計
突然死等	37	40	52	39	71	71	45	355
脊髄損傷	3	6	16	8	18	33	26	110
頭部外傷	3	12	6	4	29	18	11	83
溺　水	13	2	0	2	7	7	1	32
熱中症	0	2	2	2	13	9	5	34
その他	6	5	5	2	11	9	3	41
合　計	62	81	81	57	149	147	91	655

出典：スポーツ振興センター『令和3年度 スポーツ庁委託事業 学校における体育活動での事故防止対策推進事業 学校でのスポーツ事故を防ぐために 成果報告書』2021年　p.269

表 8-2 競技別・傷病別の死亡・重度障害の事故件数

	突然死等	脊髄損傷	頭部外傷	溺水	熱中症	その他	合計
陸上競技	97	2	2	0	2	6	109
水　泳	16	26	1	21	0	2	66
柔　道	6	21	30	0	6	1	64
バスケットボール	50	3	2	0	1	3	59
サッカー	35	2	4	3	5	4	53
野　球	37	1	3	1	5	4	51
ラグビー	3	18	12	0	3	0	36
器械体操等	4	19	2	0	0	1	26
バレーボール	13	2	3	0	0	0	18
その他	94	16	24	7	12	20	173
合　計	355	110	83	32	34	41	655

※競技の「その他」は、「ソフトボール」「テニス」「レスリング」「相撲」「ボクシング」等
出典：スポーツ振興センター『令和3年度 スポーツ庁委託事業 学校における体育活動での事故防止対策推進事業 学校でのスポーツ事故を防ぐために 成果報告書』2021年　p.270

　また、競技別に死亡・重度障害の事故件数を示した 表 8-2 を見ると、陸上競技やバスケットボール、サッカー、野球など動きの激しい競技で突然死が多く、柔道やラグビーなど相手との接触が多い競技で脊髄損傷が多い。水泳で脊髄損傷が多いのは飛び込みによる事故によるものだと考えられる。

　さらに、原因別に死亡・重度障害の事故件数を示した 表 8-3 を見ると、「走る等」が原因となることが多いのは突然死と熱中症である。また、「投げられる・打たれる等」や「他者との接触」が原因で脊髄損傷や頭部外傷が起きている。 表 8-4 の競技別の統計と照らし合わせてみても、柔道で事故が多いのは「投げられる・打たれる等」のときであり、ラグビーで事故が多いのは「他者との接触」のとき、水泳で事故が多いのは「泳ぐ」ときと「プールへの飛び込み」のときである。このように、競技の特性と事故原因および傷病には関連性があることがわかる。

表 8-3 傷病別・原因別の死亡・重度障害の事故件数

	走る等	投げられる・打たれる等	泳ぐ	他者と接触	プールへの飛び込み	技が不完全	転倒・転落	ボール等接触	施設・設備等と衝突	その他	合計
突然死等	298	0	18	0	0	0	0	3	0	36	355
脊髄損傷	1	18	0	20	29	24	9	0	1	8	110
頭部外傷	0	40	0	18	0	1	10	5	5	4	83
溺　水	0	0	24	0	0	0	2	0	0	6	32
熱中症	33	0	0	0	0	0	0	0	0	1	34
その他	5	1	2	1	0	2	5	2	2	21	41
合　計	337	59	44	39	29	27	26	10	8	76	655

※原因の「その他」は、「準備運動中に倒れる」「休憩中に倒れる」等
出典：スポーツ振興センター『令和 3 年度　スポーツ庁委託事業　学校における体育活動での事故防止対策推進事業　学校でのスポーツ事故を防ぐために　成果報告書』2021 年　p.270

表 8-4 競技別・原因別の死亡・重度障害の事故件数

	走る等	投げられる・打たれる等	泳ぐ	他者と接触	プールへの飛び込み	技が不完全	転倒・転落	ボール等接触	施設・設備等と衝突	その他	合計
陸上競技	98	0	0	2	0	2	1	0	0	6	109
水　泳	0	0	37	0	26	0	1	0	0	2	66
柔　道	11	46	0	0	0	5	1	0	0	1	64
バスケットボール	48	0	0	1	1	0	3	0	1	5	59
サッカー	35	0	1	2	0	0	2	1	3	9	53
野　球	32	0	1	1	0	0	1	6	0	10	51
ラグビー	6	0	0	28	0	0	1	0	1	0	36
器械体操等	2	0	0	0	0	18	3	0	0	3	26
バレーボール	12	0	0	0	1	0	1	1	0	3	18
その他	93	13	5	5	1	2	12	2	3	37	173
合　計	337	59	44	39	29	27	26	10	8	76	655

出典：スポーツ振興センター『令和 3 年度　スポーツ庁委託事業　学校における体育活動での事故防止対策推進事業　学校でのスポーツ事故を防ぐために　成果報告書』2021 年　p.270

　　体育・スポーツ部活動が盛んになればなるほど、事故も増加していく傾向にある。競技によって同じような事故が繰り返されているため、競技の特性を理解したうえで事故予防のための対策を行わなければならない。

2 体育・スポーツ部活動での事故事例

体育・スポーツ部活動の事故に対して、「スポーツに事故はつきものであるからケガをしても自己責任」であり、「他者にケガをさせてもルールの範囲内であれば責任は負わない」とか「競技に参加した者はある程度の危険を引き受けている」というようなとらえ方をしている人も多数いるであろう。しかし、生徒は、死亡や重度の障害を負うような危険を引き受けてはいないはずである。

いつ起こるかわからない事故に対して、教師や指導者は事故防止のためになにをすればよいのか。事故の事例や裁判例などからスポーツにおける危険性と注意義務について知り、安全な指導方法や事故を防ぐ練習方法を学びとることが求められる。ここでは、代表的な事故の事例を取りあげ、安全に体育・スポーツ部活動を行うにはどのように指導すべきだったのか、そのポイントを考える。

（1）プールでの飛び込みによる事故

プールでの飛び込みの練習では、飛び込んだ直後にプールの底に頭部を打ちつけ、脳損傷や頸髄損傷を負って重度の麻痺が残ったり、死に至ったりする事例が見られる。とくにスタート時の飛び込みで、プールの底に頭部を衝突させる事故が多い。不適切な指導や危険な方法での飛び込み、水深が浅いなどのプールの構造などがその要因だと考えられる。

被害者	高校3年生男子
事故発生日	2016（平成28）年7月14日
事故の発生場所	都立高校のプール
事故発生時の活動	プールの授業
事故の状況	教諭が、手にデッキブラシをもち、その柄を越えて飛び込むよう生徒に指示した結果、生徒はプールの底に頭を打って、首の骨を折り、胸から下が動かせない状態になった。ブラシの柄は、プールサイドに立つ教諭の足元から1mほどの高さにあり、生徒は水深約1.1mの浅いプールの底に頭を打ちつけた[*5]。
検証	東京都教育委員会は飛び込みを原則禁止とする措置を決めた[3]。
指導のポイント	十分な深さのあるプールでも、専門的な水泳指導者がいない場合は、飛び込みは実施しないなど、具体的な対策が必要である。

＊5　東京地裁令和3年11月22日判決。

（2）脳震盪などの頭部への外部傷害

　脳震盪は、頭部・顔面・頸部への直接的な打撃や頭部へ伝播する衝撃で生じる脳損傷の一つで、軽症の頭部外傷もあるが、重大事故につながることもある[*6]。とくに、柔道・ラグビー・アメリカンフットボール・ボクシングなど競技者間で接触のある、いわゆるコンタクトスポーツで多く発生する。

被害者	高校 1 年生男子
事故発生日	2011（平成 23）年 6 月 15 日
事故の発生場所	柔道場
事故発生時の活動	柔道部の練習中
事故の状況	柔道で投げられて頭部を打ちつけて「頭が痛い」と言っていた生徒が、数週間後に再び頭を打ち、そのまま頭痛を訴えながら、3 回目の頭部の受傷により命を落とした[6]。
検証	高校に入学して初めて柔道部に入部した初心者であった。練習事故時の乱取りの相手との身長差が約 20cm、体重差が約 25kg あった。
指導のポイント	初心者の指導には基礎的技術をあげることに重点を置き、生徒の体力差や技能差を正しく把握しておくことが大切である。

（3）熱中症

　独立行政法人日本スポーツ振興センターが作成した統計によると、熱中症は、小学校・中学校・高校等を合わせて、毎年約 5,000 件が発生している[7]。競技別に見ると、熱中症は、中学校・高校ともに野球とソフトボールで発生率が高い。屋外の競技だけでなく、剣道や柔道などの屋内競技でも生じていることに注意が必要である。

被害者	高校 2 年生男子
事故発生日	2011（平成 23）年 6 月 6 日
事故の発生場所	グラウンド
事故発生時の活動	野球部の練習中
事故の状況	気温 29℃以上のグラウンドで、罰走として 100m 走 50 本を練習中に生徒が熱中症で倒れて死亡した。
検証	熱中症の応急処置をとらなかった点において、監督教諭に過失（注意義務違反）があったとされた。肉体的苦痛を受けるような過酷な練習メニューを課した場合には体罰に該当する[*7]。
指導のポイント	暑熱環境下でのスポーツ活動では、屋外・屋内を問わず、生徒にいつもと異なる様子や訴えがあれば、根性論で片づけず、まず熱中症を疑ってみることが必要である。熱中症の症状が見られる場合は、必ず付き添いをつけて涼しい場所で休ませて処置を行い、回復するところを見極めることが大切である。

＊6　全日本柔道連盟は、「医師の診察で脳震盪と診断された場合には、その日は練習や試合に復帰してはいけません。精神的・肉体的な安静を十分にとります」と定めている[4]。ラグビーでも試合中に脳震盪を起こした場合は即座に退場しなければならない規定があったが、プレーヤーの安全をより重視するという考え方から、「脳震盪の疑い」が生じた場合にも退場しなければならないようにルールが変更されている[5]。

＊7　高松高裁平成 27 年 5 月 29 日判決『判例時報』2267 号 38 頁。

被害者	高校 2 年生女子
事故発生日	2007（平成 19）年 5 月 24 日
事故の発生場所	グラウンド
事故発生時の活動	県立高校でのテニス部の活動中
事故の状況	熱中症で倒れ心肺停止に至り、低酸素脳症を発症して重度の障害が残った。
検証	定期試験で休んでいた期間を取り戻そうとした顧問教諭が、通常よりも練習時間を長くし、練習内容も密度の高いメニューを指示したため起きた事件である。生徒の健康状態に支障をきたす具体的な危険性が生じないように指導しなければならないにもかかわらず、水分補給の指導やそのための十分な休憩時間を設定せずに練習を指示していたことが認められた。顧問教諭の安全配慮義務違反である[*8]。
指導のポイント	生徒の生活習慣（運動不足、睡眠不足、風邪、発熱、下痢などの体調不良）による体調の変化や暑さに対する慣れ（暑熱順化）など、日常生活から生徒の健康状態に配慮しておくことが大切である。

＊8　大阪高裁平成27 年 1 月 22 日判決『判例時報』2254 号27 頁。

（4）落雷による事故

　気象庁によると、日本で発生する雷は 1 年に平均 100 万回である（地球温暖化の影響でゲリラ雷雨も増加している）。2005（平成 17）年から 2017（平成 29）年の 12 年間の落雷害の数は 1,540 件であり、約 30%（468 件）が 8 月に発生している[8]。体育やスポーツ部活動、競技大会などの活動中に落雷事故が起きた場合、身体への影響や被害は深刻なものになる。

被害者	高校 1 年生男子
事故発生日	1996（平成 8）年 8 月 13 日
事故の発生場所	グラウンド
事故発生時の活動	サッカー部の対外試合中
事故の状況	雷の直撃を受け、一命はとりとめたものの、両眼失明、下肢機能の全廃、上肢運動能力の減弱、言語障害の重度後遺障害を負った。
検証	試合開始前に「雷注意報」が発令され、時折、遠雷が聞こえるなか、「こんな状態でもやるのですか」と生徒が進言したが、引率教諭はやめず、主催者も試合を続行して事故が起きた。最高裁判所は「教諭は気象状況から落雷を予見でき、注意義務を怠った」とした[*9]。
指導のポイント	落雷の危険を認識し、事前に天気予報を確認する。天候の急変がある場合は、授業・練習・試合の計画変更や中止をためらわず、生徒の安全確保を考えることが大切である。

＊9　最高裁平成 18年 3 月 13 日判決。なお、第 9 章（p.142）を参照。

（5）突然死

　世界保健機関（WHO）は、突然死を「発症から 24 時間以内の予期せぬ内因性（病）死」と定義している。学校における突然死は、体育活動中（体

育の授業、運動部活動・体育的行事など）における死亡事故全体の約 55%
を占めている [9] [*10]。小学校の体育の授業中に起こることも多い。

＊ 10　本章の 表8-1
（p.120）を参照。

被害者	小学 6 年生女子
事故発生日	2011（平成 23）年 9 月 29 日
事故の発生場所	グラウンド
事故発生時の活動	学校での駅伝の課外練習中
事故の状況	駅伝の課外練習中に心肺停止になり、翌日に死亡した。
検証	救急車が到着するまでの 11 分間、心臓マッサージなどの救命措置は行われなかった。学校には、心臓に電気ショックを与える自動体外式除細動器（AED）が置いてあったが、使われなかった [10]。
指導のポイント	突然死の可能性がある事態が発生した場合などの緊急時に備えて、AED の使用を含む応急手当、関連機関への連絡などを明確にしておく。事故の被害を最小限にとどめるために、緊急時に即座に対応できるよう校内の体制を整えておくことが大切である。

（6）組体操における事故

　組体操での事故は、2011（平成 23）年から 2014（平成 26）年に年間
約 8,000 件以上あり [11]、国や自治体が事故防止に取り組み減少傾向にある
ものの、現在でも数多くの事故が起きている。スポーツ庁は、安全が確保で
きない場合は中止するなどの対策をとることを全国の教育委員会に通知した
が、全面禁止や廃止としていないため、組体操を続行している学校はまだ多
い。しかし、組体操は事故のリスクが非常に大きいといえる。

被害者	高校 3 年生男子
事故発生日	1990（平成 2）年 9 月 5 日
事故の発生場所	県立高校のグラウンド
事故発生時の活動	8 段の人間ピラミッドの練習中
事故の状況	組体操のピラミッドが崩壊し、生徒が折り重なる状態となった。最下段の生徒は手足がしびれて動けない状況になり、第 4 頸椎脱臼骨折・頸髄損傷の傷害を負った。四肢は完全麻痺となり、感覚が完全に消失した。移動には車いすが必要で、日常生活・起居動作にも介助が必要である。
検証	高校の体育大会の種目として「8 段の人間ピラミッド」が採用された。しかし、「8 段ピラミッドの種目を選択したこと」自体に過失があるとして、裁判所は、高校の設置者である県に対して賠償責任を認めた[*11]。
指導のポイント	体育祭で危険性の高い種目を取り入れるとき、授業で時間をかけて準備・計画をし、生徒の体力や技能を慎重に判断することが重要である。

＊ 11　福岡高裁平成
6 年 12 月 22 日判決
『判例タイムズ』879
号 236 頁。

（7）用具が原因となる事故

　サッカーゴールやハンドボールゴールなどの転倒によって、死亡や障害につながる重大事故が多く発生している。2013（平成 25）年度から 2015（平成 27）年度の学校の管理下における事故災害の発生件数は約 326 万件で、そのうちゴール等の転倒やゴール等に起因する事故災害は 3,791 件発生している[12]。ゴール等が原因の事故では、運搬中に落としたりはさんだりすることが多い。また、ゴール等にぶつかったり、ぶら下がって倒れたり、ゴール等が風で倒れたりすることによる事故も多く発生している。

被害者	高校 2 年生男子
事故発生日	2014（平成 26）年（月日は不明）
事故の発生場所	グラウンド
事故発生時の活動	サッカー部練習後
事故の状況	部活動終了後、翌日の準備のため、サッカー部員とともにサッカーゴールを運搬していたところ、サッカーゴールを乗せる台座の上で、左手中指と薬指がサッカーゴールと台座の間にはさまれ、中指が切断された[13]。
検証	安全に移動させることが可能な人数で行うなど、事前に移動経路の安全性を確認するべきである。
指導のポイント	用具の使用方法・設定や収納方法について製造業者の説明書を確認し、授業活動を通して危険と安全を体得させることも、教育上の義務である。危険性のある設備について、使用のルールとともに安全に使うための配慮も必要となる。

3　体育・スポーツ指導のリスクマネジメント

　体育・スポーツ指導をするうえで大切なことは指導内容であるが、指導計画を作成する段階から事故発生の可能性や事故防止策を考え、安全面の基準を保持することが望ましい。教師ができるリスクマネジメントはなにかについて考える。

1　注意義務違反について考えよう

　体育教師には、実技指導を行うだけではなく、生徒が危険な行為をしないよう常に注意を傾け、生徒一人ひとりの能力や技術等を的確に把握しながら適切な指導を行うことが要求される[14]。
　教師（指導する側）には、生徒（指導される側）に対して法的な注意義務

（安全配慮義務）*12 がある。事故が起こったときに最も責任を追及されるのが、その場にいた教師である。教師が細心に注意義務（安全配慮義務）が果たせたかどうかは、危険予見義務と危険回避義務が尽くされていたかどうかで判断される*13 15)。

2 安全配慮義務について考えよう

　前述したとおり、教師や学校は、生徒が安全で健康に学校生活を送ることができるよう配慮する安全配慮義務を負っている。そのため、体育・スポーツ部活動においても、生徒の生命・身体の安全を守ることができなかったとき、教師や学校は損害賠償などの賠償責任が問われることになる*14。

　体育・スポーツ部活動における事故や過失の多くは、教師の不完全な指導や学校による不適当な監督など、安全配慮に対する知識の欠如や安全に対する意識の希薄さが起因する。教師や学校は指導内容を研究することも大切であるが、体育・スポーツ部活動は危険やリスクを伴う活動であるため、それらを最小限にとどめるために、注意基準（安全配慮義務事項）を保つことが大切である。どうすれば事故を防ぐことができるのか、安全に配慮するための知識や技術を増やしていこう。

表 8-5　教師が最低限守らなければならない安全配慮義務事項

項目	内容
学年・年齢・性別	・成長に応じた適切な運動強度・頻度に留意する
知能度・技能度	・生徒の運動能力・体力・技能の差に配慮する
健康状態	・生徒の顔色・音声・姿勢・皮膚の状態・眼の輝きなどを確認する
心の状態	・集中力の有無を確認し、動揺が見られるなどに配慮する
スポーツの種目の危険度	・競技内容・スポーツ技術の難易度を認識する
方法の安全管理	・生徒の能力に応じた内容を行う・段階的にプログラムを展開する
指導・助言・監視等の義務	・危険回避のための言葉がけ・補助・見守り等を行う
事前注意・活動中の指導・活動後の安全確認	・ルールやマナーを徹底する ・施設・用具の使い方や備品の整理、自己健康管理を指導する
時間・場所・環境・天候	・実施時間の長短を検討し、事前に天気予報の確認などを行う
施設・設備等の安全点検	・体育館の床のはがれ・グラウンドの不整備等がないか点検する ・防球ネットの破損を点検する
使用する器具・用具の点検	・空気の抜けたボール・用具の破損がないか点検する
危険な状況が発生したときの早急な対応の義務	・事故・傷害に対する応急処置を行う ・学校・医師・保護者などへ早急に連絡し、対応する

出典：小笠原　正・諏訪伸夫編『体育・部活のリスクマネジメント』信山社　2014 年　p.10 を筆者一部改変

＊12　安全配慮義務については、第 9 章（p.139）を参照。

＊13　学校・教師等に課せられた義務として、危険予見義務・危険回避義務等がある。これは、学校教育活動中に、故意または過失によって生徒の法益（法により保護された生活利益）を侵害し損害を及ぼさないように、学校や教師が配慮すべきものである。

＊14　教師や学校の責任については、第 9 章（p.141）を参照。

引用文献

1) スポーツ庁ウェブサイト「運動部活動改革」
(https://www.mext.go.jp/sports/b_menu/sports/mcatetop04/list/1405720.htm)

2) 日本スポーツ振興センター『令和3年度 スポーツ庁委託事業 学校における体育活動での事故防止対策推進事業 学校でのスポーツ事故を防ぐために 成果報告書』2021年 p.269

3) NHK事件記者取材note「プールの授業が奪った少年の未来『僕は壊れてしまった』」2021年11月19日(https://www3.nhk.or.jp/news/special/jiken_kisha/shougen/shougen26/)

4) 全日本柔道連盟「柔道の未来のために 柔道の安全指導[第5版]」2020年 p.9
(http://judo.or.jp/cms/wp-content/uploads/2020/02/anzen-shido-2020-5.pdf)

5) 日本ラグビーフットボール協会『ラグビー外傷・障害対応マニュアル[2022年版]』2022年 pp.16-17

6) 名古屋市柔道安全指導検討委員会「名古屋市立向陽高等学校柔道事故調査報告書」2012年

7) 日本スポーツ振興センター『学校の管理下の災害』(平成27年版〜令和2年版)

8) 気象庁「落雷害の月別件数」
(https://www.jma.go.jp/jma/kishou/know/toppuu/thunder1-4.html)

9) 前掲書2) p.46

10) さいたま市教育委員会「体育活動時等における事故対応テキスト——ASUKAモデル」2012年

11) スポーツ庁政策課学校体育室「組体操等による事故の防止について」平成28年3月25日付(通達)

12) 日本スポーツ振興センター「ゴール等の転倒による事故防止対策について」2017年

13) 日本スポーツ振興センター「学校安全Web 学校事故事例検索データベース(障害見舞金[令和4年8月1日時点])(https://www.jpnsport.go.jp/anzen/Tabid/822/Default.aspx)

14) 入澤 充編『体育・部活動指導の基本原則』エイデル研究所 2015年 p.15

15) 諏訪伸夫ほか編『スポーツ政策の現代的課題』日本評論社 2008年 pp.228-229

参考文献

・小笠原 正・諏訪伸夫編『体育・部活のリスクマネジメント』信山社 2014年
・諏訪伸夫ほか編『スポーツ政策の現代的課題』日本評論社 2008年
・入澤 充・吉田勝光編『スポーツ・体育指導・執務必携』道和書院 2019年
・入澤 充編『体育・部活動指導の基本原則』エイデル研究所 2015年
・菅原哲朗・望月浩一郎編集代表『スポーツにおける真の勝利——暴力に頼らない指導』エイデル研究所 2013年
・菅原哲朗・望月浩一郎編集代表『スポーツにおける真の指導力——部活動にスポーツ基本法を活かす』エイデル研究所 2014年
・小笠原 正監修『導入対話によるスポーツ法学』不磨書房 2005年
・望月浩一郎ほか監修『スポーツの法律相談』青林書院 2017年
・石堂典秀・建石真公子編『スポーツ法へのファーストステップ』法律文化社 2018年

「学びの確認 ──

1. （　　　）に入る言葉を考えてみよう。

① 学校管理下で事故が起こったときに最も責任追及されやすいのが、その場にいた教師である。教師が細心の注意義務（　　　　　）が果たせたかどうかは、危険（　　　　）と危険（　　　　）が尽くされたかどうかで判断される。

② 学校体育は教育課程として行われ、スポーツ部活動は（　　　　　　　　　）として行われる。

③ 学校の教育活動中に事故が発生した場合、生徒は学校の管理下にあるので、学校は（　　　　）を負担しなければならない。学校の設置者である（　　　　　）や学校法人においても、（　　　　　　　　）の安全な設置・管理が求められる。また、指導する教師には、生徒の生命・健康等を危険から保護すべき義務である（　　　　　　）を負っている。

2. 教師の守るべき最低限の安全配慮義務について、下記の項目にしたがって内容を書いてみよう。

項目	内容
健康状態	
心の状態	
指導・助言・監視等の義務	
事前注意・活動中の指導・活動後の安全確認	
施設・設備等の安全点検	
使用する器具・用具の点検	

裁判例から学ぶ安全管理
── 言葉がけや対応はどうしているだろうか

本章で見たように、教師や学校は、体育やスポーツ部活動の指導において、生徒の生命・身体に対して安全配慮義務や危険回避義務・危険予見義務がある。それでは、安全に指導をするために、なにが大切な要素となるだろうか。それは、生徒とのコミュニケーションや指導における言葉がけである。

体育・スポーツ部活動中の事故の裁判例を見ると、コミュニケーションや言葉がけに問題があった事例が浮かび上がってくる。たとえば、中学校のラグビー部での死亡事故の裁判例には、このような記載がある。「しんどいふりするな。甘えるな。演技してもあかん。俺は14年間ラグビー部を指導しているけど、こんなやつ見たことない」[1]。これは、顧問教師が、生徒が仮病を使って練習を怠けていると安易に判断して放った言葉である。しかし、生徒と適切なコミュニケーションがとれていれば、このような言葉がけにはならなかっただろう。たとえ生徒が怠けているように見えたとしても、適切な言葉がけで対応することが大切である。生徒が「しんどい」ということに対して、教師として「どこがしんどいんだ」と聞くことができるだろうか。

また、適切な言葉がけやコミュニケーションは、生徒自身がケガや事故を防いで動けるようになるためにも重要である。たとえば、道具の正しい使い方や障害物・危険物の予防、健康状態のチェック、服装や身につけているものの確認（つめはのびていないか、長い髪は束ねているか、靴はサイズが合っているか、運動に適した服装かなど）、競技ルールの説明の徹底、競技の危険性についての周知や適切な指示など、教師が生徒とのコミュニケーションや言葉がけによって伝えるべきことはたくさんある。

コミュニケーションとは、話し上手だったり、言いたいことを一方的に伝えることだったり、自分の思いどおりに生徒をコントロールすることを意味するのではない。『広辞苑［第7版］』によると、コミュニケーションとは「社会生活を営む人間の間で行う知覚・感情・思考の伝達」とある[2]。すなわち、自分が伝えたいことだけを伝えるものではなく、状況や相手の考えなども考慮して伝達し合うことを意味するのである。

教師は生徒に「自分がしたいと考えていること」や「生徒にしてほしいと望んでいること」を伝えようとしがちであるが、結局その意図が伝わらなければ、生徒とコミュニケーションが成り立っているとはいいがたい。一方的な伝達は「命令」になる。生徒の反応を見ないで一方的に話していると、生徒の耳には入らないだろう。生徒の年齢によって理解力や判断力は異なるが、生徒と理解し合うためには、わかりやすく伝えることを意識すると同時に、質疑応答を取り入れて、生徒との間に会話のキャッチボールが生まれるようにすることが大切である。

なお、生徒は教師の言葉を敏感にとらえる傾向にある。そのため、教師からのネガティブな言葉がけは生徒のやる気を低下させ、逆にポジティブな言葉がけはやる気を高めることが明らかにされている。体育やスポーツが苦手な生徒を運動好きにさせるのも、教師とのコミュニケーションや言葉がけの力なのである。実際に、筆者の友人に体育教師にいわれた一言がきっかけで運動嫌いになった人がいる。

したがって、体育やスポーツ部活動中の教師から生徒への適切なコミュニケーションや言葉がけが事故防止につながるうえに、生徒のやる気も引き出すのである。

生徒との適切なコミュニケーションや言葉がけを心がけよう！！

［引用文献］
1）神戸地裁平成15年6月30日判決
2）新村 出編『広辞苑［第7版］』岩波書店　2018年　p.1101

第9章 スポーツ事故とリスクマネジメント

なぜこの章を学ぶのですか？

「スポーツにケガはつきもの」といわれます。たとえスポーツ中であっても、事故が起これば当事者に法的責任が生じることがあります。スポーツ事故についてのリスクマネジメントや法的責任を学び、事故を抑止したり、事故の被害を最小限に抑制したりする手法を理解することは、スポーツにかかわるすべての人にとって大切なことです。

第9章の学びのポイントはなんですか？

本章では、スポーツ事故のリスクマネジメントの必要性と、不幸にも事故が起こってしまったときには当事者がどのような法的責任を負うかについて学習し、スポーツに参加する人がそれぞれ気をつけなければならないことについて理解します。

考えてみよう

① スポーツにおいて事故を予防する方法について考えてみよう。

② スポーツ事故が起こってしまった場合には、「誰が」「どのような」責任を負いますか。

1 スポーツ事故とリスクマネジメント

　スポーツの特性上、突発的な事故を完全に予防することは難しい。スポーツ事故のリスクを最小限にとどめるためには、「予防」と「被害を最小限にとどめる」といったリスクマネジメントの考え方が重要になる。スポーツ事故の性質とリスクマネジメントの必要性について考える。

1 スポーツ事故

（1）スポーツに内在する危険

　「スポーツにケガはつきもの」という言葉にあるように、スポーツは身体的活動を伴うことから、参加する者の生命および身体に対する一定の危険を内包しているといえる。相手選手への身体的攻撃を競技の本質とする格闘技はもちろん、身体接触を伴う競技スポーツの多くは、なんらかの外傷や障害を生じさせる可能性がある。そして、スポーツの特性上、外傷や障害といった「生命・身体への危険」を完全に取り除くことは難しい。スポーツに参加する者がどれだけ注意を払って予防をしても、突発的に生じるスポーツ事故を完全に防ぐことはできない。

　そのため、スポーツにかかわるすべての人がスポーツの価値を享受し、安心してスポーツに取り組むためには、スポーツ事故の予防およびリスクの軽減のための取り組みが必要不可欠である。

（2）スポーツ事故の発生

　今日のスポーツ活動においては、競技者や指導者、審判、スポーツ施設の管理者、観客、競技の主催者など、多様なかかわり方が存在する。そのため、スポーツ活動中に事故が起これば、スポーツに参加する者はさまざまな影響を受けることになる[1]。事故の被害者となった場合にはケガをしたり、最悪の場合には命を落としてしまったりすることもある。また、スポーツの指導者やスポーツイベントの主催者が、法的な責任を追及される可能性も否定できない。

　スポーツ事故は、スポーツに参加する者に多様な損害を及ぼすが、スポーツ事故の発生については、スポーツの種目、参加の態様、事故状況などによって大きく異なる。たとえば、ボクシングや空手など格闘技のような相手に攻撃することを本質とするようなスポーツでは、当然ケガのリスクが高いこと

が想定できる。また、スキューバダイビングや登山など自然のなかで行うスポーツでは、環境の変化によって重大な事故が発生することもある。

　事故の発生形態やスポーツ種目の性質などにより、事故が起こる蓋然性の高さや事故が起こってしまった場合の法的責任のあり方が異なるのである。

（3）スポーツにおけるリスクマネジメントの必要性

　スポーツでは、重大な結果につながる事故を予防し、事故が起こったときには被害を軽減するよう努めなければならない。そのため、リスクマネジメントの考え方が重要になる。リスクマネジメントとは、一般的には、危機（リスク）を想定したり管理（マネジメント）したりし、損失の回避または低減を図る手法という意味で使用されている。スポーツと事故は隣り合わせの関係だが、死亡や重篤な身体傷害といった重大な事故は、スポーツに関係する人がリスクマネジメントを徹底することで、ある程度までその発生を予防することができる。そのため、スポーツに参加するすべての関係者は、スポーツにおけるリスクマネジメントについて十分に理解し、実践する必要がある。

2 リスクマネジメントの実践

（1）ハインリッヒの法則

　リスクマネジメントの考え方の一つに、労働災害の経験則がもととなった「ハインリッヒの法則」がある。これは、「1 つの重大な事故の背景には、29 の軽微な事故が隠れており、さらにその背後には 300 の異常が隠れている」というものである。「300 の異常」は、ヒヤリハット（たまたま事故に至らなかったが危なかった事例）といわれており、実際には重大な結果にはならなかった軽微な問題点を見逃さずに対処していくことで、重大な事故を予防することができる。この法則はスポーツ事故の予防にも当てはめることができる。

図 9-1　ハインリッヒの法則

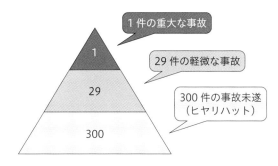

（2）PDCA サイクル

　PDCA サイクルとは、W・エドワーズ・デミング（アメリカ）が提唱したフレームワークで、PLAN（計画）→ DO（実行）→ CHECK（評価）→ ACT（改善）の４つの段階を繰り返すことで、継続的に問題を解決し、改善を図る手法である。

（3）スポーツ事故のリスクマネジメントの実践

　リスクマネジメントの実践にあたっては、ハインリッヒの法則と PDCAサイクルを組み合わせることが有用だといわれている[2]。具体的には、①リスクを把握してマニュアルを策定すること、②マニュアルを実行すること、③実行されたマニュアルを評価すること・起こってしまった事故を検証すること、④結果をもとにマニュアルのさらなる改善を繰り返し行うことで、事故予防の質を高めていくのである。具体的には、以下のような取り組みが重要になる。

　①　リスクを把握した計画の策定　　これまでに実際に起こってしまった事故や事故には至らなかったものの危険が予想されるヒヤリハット事例を検討し、事故の原因を分析して予防対策（マニュアル）を計画する。

　②　マニュアルの実行　　マニュアルに沿って、事故が起きないようにリスクマネジメントを実行する。

　③　実行されたマニュアルの評価・起こってしまった事故の検証　　マニュアルの遂行が適切に行われていたか、それでもなお実際に起こってしまった事故やヒヤリハットを検証する。

　④　事故事例をふまえた新たな計画の策定　　事例の検証結果をもとにマニュアルのさらなる改善を行う。

図 9-2　PDCA サイクル

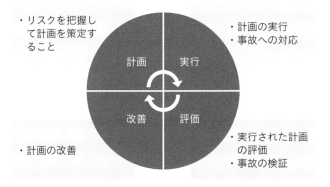

3 スポーツ事故補償制度

　本章第 1 節で説明したとおり、スポーツはその性質上、スポーツの種類を問わず常に事故の危険が伴う。もちろん、事前に予防をすることで事故が起きないようにすることが理想だが、スポーツを行う以上、事故を完全に防ぐことはできない。

　スポーツにおいて不幸にも事故が起きてケガをしてしまった場合には、治療費や一定期間働くことができなくなることによる逸失利益[*1] などの損害を被る可能性がある。そして、スポーツ事故においては、自分がケガをして被害者になってしまう場合もあれば、相手にケガをさせてしまって自身が加害者になってしまう場合もあり得る。

　自分がケガをして被害者になってしまった場合には、加害者に対して治療費等の費用を請求することができる場合もあるが、スポーツ事故の場合には、加害者側に資力がないとか、責任能力（法的責任を理解し適切に負担できる能力）[*2] を欠くために、加害者に損害の賠償を請求することが難しい場合もある。そのような場合には、ケガをした人は自分自身で治療費等を負担しなければならない。一方で、自身が加害者になってしまったり、指導者として責任を負う立場だったりした場合には、被害者から損害賠償責任を問われる可能性がある。とくに、重篤な傷害や死亡という深刻な事故が発生した場合には数千万円、ときには数億円の損害賠償義務を負う可能性があり、加害者自身に損害を負担する資力がなかったり、法的責任を問うことが困難なケースもある。

　スポーツをする以上は事故のリスクは避けられない面もあるが、このようなリスクばかりを考えると、事故の発生を恐れて「スポーツをしない」「スポーツ指導にはかかわらない」と、スポーツ活動への関与に消極的になってしまうおそれがある。スポーツには、参加することで得られる大きなメリットがあるにもかかわらず、スポーツに参加をする人が安心・安全なかたちでスポーツに参加することができなくなってしまえば、スポーツの発展を阻害しかねない。

　このようなスポーツ事故におけるリスクを社会的に分散する仕組みとして、スポーツ保険という制度がある。スポーツ保険に加入し、自身のケガの治療費や相手方への損害賠償義務を補填してくれることで、スポーツに参加する人や指導者は、経済的な負担を軽減して、安心してスポーツに取り組むことができる。

*1　逸失利益
逸失利益とは、債務不履行や不法行為がなければ、被害者が本来得られたはずの利益（得べかりし利益）のことを指す。スポーツ事故により働けなくなってしまったり、収入が減ってしまうなど、本来得られるはずの収入が失われてしまった場合には、逸失利益はスポーツ事故によって生じた損害だといえるので、被害者は加害者に対して逸失利益の賠償を請求できる。

*2　責任能力については、本章の注7(p.139)を参照。

135

2 スポーツ事故の法的責任

今日のスポーツには、「する」「みる」「ささえる」といった多様なかかわり方が存在する。スポーツ事故によって生じる法的責任についても、スポーツへの参加の態様によりさまざまな事故の類型が想定される。ここでは、スポーツ事故において、どのような者にどのような法的責任が生じるかについて考える。

1 スポーツ事故におけるさまざまな責任

（1）スポーツ事故と自己責任

スポーツ基本法では、スポーツは、世界共通の人類の文化であり、人格形成によい影響を与え、地域社会の再生や国際平和に貢献し、国民が生涯にわたり心身ともに健康で文化的な生活を営むうえで不可欠なものと位置づけられ、スポーツの社会的価値が高く評価されている。しかし一方で、スポーツが身体活動を基軸とすることに鑑みると、危険を完全に排除してスポーツに参加することが困難である。つまり、スポーツをするということは、スポーツに参加する者が、自身の「生命・身体に対する侵害」が生じる可能性を認識して参加することを意味する[3]。

そのため、スポーツ中の事故やケガについては、スポーツの危険性を認識したうえで参加をしていることから、これまでは「自己責任」と考えられてきた。スポーツ法学では、スポーツにおいては「危険の引受[*3]」「被害者の承諾[*4]」「社会的相当行為」という考え方により、ある程度のケガやリスクは我慢しなければならず、法的責任を負わない（違法性が阻却される）という考え方が根強く存在した。

しかし、スポーツ事故の発生の態様、原因、事故の状況等は多様なものがあって、すべてのスポーツ事故が「自己責任」ですまされてしまって、一切の法的な責任が生じないとすることは妥当ではない。たとえば、あるスポーツで競技者同士の接触が起こって事故が生じたとする。この場合、競技者がスポーツの競技ルールに沿ってプレーをしていた場合には、法的責任を負う可能性は少ないだろう。他方で、競技ルール違反となるような危険なプレーをして相手選手にケガをさせてしまった場合にも、自己責任として解決してしまってよいのだろうか。裁判例では、競技の規則を逸脱するようなプレーで相手選手にケガをさせてしまった場合には、その選手の法的責任を認めているケースもある。

＊3　危険の引受
被害者が一定の危険を認識し、その危険を承知して行動した場合には加害者の行為の違法性が阻却されるという法理である。危険が伴うことが予想される競技に参加する競技者は、自身がケガをしたり、場合によっては死亡するという危険を一定程度は引き受けたうえで競技に参加していると考えることができる。

＊4　被害者の承諾
被害者の同意による行為は、違法性を欠き、違法性が阻却されるという法理である。スポーツ事故においては、①スポーツのルールが守られている状態で、②相手の同意があり、③スポーツの実施方法が社会的に相当であると認められる場合には、被害者の承諾にもとづく行為として違法性が阻却される（大阪地裁昭和62年4月21日判決『判例時報』1238号160頁）。

（2）スポーツルールと競技規則

　勝敗を競うことを目的とする競技スポーツでは、そのスポーツを統括する競技団体によって、競技規則が定められている。このような競技スポーツに参加する場合には、競技者は、そのスポーツの性質を理解し、その競技で想定される危険を引き受けて参加すると考えられる。このときに、スポーツに参加する人が想定されるリスクを判断する基準として、競技規則があげられる。たとえば、ラグビー競技に参加するにあたって「相手選手との接触をまったく想定していなかった」という競技者はいないだろう。ラグビー競技に参加する者は、ラグビー競技の性質であるコンタクトプレー（身体接触）を受け入れて競技に参加するのであり、身体接触による事故についても想定したうえで競技に参加しているのである。

　競技スポーツの競技規則には、競技や競技者の安全を確保するという目的も含まれている。たとえば、ラグビー競技の競技規則には、「ラグビーフットボールは、身体接触を伴うスポーツであるため、本来危険が伴う。いかなるときも、競技規則を遵守してプレーし、プレーヤーウェルフェアを考慮することが特に重要である。プレーヤーには、身体的にも技術的にも競技規則を遵守してプレーできるように準備し、安全な方法で楽しく参加するように取り組む責任がある」と規定する。ラグビー競技では、身体接触を伴う競技であるからこそ、競技者の安全に配慮した競技規則が設定されているのである [4]。

　裁判例では、「スポーツの競技中の事故については、もともとスポーツが競技の過程での身体に対する多少の危険を包含するものであることから、競技中の行為によって他人を傷害せしめる結果が生じたとしても、その競技のルールに照らし、社会的に容認される範囲内における行動によるものであれば、右行為は違法性を欠くものと解するのが相当である」として、野球の試合中に起こった接触事故について、競技規則から逸脱したプレーではなかったことなどを理由に、加害者の法的責任を認めなかった事例がある[*5]。しかし、「競技規則に違反していないからといって必ずしもすべての行為が許容されるわけではない」ということにも注意しておかなければならない。

＊5　東京地裁平成元年 8 月 31 日判決『判例時報』1350 号 87 頁。

（3）スポーツ事故と紛争類型

　スポーツが身体活動をその本質とする性質上、それがレクリエーションスポーツであれ、競技スポーツであれ、またアマチュアやプロフェッショナルかどうかを問わず、常にケガのリスクと隣り合わせの関係にある。スポーツで起こり得る事故には、自らの不注意による自損事故、競技者同士による事故、施設・道具の不具合（安全性の欠如）による施設・用具事故、スポーツ

競技者以外の第三者（指導者・コーチ・大会主催者など）による事故など、さまざまな事故類型が考えられる。

　また、スポーツ事故の当事者（加害者・被害者）としても、競技者、観客、監督・コーチなどの指導者、保護者、施設管理者・所有者、スポーツ用品の製造者・販売者、スポーツ大会の主催者、部活動の際の学校・指導教員など、実に多様な当事者類型があり得る[5]。

　さらには、スポーツの種目などに着目してみても、競技者間の身体接触を伴わないスポーツもあれば、ある程度の競技者間の身体接触を伴うスポーツもあるし、激しい身体接触やコンタクトプレーを伴う危険なスポーツも存在している。とくに格闘技などは、スポーツ競技の特性として、競技の目的が相手方への直接の打撃や攻撃をするものであって、相手方に対する攻撃動作が基本になっている以上、生命・身体に対する危険性や侵襲性（損害を与える危険性）はきわめて高い種目であるといえる。

　スポーツ事故を考える場合には、事故をめぐる紛争類型、当事者類型、各種目の特性などにより、スポーツ事故を引き起こした者（加害者）が、スポーツ事故により被害を受けた者（被害者）に対して負わなければならない法的責任も異なってくる。

（4）スポーツ事故における法的責任

　今日のスポーツへの多様な関与のあり方から、スポーツ事故によって生じる法的責任についてもさまざまな類型が想定される。スポーツ事故により生じる法的責任としては、民事責任、刑事責任、行政責任があげられる。本章では、競技者個人間の責任や学校における指導者の責任などが実務上問われることが多い民事責任を中心に説明する。

①　民事責任

　スポーツ事故における民事責任としては、不法行為や契約違反の責任（債務不履行責任）が問われることが一般的であり、スポーツ事故によって損害を被った被害者の損害をうめ合わせる責任といえる。当事者の参加の態様によって適用される法律や生じる可能性のある法的責任は異なるが、スポーツ事故において法的責任が問われる場合には、「過失」の有無が前提となる[6]。スポーツの競技者であれば過失によって相手選手にケガをさせてしまうような場合、スポーツの指導者やスポーツイベントの主催者であれば過失により参加者が事故にあってしまう場合など、「過失」の有無によって法的責任が生じるかどうかを判断することになる。

　なお、スポーツ競技に参加する者同士が事前になんらかの契約関係にあることは一般的ではないため、スポーツ競技中に参加者同士で起こった事故の

場合には、不法行為責任が問われることが多い。また、学校でのスポーツ事故やスポーツ指導中、スポーツイベントの参加によって事故が起こった場合には、参加者と学校・イベント主催者の間には特殊な契約関係があったものと考え、契約に違反したかどうかという債務不履行責任が問題になることが多い。以下に、スポーツ事故において代表的な不法行為責任（民法 709 条）と債務不履行責任（民法 415 条）について見ていこう。

（a）　不法行為責任

不法行為とは、故意または過失によって他人の権利または法律上保護される利益を侵害する行為である。民法 709 条は、「故意又は過失によって他人の権利又は法律上保護される利益を侵害した者は、これによって生じた損害を賠償する責任を負う」と定め、民法は、加害者に故意・過失がなければならないとする「過失責任主義」の原則を採っている（民法 709 条）。

不法行為によって損害を受けた者は、加害者に対して損害の賠償を請求することができる。不法行為の成立要件として、①故意・過失[6]、②責任能力[7]、③権利・法律上の保護に値する利益の侵害[8]、④損害の発生[9]、⑤加害行為と損害との間の因果関係[10]、⑥違法性阻却事由の不存在[11] があげられる。

（b）　債務不履行責任（契約責任）

債務不履行とは、契約によって生じた義務を果たさないことをいう（民法 415 条）[12]。学校でのスポーツ活動やスポーツ指導、スポーツイベントなどにおいては、スポーツに参加する者と、スポーツを指導する者（学校、教員、インストラクターなど）やスポーツイベントの主催者の間には「指導契約」のような黙示的な契約関係が存在すると考えられている。スポーツ指導者・主催者はこの契約に付随して、参加者の生命・身体の安全に配慮してスポーツに参加させる義務（安全配慮義務）を負っているとされる。

裁判所によれば、安全配慮義務とは、「ある法律関係に基づいて特別な社会的接触の関係に入った当事者間において、当該法律関係の付随義務として、相手方の生命・身体等危険から保護し安全を配慮すべき信義則上の付随義務」とされている[13]。具体的な要件については、不法行為責任と同様に考えられており、予見可能性・回避可能性が求められ、具体的な注意義務については、当事者の属性、当該スポーツの危険性やルールの内容、具体的な状況等から判断される。

＊6　故意・過失
故意とは、結果の発生を認識しながらそれを容認して行為する心理状態をいう。これに対して、過失とは、結果発生の予見可能性がありながら、結果の発生を回避するため必要とされる措置（結果回避措置）を講じなかったこと（結果回避義務違反）を指す。

＊7　責任能力
責任能力とは、自己の行為の責任を弁識する能力をいう（民法 712 条・713 条）。未成年者のように民法上の責任無能力者は不法行為の賠償責任を負わない。そこで、責任無能力者の監督義務者または代理監督者が監督責任を負うことになる（民法 714 条）。

＊8　権利・法律上の保護に値する利益侵害
スポーツ事故における「権利・法律上の保護に値する利益侵害」とは、スポーツに参加する者の自由・生命・身体の安全であり、財産権、身体権、人格権などの侵害を指す。スポーツ事故で、この点が争われることは少ない。

＊9　損害の発生
スポーツ事故においては、事故によってケガをしてしまったり、生命・身体・健康が害されたことによる精神的な損害、治療や休業による損害などの財産的な損害がある。

損害は加害行為によって生じたものでなければ、被害者は加害者の責任を求めることはできない。つまり、不法行為の責任が発生するためには、加害行為と損害との間に事実的な因果関係がなければならず、「あの行為（加害行為）があったから、このような損害が生じた」という事実的な関係をいう。

＊11　違法性阻却事由の不存在
スポーツ事故の場合には、「危険の引受」「被害者の承諾」といった考え方から、ルールにのっとったプレーによって事故が生じた場合には、その行為は違法ではないと判断される（違法性阻却）ことが多い。しかし、たとえばルールを逸脱する危険なプレーによって相手選手にケガをさせてしまった場合などは、違法性を阻却する事由がないとして、民事上の賠償責任を追う可能性がある。

＊12　民法415条
「債務者がその債務の本旨に従った履行をしないとき又は債務の履行が不能であるときは、債権者は、これによって生じた損害の賠償を請求することができる。ただし、その債務の不履行が契約その他の債務の発生原因及び取引上の社会通念に照らして債務者の責めに帰することができない事由によるものであるときは、この限りでない。」

＊13　最高裁昭和50年2月25日判決。

②　刑事責任

刑事責任とは、スポーツ事故の加害者の行為が犯罪に該当し、法律に触れるとして処罰される場合の責任をいう。刑事責任は、国家が刑罰権の行使として、重大な社会秩序違反行為に対して犯罪として取り締まり、刑罰を科すことを指す。スポーツ事故での刑事責任としては、暴行罪（刑法208条）、傷害罪（刑法204条）、傷害致死罪（刑法205条）、業務上過失致死傷罪（刑法211条）などが問題となり得る。

傷害罪または傷害致死罪における構成要件（責任が発生するための条件・前提）として、①傷害行為、②傷害の発生または傷害により死亡の結果が発生したこと、③主観的要件である傷害結果についての故意または暴行についての故意がある。「傷害」とは、「人の生理的機能を害すること」をいう。

また、業務上過失致死傷罪または業務上過失致死罪における構成要件は、①傷害行為、②傷害の発生、③主観的要件については、傷害結果に故意がなく、暴行の故意もなく過失があること、④当該過失が業務上の過失であることである。「業務」とは、「各人が社会生活上の地位に基づき反復継続して行う事務で、かつ他人の生命・身体に危害を加えるおそれのあるもの」をいう。

もっとも、スポーツ活動での事故では、一般的には犯罪とされる行為であっても、「被害者の承諾」「危険の引受」「正当業務行為」*14（刑法35条）などで違法性が阻却（そきゃく）され、犯罪に該当しない場合もある[7]。

③　行政責任

行政責任とは、公務員として懲戒処分を受けたり、公務員や地方公共団体が違法な行為を行って与えた損害を、国または地方公共団体が負担する場合の責任を指す。スポーツ活動が公的施設や公的組織の管理のもとで行われ、スポーツ事故が国または地方公共団体の公務員である国公立の学校の教員の指導上の過失で起こったり、都道府県や市町村などの地方公共団体主催のイベントや大会で公務員の指導監督・管理上の過失により引き起こされたりしたような場合は、国家賠償法が適用される（国家賠償法1条1項）。

また、国や地方公共団体で管理しているスポーツ施設やスポーツ用具等の安全性に不具合があって損害を与えた場合には、国や地方公共団体が賠償責任を負わなければならない（国家賠償法2条）。

2 スポーツ参加者の法的責任と裁判例の紹介

（1）学校・スポーツ指導者の責任

　学校・スポーツ指導者は、スポーツに参加する者（学生・受講者）に対して安全な環境で指導を行う義務（安全配慮義務）を負っている。この義務には、スポーツ事故を防止する義務が含まれていると考えられており、事故が起こってしまった場合には、事故によって生じた損害を賠償する責任を負う可能性がある。しかし、どのような場合でもスポーツ指導者が必ず賠償責任を負うわけではなく、学校・スポーツ指導者に過失があった場合にのみ責任を負うのである。

　スポーツ指導者の過失は、一般的に、予見可能性と回避可能性から判断される。スポーツ指導者は、スポーツ活動中において考え得る危険を事前に予測し、回避措置をとる義務を職務上負っている。他方、指導者が事故を防止するために適切な指導や防止策を講じていたにもかかわらず事故が起こってしまった場合には、スポーツ指導者は事故の責任を負わない。

　スポーツ事故がスポーツ指導者の過失によって生じたような場合には、スポーツ指導者だけでなく、指導者が所属する機関である学校や会社も責任を負う場合がある。これを使用者責任（民法715条1項）といい、スポーツ活動のために他人を使用する者（使用者）は、その指揮監督のもとで働く者（被用者・労働者・従業員など）がスポーツ活動に関連して与えた損害を賠償する責任を負う。使用者責任の一般的要件として、①使用者と被用者との間の使用関係の存在、②使用者の事業の執行について被用者の行為がなされること、③被用者の不法行為により第三者に損害が発生することなどが必要とされる。

　なお、公立学校の場合には、指導する教員（公務員）が職務を行うにあたって、故意・過失によって違法に他人に損害を加えたときは、国または地方公共団体が賠償責任を負う（国家賠償法1条1項）。

図 9-3　安全配慮義務違反

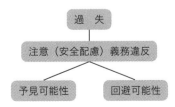

＊14　正当業務行為
刑法35条は、「法令又は正当な業務による行為は、罰しない」と規定し、法令による行為および正当業務行為を違法性阻却事由として定める。形式的には犯罪になり得る行為であったとしても、正当な業務によって行ったものであれば処罰されない。たとえば、医師が行う手術は、形式的には患者の身体を故意に傷つける「傷害」に該当する。しかし、医師が業務上正当な範囲の手術を行って患者の身体に傷をつける行為は、正当業務行為（刑法35条）によって正当化され、違法性が阻却されて犯罪は成立しない。

（2）参加者本人の責任

　競技者間でのスポーツ競技の最中の接触事故については、故意であるとか、重大なルール違反がない限りは、法的責任を追及することは難しい。たとえば、サッカーは、競技ルールの範囲内で相手選手に身体的な接触をすることがあり、ゲーム内で許されるプレーをした結果、相手選手にケガをさせたとしても、法的責任を負うことはない。しかしながら、著しく慎重さを欠いた状態で相手選手を蹴る行為であるとか、著しく不正なファウルプレーをしてケガをさせたときは、社会的相当性を超え違法であるとして、賠償責任が認められた事例がある。

（3）スポーツ大会主催者の責任

　スポーツ大会等の主催者は、参加者の年齢、経験、その他の属性などを考慮して、口頭で注意をするだけでなく、事故が起こらないように人的・物的な安全のための措置をとることが求められる。

＊15　最高裁平成18年3月13日判決。

＊16　東京地裁平成28年12月26日判決『判例時報』2392号89頁。

【参考裁判例③】

　相手方である会社が主宰したスキー教室における夜間のそり遊びに参加した際、そりに乗ったまま崖下に転落して、長男が死亡し、次男が重傷を負ったという事案で、裁判所が主催者の法的責任を認めた事例である。裁判所は、そり遊びの実施に関して主催者である会社の従業員である引率者は、そりの滑走による不測の事故の発生を未然に防止すべき注意義務を負いながら、そりの滑走する範囲を限定して指示していないなどの過失があったとして、事故にあった子どもたちの父母に対して高額な賠償を支払うよう命じた*17。事故当時、スキー場はアイスバーンの状態であり、判断能力の未熟な児童を引率する者は、雪上に標識を設置したり、監視する人員を配置するなど不測の事故を防止する義務があり、主催者がその義務に違反した（過失があった）と判断された。

＊17　東京地裁平成12年12月7日判決『判例タイムズ』1056号218頁。

（4）施設管理者の責任

　スポーツ施設の安全性の不備や欠陥（法律では「瑕疵」という）によって第三者に損害を与えた場合には、施設の管理者（占有者、事実上施設を支配し管理する者をいう）または施設の所有者（オーナー・経営者）が、土地工作物（施設・用具など）の管理上の不手際に対して損害賠償責任を負うものとしている。さらには、複数の者が共同の不法行為で他人に損害を与えた場合には、関与した者は共同で損害賠償責任を負わなければならない。

＊18　札幌高裁平成28年5月20日判決『判例地方自治』410号70頁、『判例時報』2314号40頁。

＊19　過失相殺
過失相殺とは、損害を受けた者（被害者）にも一定の過失があった場合、裁判所が被害者の過失を考慮して賠償額を減額し、損害の公平な分担を図る制度である。民法上の過失相殺に関する規定は、債務不履行に関しては民法418条、不法行為に関しては民法722条2項に定められている。

【参考裁判例④】

　観客がドーム球場の内野席でプロ野球観戦中に、打者の打ったファウルボールが顔面を直撃し、右眼球破裂等の傷害を負った事例である。

　同球場の物的設備は、通常の観客を前提とした場合に、観客の安全性を確保するための社会通念上プロ野球の球場が通常有すべき安全性を欠いていたとはいえないから、同球場には、民法717条1項ないし国家賠償法2条1項所定の「瑕疵（欠陥・不備）」があったとは認められないとし、同球場の所有者（札幌市）および指定管理者の損害賠償責任が否定された*18。

　なお、試合の主催者である球団に対し、野球観戦契約に信義則上附随する安全配慮義務違反があるとし、債務不履行にもとづく損害賠償責任が認められた。しかし、本件事故につき、観客側にも2割の過失があるとして、過失相殺*19が認められた。

引用文献

1 ）笠井 修「スポーツをめぐる不法行為——事故とその法的処理」道垣内正人・早川吉尚編著『スポーツ法への招待』ミネルヴァ書房　2012年　p.223

2 ）弁護士によるスポーツ安全対策検討委員会『スポーツ事故対策マニュアル』体育施設出版　2017年　p.252、「スポーツリスクマネジメントの実践——スポーツ事故の防止と法的責任」日本体育協会　2015年　p.10

3 ）望月浩一郎・棚村政行・入澤 充編著『スポーツ事故の法的責任と予防——競技者間事故の判例分析と補償の在り方』道和書院　2022年　pp.31-32

4 ）日本ラグビーフットボール協会「令和3年度（2021年度）競技規則」

5）日本弁護士連合会弁護士業務改革委員会スポーツ・エンターテイメント法促進 PT『スポーツ事故の法務』創耕舎　2013 年　p.11

6）前掲書 1）　p.227

7）多田光毅・石田晃士・椿原 直編著『紛争類型別スポーツ法の実務』三協法規出版　2013 年　p.295、p.301

学びの確認

次の文が正しい場合は〇、間違っている場合は×を記しなさい。

① スポーツ活動中に事故が起こったとしても、スポーツのリスクを認識したうえでスポーツに参加している以上、事故の責任は自己責任である。（　　　）

② スポーツ事故は、スポーツに参加する人がリスクマネジメントを徹底することで回避したり軽減したりすることができる。（　　　）

③ スポーツ事故の予防のためには、重大な事故の事例を検証することで足り、事故に至らなかった軽微なリスクについては考慮する必要はない。（　　　）

④ スポーツの健全な発展のためには、自身のケガの治療費や相手方への損害賠償義務を補填してくれるスポーツ保険制度の充実が重要である。（　　　）

⑤「危険の引受」「被害者の承諾」という考え方により、スポーツ中の事故で当事者が法的責任を負うことはない。（　　　）

⑥ 競技スポーツの競技規則には、競技の安全を確保し競技者の安全を確保するという目的も含まれているのであるから、競技者は競技規則を守る義務を負う。（　　　）

⑦ スポーツにおける過失の判断をするうえでは、競技者の属性、競技種目、事故発生の場面、当事者の属性などを考慮し、それぞれの属性に応じて当事者が負うべき責任について考える必要がある。（　　　）

⑧ スポーツ指導者やスポーツイベントの主催者は、そのスポーツに参加する者の安全に配慮する義務を負い、十分な事故の予防策を講じていたとしても事故が起こった際には必ず法的責任を負う。（　　　）

免責同意と法的責任

免責同意とは

　スポーツ活動への参加にあたっては、参加者に対して、主催者側の責任を免除する旨の同意書ないし誓約書への署名を求められることがある。とくに、登山やスキューバダイビングのように自然のなかで行われるスポーツや高速度で順位を競うモータースポーツなど、事故の際に死傷のリスクが高いスポーツに参加する際には、書面での免責同意を提出することが参加資格の一つとされていることも多い。

　一般的に、スポーツ活動中の事故については、主催者側に過失があると認められる場合には、主催者は事故によって被害を受けた参加者の損害を賠償する責任を負う。つまり、免責同意は、主催者側に法的責任が生じることを前提に、本来は主催者側が負うべき法的責任をあらかじめ免除することに同意させ、主催者が自身の法的責任を免れようとするものである。では、この「免責同意」によって、スポーツ活動の主催者は事故が起こった際の責任を一切負わないということは認められるのだろうか。

裁判例①

　スキューバダイビング講習会での事故に関する裁判例では、人間の生命・身体のようなきわめて重大な法益について一切の責任をあらかじめ放棄させる免責条項は、優越的な地位にもとづいて一方的に有利で合理性を著しく欠き、公序良俗（民法90条）に反して無効であるとされた（東京地裁平成13年6月20日判決『判例タイムズ』1074号219頁）。

裁判例②

　スノーボードクロス競技での競技者同士の接触による事故に関する裁判例では、大会主催者が参加者に対して「免責同意書および親権者承諾書」として事前に提出させた免責同意について、参加者が過失によって他の参加者に損害を与えた場合の請求権を放棄しているものとは認めず、加害者の法的責任を認定した（大阪高裁平成18年6月23日判決『自保ジャーナル』1816号138頁）。

消費者契約法

　消費者契約法では、事業者の故意または重過失にもとづく賠償責任を免除する条項は無効とされている（消費者契約法8条1項）。消費者契約法は、力関係の偏った事業者と消費者間の契約を対象にしているが、スポーツ活動の主催者と参加者の関係は、「事業者」と「消費者」と解することができ、消費者契約法が適用され、免責同意は無効と判断される可能性がある。

まとめ

　以上のように、スポーツ事故において、スポーツ活動の主催者の過失があった場合には、たとえ事前の免責同意があった場合でもそれだけを理由に主催者側の責任が無条件に免除されることはない。スポーツ活動の主催者は、免責同意の有無にかかわらず、参加者の安全に配慮して事故やケガが起こらないように主催する義務を負っているのである。

第10章 オリンピックと法

この章をなぜ学ぶのですか？

　世界最大のスポーツの祭典であるオリンピックは、個人や社会に活力を与える一方で、スポーツ界の根幹を揺るがす、さまざまな問題を抱えています。こうした問題を法的な視点から理解することが、解決の糸口となるでしょう。

第10章の学びのポイントはなんですか？

　オリンピックの歴史をふまえたうえで、オリンピックの憲法といわれる「オリンピック憲章」の内容を確認します。そして、オリンピック憲章が、ほかの法と複雑に関係しながら、さまざまな問題にどこまで対応できているのかを見ていきます。

考えてみよう

① オリンピックの開催地になぜ「選手村」がつくられるのか、その理由を考えてみよう。

② オリンピックとサッカーワールドカップ、それぞれの試合風景を見比べ、なにか異なる点をみつけよう。そして、なぜ違うのかを考えてみよう。

1 オリンピックの歴史とオリンピック憲章の制定

　オリンピックの歴史は、古代オリンピックが始まった 2800 年前までさかのぼることができる。本節ではまず、その長い歴史のなかで特定の理念が重視され、それがオリンピック憲章として明文化されたことを確認する。

1 古代オリンピック

　古代オリンピックは、紀元前 776 年から紀元 393 年までの約 1200 年間、4 年に 1 回のペースで、1 度も中止されずに 293 回開催された[*1]。今のような世界的なイベントではなく、古代ギリシャとその周辺の局所的なイベントであった。しかし、最盛期には 1,000 以上の都市国家（ポリス）から、選手と観客が会場となるオリンピアに集まった。

　開催に際しては、参加する都市国家間で「オリンピックの開催期間は戦争をしない」という協定が結ばれていた。これを「オリンピック休戦（エケケイリア）」という。こうした非戦のルールは、人々が守るべき規範として、法的な機能を果たしていたといえるだろう。

2 近代オリンピックとオリンピック憲章

　古代オリンピックが途絶えて約 1500 年経った 1800 年代後半に、近代オリンピックは誕生した。その生みの親は、フランスの貴族クーベルタン（Pierre de Frédy, Baron De Coubertin）である。クーベルタンは、当時盛んだった国際平和運動と、イギリスで成果をあげていたスポーツ教育とを結びつけ、平和と教育（人格形成）の場としてオリンピックの復興を構想した。1882 年に行った講演でこの構想を発表すると、1894 年に国際オリンピック委員会[*2]（以下、「IOC」という）を設立し、1896 年の第 1 回アテネ大会にまで一気にこぎつけた。古代オリンピックの「平和の祭典」という理念が、クーベルタンの着想や行動を喚起したといえるだろう。

　また、アテネ大会の競技規則では、「参加者はアマチュアに限る」ことが定められていた。スポーツでの金銭の授受を認めない「アマチュアリズム」の明文化である。ここにも、スポーツを教育に生かすというクーベルタンの考えが反映されている[*3]。

*1　これほど続いた古代オリンピックが途絶えた理由は、直接的にはギリシャを支配したローマ帝国による宗教的な制約が第一にあげられるが、間接的には、選手の不正や政治的利用により宗教的な純粋性が失われ、オリンピック自体が腐敗していたこともあげられる。

*2　国際オリンピック委員会（IOC）　International Olympic Committee。世界各国から選出される委員によって構成される、オリンピックの統括団体。日本では、1909 年に嘉納治五郎が初の IOC 委員となったことにより、1912 年ストックホルム大会での日本人選手の初参加が実現した。

*3　このいわゆる「アマチュア規定」は、その後オリンピック憲章でも定められたが、時代が経つにつれ各競技のプロ化や高度専門化などの現実にそぐわなくなってきたため、1974 年にオリンピック憲章から削除された。

その後、オリンピックの開催が安定してきた1908年に、IOCは3ページ程度のごく短い規則（Règlement）を制定した。そこには大会の開催や発展等をIOCの目的とするとともに、委員の採用や役職、委員会の開催について簡単な定めが置かれた。これがオリンピック憲章（以下、「憲章」という）の起源である。

この規則は1924年に定款（Statuts）と表現を変え、新たに根本原則、会費、本拠地、各国委員会、仲裁、コングレス（会議）に関する規定が追加されるとともに、オリンピック競技大会の規則も制定された。とはいえ、まだこの時点でも、IOCの組織やオリンピック競技大会の手順を定める短い文章にすぎなかった。オリンピックの規模が小さかったこの時代では、この定款・規則と大会ごとの技術規則で十分であったといえるだろう。

その後オリンピックは急速に世界に広まり、現在のような世界最大のスポーツイベントとなった。こうした国際化・巨大化が進むと、オリンピックの政治的または経済的な利用価値が高まり、これに付随してさまざまな問題が生じるようになった。

これらの問題に直面し、IOCは憲章を含むさまざまなルール[4]の制定や改正を行ってきた。特に憲章は何度も改正され[5]、より広範な定めを置くようになった。

＊4　本章で紹介するもののほか、開催都市契約、テクニカル・マニュアルもIOCが定める重要な法的文書である。

＊5　オリンピック憲章の改正の歴史については、IOCが運営するOlympic World Libraryというウェブサイトに特集ページが組まれている。過去すべての憲章を閲覧することが可能である。

2 オリンピック憲章はなにを定めているか

現在では、オリンピックに関するすべての判断が、憲章にもとづいて行われる。憲章は、国家の憲法と同じように、オリンピックにかかわるすべての人・団体の憲法といってよい[6]。本節では、近年の憲章の構成と主な定めを確認しよう。

＊6　IOCは国連のような国際機構ではなく、現在でもスイスの一つの法人にすぎない。したがって、オリンピック憲章も条約のような国際法ではない。しかし憲章は、国際的な固有法として、IOCそれ自体だけではなく、関連する諸団体が遵守すべきルールとして機能している。

全体の構成

2021年版の憲章の構成は、 表10-1 のとおりである。

憲章は、導入として3項目が置かれ、その後に本論となる部分が6つの章と61の規則（Rule）で構成されている。また、一部の規則にはより細かな取り決めである付属細則(Bye-law)が置かれている。これらは全100ページにもなる長文である[7]。導入部分から順に主な内容を見ていこう。

表 10-1　オリンピック憲章（2021 年版）の構成

> オリンピック憲章への導入
> 前文
> オリンピズムの根本原則
> 第 1 章　オリンピック・ムーブメント（規則 1 〜 14）
> 第 2 章　国際オリンピック委員会（IOC）（規則 15 〜 24）
> 第 3 章　国際競技連盟（IF）（規則 25 〜 26）
> 第 4 章　国内オリンピック委員会（NOC）（規則 27 〜 31）
> 第 5 章　オリンピック競技大会（規則 32 〜 58）
> 第 6 章　対応措置と制裁、規律上の手続きと紛争の解決（規則 59 〜 61）

＊7　日本オリンピック委員会（JOC）のウェブサイトで最新版の日本語訳を見ることができるので、以下ではそれと照らし合わせながら読み進めてほしい。

2 オリンピズムの根本原則

　導入部分の「オリンピズムの根本原則」では、オリンピックに関する根本的な思想や理念が述べられている。あらゆる判断がこの原則に立ち返るという意味で、オリンピック憲章の最重要箇所である。表 10-2 に全文を示したので通読してほしい。

　オリンピズムの根本原則は、全体として、単なるスポーツの場を超えた崇高な理念を掲げていることがわかるだろう。その究極的な目標は、「人間の尊厳の保持に重きを置く平和な社会の推進」であり、古代オリンピックから

表 10-2　オリンピズムの根本原則

> 1　オリンピズムは肉体と意志と精神のすべての資質を高め、バランスよく結合させる生き方の哲学である。オリンピズムはスポーツを文化、教育と融合させ、生き方の創造を探求するものである。その生き方は努力する喜び、良い模範であることの教育的価値、社会的な責任、さらに普遍的で根本的な倫理規範の尊重を基盤とする。
> 2　オリンピズムの目的は、人間の尊厳の保持に重きを置く平和な社会の推進を目指すために、人類の調和のとれた発展にスポーツを役立てることである。
> 3　オリンピック・ムーブメントは、オリンピズムの価値に鼓舞された個人と団体による、協調の取れた組織的、普遍的、恒久的活動である。その活動を推し進めるのは最高機関の IOC である。活動は 5 大陸にまたがり、偉大なスポーツの祭典、オリンピック競技大会に世界中の選手を集めるとき、頂点に達する。そのシンボルは 5 つの結び合う輪である。
> 4　スポーツをすることは人権の 1 つである。すべての個人はいかなる種類の差別も受けることなく、オリンピック精神に基づき、スポーツをする機会を与えられなければならない。オリンピック精神においては友情、連帯、フェアプレーの精神とともに相互理解が求められる。
> 5　オリンピック・ムーブメントにおけるスポーツ団体は、スポーツが社会の枠組みの中で営まれることを理解し、政治的に中立でなければならない。スポーツ団体は自律の権利と義務を持つ。自律には競技規則を自由に定め管理すること、自身の組織の構成とガバナンスについて決定すること、外部からのいかなる影響も受けずに選挙を実施する権利、および良好なガバナンスの原則を確実に適用する責任が含まれる。
> 6　このオリンピック憲章の定める権利および自由は人種、肌の色、性別、性的指向、言語、宗教、政治的またはその他の意見、国あるいは社会的な出身、財産、出自やその他の身分などの理由による、いかなる種類の差別も受けることなく、確実に享受されなければならない。
> 7　オリンピック・ムーブメントの一員となるには、オリンピック憲章の遵守および IOC による承認が必要である。

＊8 夏季大会と冬季大会の2つで構成される。憲章では、夏季大会を「オリンピアード競技大会」、冬季大会を「オリンピック冬季競技大会」と呼んでいる（規則6）。

の「平和」の継承が見て取れる。また、対象として文化や教育も含めていること、スポーツに限ってもオリンピック競技大会[*8]を超えた視野に立っていること、IOCを含めたスポーツ団体の政治的中立や自律を要求していること、スポーツをする権利や差別撤廃をうたっていることにも注目しよう。

3 本論の特徴

　憲章の本論は、第1章にオリンピック・ムーブメントを置き、3つの組織に関する定め（第2章～第4章）、競技大会（第5章）と続き、最後に制裁や紛争解決等の対応を定める（第6章）という流れで構成されている。その主な特徴を押さえていこう。

　① オリンピック・ムーブメントは、たんにオリンピック競技大会を行うことだけではない

　オリンピズムの根本原則の3にあるとおり、オリンピック・ムーブメントとは、オリンピズムの理想にもとづくさまざまな活動のことである。憲章では、オリンピック・ムーブメントの主導役であるIOCの役割を、「フェアプレー精神」「平和」「差別」「女性の地位向上」「ドーピング」「スポーツの高潔性」「環境問題」「持続可能な発展」「レガシー」「オリンピック教育」「ハラスメント」などをキーワードとした18項目で列挙しており、その一つとして「オリンピック競技大会を確実に開催する」ことをあげている（規則2）。つまり、オリンピック・ムーブメントには18の活動（領域）があり、オリンピック競技大会はその一つにすぎないのである（**図10-1**）。

　また、オリンピック競技大会についても、たんなる各競技の勝者を決める場ではなく[*9]、オリンピック・ムーブメントの「頂点」として位置づけられている（根本原則3）。オリンピック競技大会は、残る17の活動にも配慮

＊9 勝者を決めるChampionship（選手権）ではなく、Games（競技大会）という語が用いられている点にも注目しよう。

図10-1 オリンピック競技大会の位置づけ

出典：JOCウェブサイト「オリンピズムって何だろう：第2回オリンピック憲章を読んでみよう」
（https://www.joc.or.jp/olympism/education/20081003.html）をもとに筆者作成

した総合的な「祭典」であるといえるのである。

このことの一つのあらわれが、選手・スタッフが大会期間中に滞在する「選手村（オリンピック村）」である。憲章は、組織委員会が選手村を提供し（規則 38）、そこで文化プログラムを催す（規則 39）ことを定めている。国も競技も超え、すべての参加者が交流する場を憲章で定めているのである[*10]。

②　IOC 以外の組織を含めた大きなオリンピック・ムーブメント体制を築いている

憲章は、オリンピック・ムーブメントの推進役として、IOC に加え国際競技連盟（IF）と国内オリンピック委員会（NOC）を指定している（規則 1）。この 2 団体については憲章の第 3 章と第 4 章でそれぞれの使命や役割等が規定されているが、その承認や取り消しの権限は IOC が握っているため、IOC が上に立つ明確な上下関係が築かれている。

また憲章では、紛争の解決方法の一つとしてスポーツ仲裁裁判所（CAS）による仲裁をあげているが（規則 61）、これは IOC が外部に判断を委ねている唯一の事項といわれている[1]。このほかに、憲章では世界アンチ・ドーピング機構（WADA）、組織委員会（OCOG）、国内統括団体（NF）についても定めを置いている。

③　権利関係の厳しい制限を課している

IOC は、オリンピック競技大会およびオリンピック資産に関するすべての権利をもつ（規則 7）。とくに映像や知的財産（シンボル、エンブレム、名称など）の使用には厳しい制限がかかり、商業的利用には莫大な契約料（放映権料、スポンサー料）が必要となる。しかも、スポンサー企業であっても、大会会場内での自社の広告表示ができない（規則 50）[*11]。同様に、選手のウェアに表示されるメーカーのロゴも、ガイドラインにより最大面積が指定されている[*12]。オリンピックの競技場面で、企業の広告やロゴをほとんど見かけないのはこのためである。さらに、大会期間中の選手の肖像使用等についても制限がある（規則 40 付属細則）[*13]。これらは、オリンピックイメージの徹底管理だといえるだろう。

④　細かな定めがある

これは豆知識的な内容になるが、根本原則のような抽象的な内容とは真逆の、具体的かつ細かな定めが見られる点も特徴の一つである。たとえば、開会式の国家元首の言葉が一字一句書かれていたり（規則 55）、オリンピック競技大会の期間が「16 日間を超えてはならない」（規則 32 付属細則）と明示されていたりする。

*10　このほか、オリンピック競技大会に合わせて、世界中の青少年が開催国に集う「国際ユースキャンプ」の開催が憲章で定められている（規則 47）。さらに、憲章では明記されていないものの、開催国はほかにもさまざまなプログラムを実施している。

*11　規則 50 の 1
「IOC 理事会が例外として許可する場合を除き、オリンピック用地の一部とみなされるスタジアム、競技会場、その他の競技区域内とその上空は、いかなる形態の広告、またはその他の宣伝も許可されない。スタジアム、競技会場、またはその他の競技グラウンドでは、商業目的の設備、広告標示は許可されない。」

*12　2020 年の東京大会のガイドラインでは 30 ㎠以内と指定されている。

*13　規則 40 付属細則 3
「オリンピック競技大会に参加する競技者とチーム役員、チームスタッフは IOC 理事会が定める原則に従い、自身の身体、名前、写真、あるいは競技パフォーマンスが宣伝の目的で大会期間中に使用されることを許可することができる。」

3 オリンピックをめぐる政治的な問題と法

　オリンピックをめぐる問題は多岐にわたり、その整理は困難であるが、便宜上、政治的な問題、経済的な問題、スポーツの問題の3つに区分し、それぞれの問題に対し憲章を含む法がどこまで、どのように対応してきたのかを見ていこう。

　最初の本節は政治的な問題を取りあげる。政治的な主張にオリンピックを利用し、選手・大会が二の次にされてしまう問題である。

＊14　ベルリン大会は「ヒトラーの大会」とも呼ばれ、祭典から競技成績に至るまで、ドイツ政府が徹底的に介入した。2つの大戦にはさまれたこの時代は、「オリンピックが国家の力を代弁する装置になった」[7] 時代といわれている。

＊15　東西冷戦で対立するアメリカとソ連が、国家の優越性を示すために熾烈なメダル争いを繰り広げた。とくに、ソ連をトップとする東側諸国では、政府主導の選手強化が積極的に行われた。

＊16　国旗国歌は、憲章から削除し、オリンピック競技大会では採用しないという案がIOC総会で出されたこともある。

＊17　そもそもオリンピック自体、都市（自治体＝地方政府）が開催するものである。

＊18　ソ連によるアフガニスタン侵攻に反対したアメリカをトップとする西側諸国60か国が、オリンピックをボイコットした。日本もそのなかの1か国であるが、当時の記事では選手の無念さが大々的に報じられた。

1 国威宣揚

　国家の優越性を示す、つまり国威宣揚のためにオリンピックが利用されることがある。その典型例は、1936年のベルリン大会や[＊14]、1950年代から1980年代にかけての東西冷戦下での大会に見られる[＊15]。

　憲章では、こうした事態を抑えるための定めが多数置かれている。たとえば、スポーツ団体の政治的中立（根本原則5）や、オリンピックは国家間の競争ではないこと（規則6）が明記され、式典における政治家等の演説も禁止されている（規則55）。国旗国歌についても、「NOC（国内オリンピック委員会）が採用した」旗や歌という表現がとられ、国家色を抑える配慮がなされている（規則31）[＊16]。ただし、かつては、IOCなどが国ごとの世界ランキングを作成することを禁じる規定が設けられていたが、2021年版の憲章からは削除された。

　他方で、政府と無縁のオリンピックを想定することも難しい。現在のオリンピックは、法的対応やインフラ整備の面で、政府の支援なしには事実上開催できないのである[＊17]。実際に、日本における過去4回のオリンピック競技大会の開催に際しては、政府としての支援措置を定めた特別措置法が制定されている。

2 ボイコット

　国家間の政治的な対立がオリンピックの自治を脅かす事態も生じている。典型例は、1980年のモスクワ大会でのボイコットである[＊18]。

　憲章では、国内オリンピック委員会（NOC）は選手を派遣する義務と権利があり、政治的な圧力に抵抗しなければならないことを定めているが（規

則 27）、モスクワ大会では、多くの国で政府が国内オリンピック委員会（NOC）の参加意向を跳ね返し、ボイコットが実行された。IOC も明確な反論は行わなかった[19]。

　こうした国家間の対立を緩和することは、本来であれば平和を志向するオリンピックにこそ求められる役割である。その一つの試みとして、IOC はオリンピック休戦の復活を国連に働きかけ、1993 年以降、オリンピック競技大会の前年には、国連総会でオリンピック休戦の遵守が採択されるようになった。

3　テ　ロ

　オリンピックがテロの標的となる悲惨な事件も生じた。1972 年のミュンヘン大会で起きた「黒い九月事件」[20] である。これ以降、オリンピックにおけるテロ防止が重要な課題となった。

　この問題に対しては、開催国政府によるルールづくりが進められるようになった。たとえば、2020 年の東京大会の準備段階では、もともとあったテロ対策特別措置法に加え、2017（平成 29）年に「組織的な犯罪の処罰及び犯罪収益の規制等に関する法律」にテロ等準備罪が新設された[21]。また、自衛隊法はオリンピック競技大会に対する自衛隊の協力を定めており、テロ対策を含めた安全確保に自衛隊が協力する仕組みが法的に整っている。

4　選手による政治的アピール

　オリンピックを通して選手が政治的アピールを行うことについて、賛否両論が巻き起こった。きっかけは、1968 年のメキシコ大会にて、メダリストとなった選手が表彰台で黒人差別に抗議するポーズをとり、失格になった事例である。

　憲章は、オリンピックにおける「いかなる種類のデモも、政治的、宗教的、人種的な宣伝も許可されない」と定め（規則 50）、こうした政治的アピールを明確に禁じている。しかし、2020 年の東京大会を前にしてその運用法を示すガイドラインが修正され、国や組織等を標的にしないことや妨害行為にならないことなどの条件つきで、選手が政治的意見を発信することが部分的に認められるようになった[22]。

*19　近年でも、2022 年の北京冬季大会において、一部の国々が政府関係者の式典参加をボイコットしている。

*20　黒い九月事件　パレスチナ・ゲリラ組織の一つである「黒い九月」がイスラエル人選手の宿舎を襲撃した事件。選手・コーチ 11 名が殺害された。

*21　この措置は、スポーツを超えた国際的な動向、とくに国際組織犯罪防止条約への加入のためにも必要な措置であったが、一般人も対象となるかもしれないという危惧から反対運動も起こった。

*22　実際に、2020 年の東京大会では、女子サッカー等の試合前に選手たちが人種差別への抗議を表明するポーズをとった。陸上競技では、ガイドラインに抵触する表彰台上でのアピールが見られた。

4 オリンピックをめぐる経済的な問題と法

　1984 年のロサンゼルス大会を契機として、「オリンピックは儲かる」というイメージが広がった。さまざまな民間企業がオリンピックにかかわろうとすると同時に、主催者である IOC も経済的な利益を確保する体制を整えていった。こうしたなかで、経済的利益を最優先し、選手・大会が二の次にされてしまう、いわゆる商業主義の問題が生じた。

1 ルール・競技時間の変更

　オリンピックのテレビ放映権料の高騰によってメディアの影響力が強くなり、メディアの意向に沿ったルールや競技時間の変更が行われた[*23]。

　ルールについては国際競技連盟（IF）（規則 46 付属細則）、競技時間については IOC（規則 46）が決定権をもっているが、放映権料は IOC の最大の収入源（おおむね 50%）であることから、メディアの意向に沿わざるを得なかった側面もある。放送局を入札で決めるという仕組みが高騰を招いているとして、見直しの必要性も提起されている。

　映像価値の高まりは、公共放送ではなく有料放送の放送局が参入する機運も生む。この点については、憲章で「世界中の可能な限り多くの人々による視聴を保証するため、必要なあらゆる措置をとる」と定め（規則 48）、一定の歯止めがかけられている。ここには、ユニバーサルアクセス権[*24] に対する配慮が見てとれる。

2 スポンサーとの関係

　憲章は、スポンサー以外の企業がオリンピックの知的財産を使用すること禁止している。これにより、スポンサーメリットの確保が図られている。

　こうした厳しい制限は、スポンサー以外による横抜け的な使用を認めないためのルールづくりも要求する。とくに憲章や開催都市契約にもとづき、開催国の政府には法令上の対応が求められることとなる（規則 33)[*25]。こうした政府の対応はアンブッシュマーケティング規制の一つである[*26]。2020年の東京大会では商標法、不正取引防止法、著作権法などの既存の法律で対応したが、2012 年のロンドン大会ではイギリス政府が特別な法律を定めている。また、これを国際法として対応する試みとして、1981 年に採択され

＊23　ルール変更では、カラー柔道着の導入（1997 年）やバレーボールのラリーポイント制の導入（1999 年）がある。競技時間については、多額の放映権料を払った欧米の放送局の意向に沿った事例がある。1988 年のソウル大会では、陸上競技の決勝種目が、本来は予選が行われる午前中に設定された。2018年の平昌冬季大会では、午前 0 時を超えても競技が行われた。

＊24　ユニバーサルアクセス権
誰もが自由に情報にアクセスできる権利、ここではオリンピック放送にアクセスできる権利をいう。1948 年に国連が採択した世界人権宣言を発端とし、徐々に認められるようになった権利である。

＊25　規則 33 の 3
「開催立候補地の国の政府は、国とその公的機関がオリンピック憲章を遵守すると保証する、法的に拘束力のある証書を IOC に提出しなければならない。」

たオリンピックシンボルの保護に関するナイロビ条約[*27] がある。

　他方で、スポンサーに選ばれることは企業に莫大な利益をもたらすため、選考にかかわる IOC または組織委員会（OCOG）の委員は大きな権力を握ることになる。こうした構図が背景となり、2020 年の東京大会では、組織委員会（OCOG）の委員に対する企業からの賄賂（わいろ）が問題となった。このようなことによってオリンピックへの信頼が失われるとすれば、今後はスポンサー離れが加速していくかもしれない。

3 試合における不正

　近年、オリンピックの競技結果が合法または非合法の賭け事の対象となり、世界中で莫大なマネーが動くようになった。これに伴い、試合の不正操作（八百長）に対する危機感が高まっている。スポーツ全般では 2014 年に「スポーツ競技の操作に関する欧州評議会条約」がヨーロッパ 7 か国で批准されたが、これを受け IOC も、2017 年に「試合の不正操作防止に関するオリンピック・ムーブメント規程」を制定し、不正防止に取り組んでいる。

5 オリンピックをめぐるスポーツ界の問題と法

　選手やスポーツ団体の不正がオリンピックそのものの価値をおとしめてしまう事態も生じた。そこには、これまで述べた政治的・経済的な問題の影響や、勝利が選手の人生を大きく左右することに伴う勝利至上主義の影響も見られる。

1 選手選考の問題

　憲章では、選手団を編成する任務は国内オリンピック委員会（NOC）にあり、その原案は国内競技連盟が提案することとなっている（規則 27・28 付属細則）[*28]。したがって、選手選考は国内競技連盟の基準のもとで進められるが、どれだけ細かく基準を定めたとしても、どこかに必ずあいまいさが残る。こうしたあいまいさにも起因して、不透明な選手選考が問題となった事例が見られる[*29]。

　現在は、選考に不服のある選手は、スポーツ仲裁裁判所（CAS）や日本スポーツ仲裁機構（JSAA）に申立てを行うことが可能であり、解決への道

＊26　アンブッシュマーケティング
アンブッシュマーケティングとは、個人や団体が IOC の許諾なしにオリンピックの知的財産を利用したり、オリンピックイメージを流用したりすることをいう。

＊27　締結国は、オリンピックシンボル等の商標としての登録を拒絶しまたは無効とする義務と、商業目的のためにオリンピックシンボル等を使用することを禁止する義務を負う。日本は未締結である。

＊28　選考の際には、競技力だけでなく「若者の模範となる能力」を考慮することも定められている。

＊29　選手選考については、第 2 章（p.32）を参照。

筋を立てやすい状況にある。国内競技連盟においても、透明性や公平性をより高める選考方法を模索している。

選手選考に関しては、その根本である参加資格基準において、より切迫した課題がある。それは、性の多様性を尊重しつつ、安全で公平な参加資格基準をいかに設定するかという点である。参加資格システムは国際競技連盟（IF）が提案しIOCが承認することとなっているが（規則46付属細則）、IOCはその原則的なアプローチを国際競技連盟（IF）などに提供することをねらいとして、2021年に「公平で、包摂的、そして性自認や性の多様性に基づく差別のないIOCの枠組み」を採択している。

2 ドーピング

2010年代から問題となったロシア選手の国家的なドーピングから、勝利への執着のためにドーピングを行った1988年ソウル大会のベン・ジョンソン選手の事例まで、ドーピング問題の背景は多様かつ複雑である[30]。

オリンピックにおけるドーピング対策は、かつてはIOCが独自に設けたアンチ・ドーピング規定にのっとっていたが、現在では、世界アンチ・ドーピング機構（WADA）の規定を遵守し従うことが憲章で定められている（規則40・43・44付属細則など）。各国の国内オリンピック委員会（NOC）が世界アンチ・ドーピング機構（WADA）の規定に参画するためには、国連教育科学文化機関（UNESCO）が2005年に採択した「スポーツにおけるドーピングの防止に関する国際規約」を批准し、受諾等をしておく必要がある。これは各国政府の権限であるため、国内オリンピック委員会（NOC）と政府との連携が自ずと生じる[31]。

現実には、こうした対策によるチェックの厳密化とドーピング手法の高度化のいたちごっこが続いている。

3 IOCの腐敗

オリンピックの巨大産業化に伴い、立候補都市からIOC委員への不正な利益供与が激化した。IOC委員の投票で開催都市が決まるからである[32]。

こうした問題に対し、IOCは憲章において委員に対する倫理的な義務を追加するとともに、憲章とは別に倫理規定を定め、その宣誓を委員に義務づけた。憲章の定める委員の選出方法自体も民主化が図られた。こうした対応

＊30　ドーピングについての詳細は、第11章（p.161）を参照。

＊31　日本は2006（平成18）年に同規約を受諾した。さらに、各国政府によるドーピング防止の立法化も進んでおり、この問題についてはスポーツ界の自治ではなく、政府の積極的関与が認められるようになってきている。日本でも2018（平成30）年に「スポーツにおけるドーピングの防止活動の推進に関する法律」が制定された。

＊32　大きくクローズアップされたのは、2002年のソルトレークシティ冬季大会の招致活動であった。ソルトレークシティ招致委員会が複数のIOC委員に金品を供与し、票の買収を図ったのである。このスキャンダルはIOCの腐敗を世間に印象づけた。

にもかかわらず、招致をめぐる票の買収疑惑は 2020 年東京大会でも生じた。

　こうした契約をめぐる不正な利益供与は、憲章以下の IOC のルールではなく、国内法における罰則規定（日本では刑法の定める贈収賄罪など）によってしか制御できなくなっているのかもしれない。

4 環境問題

　1972 年の札幌冬季大会のころから、オリンピック競技大会が環境に与える影響が議論されてきた。とくに施設整備のために自然を切り開くこと（開発）をめぐっては、環境破壊につながるとして抗議運動が頻発するようになった。以降、オリンピックが環境問題と結びつけられるようになった。

　憲章においては、1994 年に IOC の役割として「環境問題に対する責任ある関心」が追加され、同時に「スポーツ・文化・環境」がオリンピズムの 3 本柱として位置づけられた。規則としても、オリンピック競技大会の会場やインフラの整備は、既存または仮設のものを優先しなければならないこと、または持続可能なレガシーの計画を必要とすることが定められている（規則34）。にもかかわらず、2020 年の東京大会では整備費用が膨れ上がり、過去には大会後に会場が廃墟と化した事例も見られた。

6 今後のオリンピックのゆくえ

　近年、オリンピック競技大会の立候補都市が減少してきている。これは、これまで述べた問題がクリアできておらず、オリンピックの価値が低下していることのあらわれであろう。本節ではこうした分岐点にあって IOC が着手している改革を紹介したうえで、オリンピックの現在を位置づけ、未来を展望する。

1 IOC によるオリンピック改革

　代表的な取り組みとして、2014 年の IOC 臨時総会で満場一致で採択された「アジェンダ 2020」がある。これは、開催都市のコスト軽減や実施競技選定の見直しなど、40 項目の改革を提言したものである。

　これについで、2021 年にはアジェンダ 2020+5 が採択された。ここでは、前の提言をふまえた新たな 15 提言がなされている（表 10-3）。

表10-3	アジェンダ 2020+5 の 15 の提言

1. オリンピック競技大会の独自性と普遍性を強化する
2. 持続可能なオリンピック競技大会を促進する
3. 選手の権利と責任を強化する
4. 最も優れた選手を引き寄せ続ける
5. 安全なスポーツ環境とクリーンな選手の保護をさらに強化する
6. オリンピック競技大会出場までの道のりの存在感を高め、プロモーションする
7. 競技カレンダーの調整を図る
8. 人々とのデジタル交流を拡大する
9. バーチャルスポーツの発展を促し、ビデオゲームコミュニティとの関わりを深める
10. 国連の持続可能な開発目標の重要な実現手段としてのスポーツの役割を強化する
11. 難民や住む場所を追われた人々への支援を強化する
12. オリンピック・コミュニティを超えてつながりを広げる
13. コーポレート・シティズンシップにおける模範であり続ける
14. 良好なガバナンスを通じてオリンピック・ムーブメントを強化する
15. 新たな収入創出モデルを導入する

こうした提言を通じて、IOC は、その役割をよりいっそう果たしつつ、さまざまな問題に対処しようとしている。たとえば「男女平等」の観点からは、陸上競技で男女混合リレーが採用され、「持続可能なオリンピック競技大会」の観点からは、憲章の定める参加選手数が削減された。同時に提言では、eスポーツやプロスポーツなどの新たな領域への拡大も模索している。

2 法という視点から見たオリンピックの現在と未来

オリンピックに関する法は、憲章以下の IOC のルールが中心にあり、それだけでは制御できない部分を、国内法や国際法の公的な拘束力によって補ってきた。これはさまざまな問題に対応するための措置であったが、それでもなお問題が山積していることは、これまで見てきたとおりである。

IOC という一つの法人のルールにすぎない憲章が、企業や政府をも動かし得る力をもっていることも確認できた。これはオリンピックのもたらす利益の大きさに由来するが、根源にはオリンピックに対する信頼がある。その信頼が薄れつつある現在は、オリンピックの分岐点であるといえるだろう。

今後のオリンピックを考える一つの道しるべは、憲章の示す根本原則にある。しかし、オリンピズムの根本原則はあまりにも広い視野に立っているため、オリンピックが取り扱う領域や実際の活動をますます複雑かつ多様にし、巨大化・産業化に伴う意図せざる結果として、多くの問題を生じさせてきた面も否定できない。

IOC による改革は、さらなる拡大路線と適正規模を模索する縮小路線の複合である。政治やビジネスの介入の大きさや IOC 自体の腐敗という実態

をふまえると、今後オリンピックが必要不可欠な文化として存続していけるかは、IOC がオリンピックの縮小化（適正化）を模索し、かつ国際社会における法の支配を尊重し徹底するという意味での「自律（自己制御）」を目指せるかにかかっているといえるだろう。そして、それを枠づける憲章のあり方もまた、探求していく必要があるだろう。

引用文献

1 ）小笠原　正監修『導入対話によるスポーツ法学［第 2 版]』エイデル出版　2007 年　p.121
2 ）石堂典秀・立石真公子編『スポーツ法へのファーストステップ』法律文化社　2018 年　p.104

参考文献

・坂上康宏『12 の問いから始めるオリンピック・パラリンピック研究』かもがわ出版　2019 年
・日本オリンピック・アカデミー編著『JOA オリンピック小辞典 2020［増補改訂版]』メディア・パル　2019 年

⌐ 学 び の 確 認 ─────

1．次の文が正しい場合は〇、間違っている場合は×を記しなさい。

① 古代オリンピックに参加する都市国家間では「オリンピック休戦」の協定が適用されていた。（　　）

② オリンピック憲章のアマチュア規定は現在でも続いており、プロ選手はオリンピックに出場できない。（　　）

③ オリンピック憲章には、選手村に関する定めがある。（　　）

④ オリンピック・ムーブメントを推進する最高機関は、国際連盟である。（　　）

⑤ オリンピック憲章において IOC が唯一外部に判断を委ねている事項は、NOC による参加選手の決定である。（　　）

⑥ 2020 年の東京大会に先立ち、日本政府は特別措置法を定めた。（　　）

⑦ 現在のルールでは、選手による政治的アピールは一切認められていない。（　　）

⑧ アジェンダ 2020+5 は、国連の持続可能な開発目標について言及している。（　　）

2．オリンピック憲章をざっと眺め、興味をもった規則を読んでみよう。その規則がなぜ必要となったのか、その規則と現実とのズレがないか調べてみよう。

2020年東京大会延期問題から法を考える

2020（令和2）年に予定されていた東京大会は、新型コロナウイルスの感染拡大により1年延期され、2021（令和3）年に無観客で開催された。もともとの問題のうえに延期に伴う問題が積み重なり、国内でも評価が分かれる大会となった。この「1年延期問題」を題材にして、法と現実のかかわりについて考えてみたい。

「誰が決定する／できる／すべき」をめぐって
—— 法と現実の微妙な関係

まず、決行・中止・延期の選択肢のなかで、結局誰が決定を下せるのかが問題となった。「トップ不在」ともいわれた。実はこの問題は、規則からは明確に「IOC」であると判断できるのだが、メディアではこの決定にIOC（とくに会長）がかかわってくることに違和感を表明していた。法と現実（の価値判断）のズレである。

結局、安倍首相（当時）とIOC会長の会談が決め手となり、IOCの臨時理事会で1年延期が決定した（「スポーツ界不在」ともいわれた）。そこには、「すでに投資してしまった以上、中止にはできない」という力学が働いたといってよい。現実（の勢力）に従った法の運用である。ただし、そうした現実もまた、契約（違約金）という法によって導かれたものである。

法一辺倒ではうまくいかない現実、それを調整する常識

一方、こんな意見もあった。日本側に決定権はないものの、「開催権を返上する」というかたちで中止に導くことができるのではないか、その際、IOCが日本側に損害賠償を請求することはルール上可能かもしれないが、世界がそれを許さないし、IOCもそれを察知して請求しないだろう、と。

そうはならなかったし、そうすべきであったかどうかも明言しがたいが、この意見からは、法と現実をうまくミックスして方向づけていくという、私たちが普段それとなく用いている常識が垣間見られておもしろい。

そして、問題はさらに複雑になった。反対する声を押しのけて延期開催を決めたため、スポンサーのイメージがかえって悪くなってしまったという報道がなされたのである。これを受けて、CMを打つことをやめたスポンサーもあった。法によって得た権利であっても、現実がそれを受け入れないときは引っ込めたほうがよいことがある。これもなんとなくわかる気がする常識である。

常識を頼りに法と現実を行き来する

このように、法は規範や制約として現実を方向づけるだけではなく、現実とズレることも、現実に言質を与えることも、現実に上回られることもある。その調整には、不確かなものではあるが、常識の助けがいる。

ここでいう常識とは、固定化された考えのことではなく、私たちが互いにウマを合わせていくための活きた知恵のことを指す。「常識の働きが貴いのは、刻々に新たに、微妙に動く対象に即してまるで行動するように考えているところにある」（小林秀雄）。

この常識の力を頼りにして、法と現実の間を行き来することが、よりよい社会の構想に必要不可欠であると思う。こうした作業は、ルールを信頼し、そのもとで瞬時に知恵を働かせプレーするスポーツ愛好家の得意分野のような気もする。

本章ではざっとしか取りあげていないが、規定の一つひとつに、また問題の一つひとつにこうした思考が要請される。興味をもった点をぜひ深掘りしてほしい。

第11章 アンチ・ドーピングと法

なぜこの章を学ぶのですか？

「ドーピングはいけない」なんてことは、すでに広く認識されていますね。しかし、禁止薬物は市販のサプリメントとなにが違うのでしょうか。そもそも薬物を使うことだけがドーピングなのでしょうか。アンチ・ドーピングのルールを正しく理解してアスリートにわかりやすく説明するのは、指導者の肝心な仕事です。

第11章の学びのポイントはなんですか？

アンチ・ドーピング制度は意外と複雑です。それでも丁寧に要点を押さえることからはじめれば、けっして難解ではありません。さまざまな団体・組織や国家が登場しますが、それぞれの役割を整理しながら考えてみましょう。

＼＼ 考えてみよう ／／

① ドーピング違反とされたアスリートについて、その原因はなんでしたか。最近のニュースを思い返してみよう。

② ドーピングの取締りに法律が必要なのはなぜですか。

1 ドーピングとはなにか

ドーピングとはどのような不正行為なのか。まずは、一般的な「反則」とは異なるということを押さえる。つぎに、さまざまなドーピング手法を4つの効果から整理する。そして、統一ルールに定められるアンチ・ドーピング規則違反と、そこで重要な役割を果たす「厳格責任の原則」の概念を詳説する。これらによりドーピングを正確にとらえていく。

1 ドーピングという特別なルール違反

ドーピングは、スポーツにおける不正行為として広く認識されている。不正行為といっても、陸上競技の不正スタート（俗に「フライング」と呼ばれる行為）やサッカーのハンドのような、いわゆる「反則」とはまた異なる。競技中に反則が行われた場合、競技が一時中断されて審判の裁定が示される。その後、すぐさま競技が再開されるのが普通である。そのとき競技者は注意や警告を受けたり、失格や退場を宣告されたりする。いずれにしても基本的には、その場限りのペナルティが与えられるのである。

一方でドーピングが発覚した場合は、通常、その大会での成績の失効と4年間の資格停止という処分が下される。悪質だと判断された場合は、スポーツ界から永久追放されることもある。同じルール違反でも、反則とは別格の制裁が加えられるのである。そればかりではなく、法律によって罰金や禁錮刑を科されることもある。スポーツにおけるルール違反に対して法律が手を貸すことは、これ以外にはない。また、ドーピングを行った者は、大勢の人々から卑怯者と謗られ蔑まれる。この社会的非難の程度もはなはだしく、単なる反則の場合とは異なる。陸上競技で不正スタートをして失格になった競技者を残念に思うことはあっても、そのような競技者を陸上競技界から追放せよとまでは考えないであろう。

2 ドーピングとはどのような行為か

ドーピングという言葉を辞書でひいてみると、「各種の運動競技で、出場選手が運動能力を増進させるために、事前に興奮剤・刺激剤を服用すること」[1]と書かれている。薬物を摂取して試合に臨むというのは、ドーピングの代表的なイメージである。だが、実はこれだけではドーピングという行為

を適切に表現しているとはいえない。ここには「興奮剤・刺激剤」とあるが、ドーピングの手法はもっと幅広いものであり、それ以外の薬物（禁止物質）や禁止方法も無数に存在するのである。

　ドーピング手法をその効果の面から分類すると、大まかには、①中枢神経系に作用して、精神を興奮させたり抑制させたりする、②筋肉・骨格の発達を促進させる、③赤血球を増加させて、酸素運搬量を増やす、④これらの競技能力向上のための行為を隠蔽する、という4つに分けられる。

（1）精神を興奮・抑制させるドーピング手法

　これに使われるのが興奮剤や刺激剤である。主に麻薬や覚醒剤のことであり、より具体的にはマリファナ、コカイン、アンフェタミンなどがこれに当たる[*1]。これらの薬物は、ドーピングに当たることとはまた別の理由で、日本および多くの国々で法律による取締りの対象となっている。ただし、合法の薬物でも、上記①の効果をもたらすとしてドーピングの禁止物質に指定されていることがある。せき止め薬として市販の風邪薬にも広く配合されているエフェドリンがその代表例である。

　この種のドーピングは、痛みや疲れを感じにくくすることにより、限界以上のパフォーマンスを発揮させるために行われる。古代に始まり、近代スポーツの黎明を経て、1960年代まではドーピングといえばこの手法であった。健康に対する悪影響は大きく、競技者が大会中に倒れたり死亡することもあった。そのことが問題視されて、1967年からオリンピックにもドーピング検査が導入されるようになった。これが今日まで続く世界規模でのアンチ・ドーピング体制のはじまりである。

　特定の競技においてのみ禁止される物質もある。それは、アルコールや高血圧などの治療に用いられるβ遮断薬である。β遮断薬はとくに精神を抑制させて手の震えを止めることができ、アーチェリーやゴルフなどの種目で決定的な有利さをもたらすために禁止されている。

（2）筋肉・骨格の発達を促進させるドーピング手法

　この効果をもたらす物質としては、アナボリック・ステロイド（以下、「AAS」という）がよく知られている。これはたんぱく質をつくり出すホルモンの総称である[*2]。テストステロン（男性ホルモン）のように体内で自然に産出されるものと、それに構造を似せて人工的に生成されるものとがある。AASのほか、ヒト成長ホルモン（hGH）なども用いられる。体内でたんぱく質がつくられるのを促すため、筋肉や骨格の発達につながる。また、人間の筋肉量には本来限界があるが、これらを用いればその限界を突破すること

*1　カフェインにも精神を興奮させる働きがある。ゆえにエナジードリンクや栄養ドリンクにはよく配合されている。かつては禁止薬物であった時期もあるが、現在では禁止物質としての指定はなくなっている。

*2　ホルモンは生体内情報物質とも呼ばれ、身体のさまざまな機能を調節する働きをする。たとえば、筋肉に働いてその成長を促したり、骨髄に働いて赤血球の産出を促したりする。なんらかの理由でホルモンの分泌が不足することがあると、日常生活に困難をきたす。そこで、治療目的で人工的に合成したホルモンやホルモンの分泌を促す物質が開発された。これを悪用し、競技能力向上を目的に健康な人間に投与するのがドーピングの常套手段である。

ができるため、競技で有利になる。

人工的なAASは、1970年代から瞬く間に使用が広がった。1988年のオリンピックソウル大会で男子100メートル競走の世界記録を樹立したベン・ジョンソンは、レース後の検査で陽性となり失格となった。彼が摂取したのはスタノゾロールというAASである。「筋肉の塊」という形容がしっくりくる筋骨隆々の姿とともにドーピング違反が報じられたことで、AASの効果は世間一般に強く印象づけられた。この事件を契機にますます取締りは厳しくなったものの、競技パフォーマンスに対する影響が顕著であるため、使用は後を絶たない。

（3）赤血球を増加させるドーピング手法

この効果をもたらす物質としては、AAS同様にホルモンの一種であるエリスロポエチン（以下、「EPO」という）がある。EPOそのものを投与することもあれば、赤血球造血刺激因子製剤（ESA）を投与することによって、体内でEPOを産出させることもある。

また、薬物を使わない自己血輸血という方法がある。これは、出場する競技会の数か月前に自身の血液を抜いて保管しておき、出場直前に自身に輸血する（戻す）というものである。人間の身体は血液が少なくなると自然に赤血球を産出するようにできているので、血液を抜いたことで減っていた赤血球は徐々に元の数に戻っていく。そこに保管していた血液を戻すので、赤血球の総量は以前よりも増加した状態となる。赤血球が多ければ酸素運搬量が増え、それは持久力に直結する。持久力はいずれの競技でも重要な要素であるのはいうまでもない。

なお、すでに実用化に近づいているとされる「遺伝子ドーピング」は、特定のホルモン（EPO、hGHなど）を分泌するように人体を改変することを指す。最先端の技術でも、目的は変わらないのである。

（4）ドーピングを隠蔽する手法

この効果をもたらす物質には、利尿薬や隠蔽薬などがある。AASやEPOなど、筋肉や赤血球を増やす物質は競技会に出場するにあたっての準備段階で投与されるものであり、効果が出てしまえばそのような効果を引き起こした物質が体内に残っている必要はない。むしろ、残っていれば検査によってドーピングが暴かれることにつながる。そこで、さらに別な物質を使って、尿として排出するのを促進したり痕跡そのものを消したりするのである。

以上の4つが一般にドーピングとして理解されている行為である。しかし、実はドーピングは身体に手を加える行為だけにはとどまらない。

3　厳密な意味でのドーピング

　ドーピングについての統一ルールは、世界アンチ・ドーピング機構（以下、「WADA」という）が制定している「世界アンチ・ドーピング規程」（以下、「WADC」という）[2]である[*3]。WADCは、「ドーピングとは、本規程の第2.1項から第2.11項に定められている1又は2以上のアンチ・ドーピング規則に対する違反が発生することをいう」としている。このアンチ・ドーピング規則違反（以下、「ADRV」という）が厳密な意味でのドーピングであり、すべて制裁の対象となる。WADCの2.1項から2.11項には、 表11-1 の行為が列挙されている。

　2.1項は、ドーピング検査の結果が陽性であったことを意味する。代表的なADRVの類型である。そして、2.3項と2.5項によって、検査から逃れることも検査をごまかすこともできないようになっている。ところが、徹底的に検査を行ったとしても、自己血輸血をしたり、もともと体内に存在する物質を投与したりした場合には体内に痕跡が残らないため、検査によってはドーピング行為を明らかにできない。そこで、2.2項や2.6項の規定が置かれ、競技者の自認や証人の証言、競技者の体内物質の量的変化を長期的に観察した結果などを証拠としたり[*4]、注射器や血液バッグなどの証拠物をおさえたりすることによっても、ADRVを認めることができるようになっている。

　2.4項は、いわゆる「抜き打ち検査」に関係する規定である。トップレベ

＊3　WADCはこれまでに3回改訂されている。本章の記述は、現行版である2021年版にもとづくものである。

＊4　アスリート・バイオロジカル・パスポート（生体パスポート）と呼ばれるシステムである。

表11-1　WADCにおいてADRVを構成する行為

条文	行為
2.1項	競技者の検体に、禁止物質またはその代謝物もしくはマーカーが存在すること
2.2項	競技者が禁止物質もしくは禁止方法を使用すること、またはその使用を企てること
2.3項	競技者による検体の採取の回避、拒否または不履行
2.4項	競技者による居場所情報関連義務違反
2.5項	競技者またはサポートスタッフがドーピング・コントロールの一部に不正干渉を行い、または不正干渉を企てること
2.6項	競技者またはサポートスタッフが禁止物質または禁止方法を保有すること
2.7項	競技者またはその他の人が、禁止物質もしくは禁止方法の不正取引を実行し、または、不正取引を企てること
2.8項	競技者またはその他の人が、競技会（時）において、競技者に対して禁止物質もしくは禁止方法を投与すること、もしくは投与を企てること、または、競技会外において、競技者に対して競技会外で禁止されている禁止物質もしくは禁止方法を投与すること、もしくは投与を企てること
2.9項	競技者またはその他の人が、違反関与を行い、または違反関与を企てること
2.10項	競技者またはその他の人が特定の対象者とかかわること
2.11項	競技者またはその他の人が、当局への通報を阻止し、または当局への通報に対して報復する行為

ルの競技者は、登録検査対象者リストに記載される。その競技者は居場所情報を提出しなければならず、それを提出しない場合や、提出した居場所に不在であったために検査を受けられなかった場合が合わせて3回に及ぶと、ADRVが成立する。

4 WADCと厳格責任の原則

（1）厳格責任の原則とはなにか

　厳格責任の原則とは、WADCにもとづくドーピング規制の根幹をなす考え方である。ドーピング検査の結果や競技者の行動などがADRVを構成して制裁の対象となるか否かは、この厳格責任の原則に照らして判断される。そのため、WADCを読み解くにあたってはきわめて重要な概念である。

　厳格責任の原則は、ドーピング検査の結果として競技者の体内に禁止物質が存在したことが明らかとなった場合、それがどんな理由や意図であっても当該競技者の責任とするというものである[*5]。禁止物質が体内に存在することで、その競技者は多少なりとも他の競技者よりも有利になっているというのがこの原則を採る理由の一つである。禁止物質の摂取が意図的であってもそうでなくても、その効果は変わらない。そのため、たとえば、うっかり禁止物質が含まれる風邪薬を飲んでしまい陽性となった場合でも、基本的には処分が軽くなることはない[*6]。なお、このようなケースは「うっかりドーピング」と呼ばれ、常に注意喚起がなされている。

（2）厳格責任の原則の例外

　2017（平成29）年のカヌースプリントの日本選手権では、ある競技者がライバルである競技者の飲み物に禁止物質を混入させるという衝撃的な事件が起きた。数年後に控えたオリンピック東京大会の代表になんとしてもなりたいという思いからの悪行であった。なにも知らずに禁止物質入りの飲み物を飲んだ被害競技者は、ドーピング検査を受けて陽性となり、4年間の資格停止を言い渡された。

　さて、このような事例でも、厳格責任の原則が適用され、被害競技者は泣き寝入りせざるを得ないのか。答えは否である。

　WADC10.5項には「過誤又は過失がない場合における資格停止期間の取消し」が定められている。いわば厳格責任の原則の例外を定めており、競技者が「過誤又は過失がないこと」を立証できれば、資格停止にはならないとする。ただし、立証責任はADRVとされた被害者の側にあるため、この規

＊5　厳格責任の原則は、WADC2.1.1項においてつぎのように明記されている。「禁止物質が体内に入らないようにすることは、競技者が自ら取り組まなければならない責務である。自己の検体に禁止物質又はその代謝物若しくはマーカーが存在した場合には、競技者はその責任を負う。ゆえに、第2.1項に基づくアンチ・ドーピング規則違反を証明するためには、競技者側の使用に関しての意図、過誤、過失又は使用を知っていたことが証明される必要はない。」

＊6　後述する10.6項「『重大な過誤又は過失がないこと』に基づく資格停止期間の短縮」が認められた場合は、最短で資格停止期間を伴わない譴責となり、最長で2年間の資格停止期間となる。

定の適用は一般的に難しいとされる。警察のような捜査権限がないなかで、競技者（民間人）が証拠を集めなければならないからである[7]。上述の事例では、日本カヌー連盟の調査の過程で加害競技者が混入を白状したため、被害競技者は「過誤又は過失がないこと」を立証することができ、資格停止処分は取消しとなった。

（3）サプリメントとドーピング

　厳格責任の原則の例外である WADC10.5 項の規定が適用される事例は、きわめて限定的である。まさに前述のような事例のみである。反対に、WADC には 10.5 項が適用されない事例も明記されている。

　その代表例は、「ビタミンや栄養補助食品の誤った表記や汚染が原因となって検査結果が陽性になった場合」である[8]。ビタミンや栄養補助食品とは、私たちが「サプリメント」としてよく知っている製品群のことであり、市販の風邪薬と同様に、これもまた多くの「うっかりドーピング」を引き起こしている。

　風邪薬とサプリメントには、明らかに異なる点がある。それは、医薬品と食品の違いである。風邪薬は医薬品であるため、製品に禁止物質が含まれている場合、必ず成分として表記されている。これを注意深く見て、禁止物質リストに含まれる成分が入っていないか確認すれば意図せぬドーピングは防げる。他方、サプリメントは食品に分類されるため、原材料の表記はあっても完全な成分表記はされていない。ゆえに、知らぬ間に禁止物質入りのサプリメントを常飲していたということが起こり得る。このとき、サプリメントの外装には「この製品はドーピング禁止物質を一切含んでいません」などと書かれていることさえある。それが偽りであったとしても、救済されないのである。競技者はそこまで高度な注意を払わなければならない。

　また、サプリメントの製造工程で、なんらかの理由により禁止物質が混入してしまうことがある。これが「汚染」である[9]。そのような原因で陽性となった場合でも、資格停止処分は取り消されない。こうした運用が行われる理由として、WADA はサプリメントの摂取そのものを推奨していないという大前提がある。栄養は食事から自然に摂るものだとしているのである。サプリメントのような人工物に頼ることは、気持ちの面でドーピングと共通しているとの考えは根強い。

　厳格責任の原則が WADC の根本にあることを理解できれば、一人ひとりの競技者が、競技者としてどのように振る舞わなければならないかがよくわかるのではないだろうか。

［欄外注］

[7]　日本ではドーピングは犯罪ではないため、このような場合に警察の協力を得ることはできない。

[8]　WADC において 10.5 項が適用されないと注記されている項目は全部で 3 つある。サプリメントによるドーピングのほかに、「競技者本人に開示することなく競技者の主治医又はトレーナーが禁止物質を投与した場合」と「競技者が懇意とする集団の中において、配偶者、コーチその他の人が競技者の飲食物に手を加えた場合」である。

[9]　同様の問題は医薬品でも起こっている。とくに利尿薬が混入する事例が多く、WADA は 2021（令和 3）年に利尿薬の不慮の混入が認められても違反としないことを決定した。

2 ドーピングはどのようにして取り締まられているか

アンチ・ドーピング活動は、1つの組織が単独で行っているのではなく、多様な立場の団体・組織が世界共通ルールのもとに力を出し合うことで成り立っている。さらに、そこには各国政府も協力している。どのような組織が活動にかかわっていて、どのように連携しているのかを整理する。

1 ドーピング規制の協力関係

（1）WADA および署名当事者の役割

　カナダのモントリオールに本拠地を置く WADA が、世界的なアンチ・ドーピング活動の主体であり、中心である。WADA がイニシアチブをとりながら、国際オリンピック委員会（IOC）、国際パラリンピック委員会（IPC）、国際競技連盟（IFs）、各国オリンピック委員会（NOCs）、各国パラリンピック委員会（NPCs）、各国内アンチ・ドーピング組織（NADOs）が協力・連携することで、世界統一的なアンチ・ドーピング活動が成り立っている。これらの団体は、すべて WADC の署名当事者である。WADC はアンチ・ドーピング活動を行うための一種の契約書であり、各団体が署名当事者となり WADC を受諾することで WADC に従うことになる。国際オリンピック委員会（IOC）や国際パラリンピック委員会（IPC）、国際競技連盟（IFs）は世界レベルの大会の主催者としてドーピング規制の主体となり、またそれぞれの傘下の団体に WADC を遵守させる責務を負っている。各国内アンチ・ドーピング組織（NADOs）は各国に設置された WADA の支部ともいうべき存在であり、WADC に準拠したアンチ・ドーピング規則および規範を採択し実施している。たとえば、ドーピング検査員を養成するのも、そのドーピング検査員を派遣して国内競技会で検査を実施するのも、各国内アンチ・ドーピング組織（NADOs）である。このようにアンチ・ドーピング活動の最前線で実務面を担っている。

　WADA およびこれらの署名当事者は、各国政府とは独立した民間組織である[*10]。国連の傘下にある組織というわけでもない。それゆえ、WADA と署名当事者だけではアンチ・ドーピング活動は完結しない。どうしてかというと、新たな手法が開発され続けるなど年々ドーピング技術は発達しており、血液ドーピングや遺伝子ドーピングまで考えれば、ドーピングを発見するには証拠物の捜索・差押えをするほかなくなっている。民間組織である

*10　各国内アンチ・ドーピング組織（NADOs）については、各国の法制度により行政機関としての地位を与えている場合もある。

WADA および署名当事者はそうした権限を有さず、それを可能とする授権や行政的協力のためには法整備が必要である。

（2）各国政府の役割

　民間組織である WADA と各国政府が直接手を結ぶことには困難がある。公正な活動のために WADA は独立性を保たなければならない。それと同時に、できるだけ多くの国家と協力関係を築きたい。そこで、国連教育科学文化機関（UNESCO）が、2005 年に「スポーツにおけるドーピングの防止に関する国際規約」（以下、「ユネスコ国際規約」という）を採択した。2022（令和 4）年 5 月現在で 190 か国がこの規約を締結している。

　ドーピングの定義は WADC に準拠している。また、ユネスコ国際規約が締結国に求めているのは、①国内的および国際的な規模において規範の原則に適合する適当な措置をとること、②競技者の保護およびスポーツにおける倫理の保持ならびに研究成果の共有を目的とするあらゆる形態の国際協力を奨励すること、③スポーツにおけるドーピングの防止に取り組んでいる主要な機関、とくに WADA と締約国との間における国際協力を促進すること、という 3 つである。これらを実現するために、各国はそれぞれに法整備を行っている。ただし、アンチ・ドーピング法というかたちをとっている場合もあれば、そうでない場合もある。

図 11-1　アンチ・ドーピング活動にかかわる組織・国家の関係

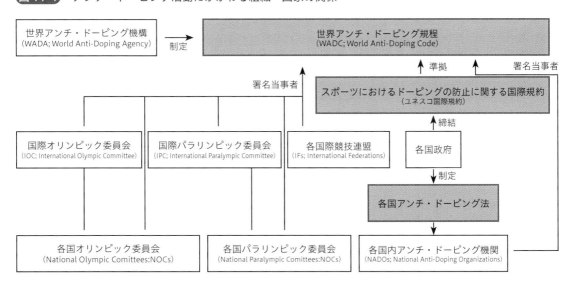

2 WADC および国際基準

アンチ・ドーピング活動の組織面に続いて、規則面を見ていく。WADC は、先に詳しく説明したような ADRV の内容を定めているほか、ドーピング検査や分析の手続き、制裁の手続きと内容、署名当事者および各国政府の役割と責務などを定めている。アンチ・ドーピング活動に関する重要な点は、すべて WADC に定められることになっている。まさに、WADC は国家法でいうところの憲法ともいうべきものである。

WADC がその性質上、頻繁に改定できない一方で、適宜情勢や実情に合わせたルール変更をしていくことも必要である。その最たる例は、禁止物質リストである。禁止物質は次々に開発されるため、リストの改訂は迅速に行われなければならない。そのため、WADC とは別の文書として国際基準が作成されている。

国際基準には禁止物質リストである禁止表国際基準のほか、検査およびドーピング調査に関する国際基準、治療使用特例*11 に関する国際基準、結果管理に関する国際基準、教育に関する国際基準、署名当事者の規程遵守に関する国際基準、プライバシーおよび個人情報の保護に関する国際基準、分析機関に関する国際基準の 8 つが存在する。禁止表国際基準は少なくとも年に 1 回改訂される。国際基準のもう 1 つの特徴は、各国や団体が独自に変更することは許されず、常に世界共通で適用されるということである。

3 各国のアンチ・ドーピング法

ドーピングの実効的規制のためにはスポーツ界の努力に加えて、法の力も必要である。具体的な法整備の内容は国によって異なるものの、ある程度の類型化ができる。日本（行政法）、ドイツ（刑法）、フランス（刑罰条項を含む行政法）をその代表例として取り上げて、それぞれのアンチ・ドーピング法を解説する。

1 日本のアンチ・ドーピング法

日本では 2020 年のオリンピック東京大会の開催決定を契機として、2018（平成 30）年に「スポーツにおけるドーピングの防止活動の推進に関する法律」が施行された。日本で初めてのアンチ・ドーピング法である。

16 条からなり、ドーピングをユネスコ国際規約に準拠して定義し、禁止している。ただし、罰則規定は設けられていない。

　また、ドーピング防止活動を国の責務として定め、独立行政法人日本スポーツ振興センターをその中核に据えている。日本アンチ・ドーピング機構（JADA）はこれらと連携するものと定められているが、公権力の行使を可能にするような授権は行われていない。すなわち、この法律によって捜索・差押えなどができるようになってはいないのである。

　後に説明するドイツやフランスの法律と比べて、アンチ・ドーピング活動への影響は限定的であるといえる。とはいえ、ドーピングが法律上の禁止行為と定められたことには意義があるであろう。また、日本スポーツ振興センターや日本アンチ・ドーピング機構（JADA）は国から財政上のいっそうの支援を受けることが可能になったと考えられる。

2 ドイツのアンチ・ドーピング法

　日本のアンチ・ドーピング法とは対照的なのが、ドイツのそれである。ドイツでは 2015 年に「スポーツにおける反ドーピング法」が制定された。自己・他者ドーピング[*12] を禁止し、罰則として罰金刑や自由刑を規定しているのが最たる特徴である。禁止行為と罰則は、ドーピングに関する捜索・差押えや個人データの収集・処理を行う根拠となる。刑罰が設けられる反面、資格停止などのスポーツ活動に関する制裁は定められておらず、その部分についてはスポーツ界に委ねられている。また、ドイツの国内アンチ・ドーピング組織である国家アンチ・ドーピング機構（NADA）への授権は行われていない。さらに、禁止リストは WADA の禁止表国際基準を基本としながらも、政府が独自に追加・削除できるとしている。

　以上のことから、ドイツでは、規制主体が政府と NADA との 2 つに分かれているといえる。もちろん連携してアンチ・ドーピング活動にあたることにはなるが、ドイツ政府のいうドーピングとスポーツ界のいうドーピングは異なるものになる可能性がある。さらに、国家が独自にドーピング規制を行うことが可能となっていることはスポーツ界への過度な介入と見る向きもある。

3 フランスのアンチ・ドーピング法

　フランスが国家としてドーピング対策に尽力してきた時期は長く、最初の

＊12　自己ドーピングとは、自ら薬物を摂取するなどして自身にドーピングを施すことである。「自分のことは自分で決めることができるべきである」という自己決定権の考え方からすると、刑事罰の対象とすべきではないとの見解もある。ドイツではトップ・アスリートやプロ・アスリートの自己ドーピングは賞金にからむなどして経済的影響をもたらすことなどから、それに限って処罰の対象としている。

アンチ・ドーピング法の制定は 1965 年にさかのぼる。ベルギーについで、世界で 2 番目のことであった。以後、4 回の大きな改正立法を経て、現在はスポーツ法典の一部分となった。スポーツ法典第Ⅲ編「競技者の健康とドーピング対策」がそれである。

日本ともドイツとも異なるのが、フランスのアンチ・ドーピング法が国内アンチ・ドーピング組織であるフランスドーピング対策機構（以下、「AFLD」という）に大幅な授権を行っている点である。AFLD は「独立公共機関」の法的地位をもち、これは国家の介入の公平性を確保しながらも制裁の権限を有する機関とされている。AFLD の任務は、検査、分析、制裁、法律・命令についての諮問、予防・研究であり、とりわけ制裁の権限を有するところが日本のアンチ・ドーピング機構とは異なる。そして、捜索・押収を自らあるいはスポーツ組織の求めに応じて行うことができると定められている。そのため、フランスでは一元的かつ実効的なアンチ・ドーピング活動が可能となっている。

規制の対象となる行為も法律に定められている。これは WADC を基本としたうえで、国家にしか行えない流通の規制（禁止物質・方法の生産、製造、輸入、輸出、輸送）などが追加されている。

また、すべての医師に対してアンチ・ドーピングのための新たな義務を課している。それは、診察等においてドーピングを思わせる徴候を見抜いた場合には、「ドーピング予防医療所」に報告しなければならず、当該競技者に対しては、ドーピングによる危険を知らせ、ケアを受けさせなければならないというものである。これも国家にのみできることであろう。

制裁は、3 段階の構造となっている。違反が認められた場合、まずは競技者が所属するスポーツ連盟で審議されるという段取りで事が運ばれる（第 1 段階）。スポーツ連盟に登録していない者が違反を犯した場合やスポーツ連盟に懲戒機関が存在しない場合、スポーツ連盟による処分が不十分である場合にはAFLDによって審議され、制裁処分が下されることになる（第 2 段階）。そして、悪質な場合に限って国家刑罰権が発動され、罰金や懲役が科される（第 3 段階）。

このような構造は、必要なときに限って国家が力を貸す仕組みである。WADC に準拠しながら WADA の力の及ばない部分を国家が補うようなかたちで規制を実現しているのが、フランスのアンチ・ドーピング法の特徴である。各国のアンチ・ドーピング法が向かうべき方向としてふさわしいといえる[*13]。

＊13 イギリスやアメリカも法律によってドーピングを規制している。ただし、その方式は日本、ドイツ、フランスのいずれにも似ていない。イギリス・アメリカ両国は共通して、アンチ・ドーピング法ではない法律によって規制を行っている。イギリスは 2012 年のオリンピックロンドン大会の開催にあたって薬事法を改正し、ドーピングにも対応できるようにした。アメリカは AAS などドーピング禁止物質の一部を、他の薬物と合わせて包括的に取り締まる「規制物質法」を制定している。これらの法律は、公権力によるドーピング規制を可能にしている。その一方で、規制対象が WADA の定めるところと一致しておらず、規制主体が国家とスポーツ界とに分かれてしまうというドイツ同様の問題を抱えている。

引用文献

1）「ドーピング」小学館国語辞典編集部『精選版 日本国語大辞典』小学館　2006 年
2）World Anti-Doping Agency, *World Anti-Doping Code*, 2021.

参考文献

・森本陽美「ドーピング規則違反と『厳格責任』原則について」『法律論叢』83 巻 2・3 合併号　2011 年
・クラウディア・パヴレンカ編著・藤井政則訳『スポーツ倫理学の射程：ドーピングからフェアネスへ』晃洋書房　2016 年
・ジャン＝ノエル・ミサ・パスカル・ヌーヴェル編著、橋本一径訳『ドーピングの哲学：タブー視からの脱却』新曜社　2017 年
・佐藤拓磨「ドイツの『スポーツにおける反ドーピング法』について」『慶應法学』第 37 号　2017 年
・野寺巧寛「フランスのドーピング対策法制について」『法学研究論集』第 50 号　2019 年

学びの確認

指導者になったつもりで競技者の質問に答えてみよう。

① ドーピングをすると、なぜ競技能力が高まるのですか。

② 市販のサプリメントを飲んでもドーピングになることはありますか（「厳格責任」という言葉を使ってみよう）。

③ アンチ・ドーピング法は、日本とドイツ、フランスで同じ内容ですか。

column

ドーピングしているのは誰か

∶∶

　フランス初のアンチ・ドーピング法の１条には、ドーピングの罪が次のように定められていた。

> スポーツ競技会のためにまたはその最中に、身体的な能力を人工的および一時的に増大させることを目的とし並びに行政規則によって定められた健康を害しうる物質の１つを故意に使用した者は、500フラン以上5000フラン以下の罰金に処する。
> （筆者翻訳）

　現行のドーピング規制との大きな違いは、故意がなければ規制対象としないとされている点である。禁止物質が身体に入った理由を問わない「厳格責任の原則」は採用されていない。実は政府が提出した法律案の段階では「故意に」という文言はなかったのだが、国民議会での審議の際に「たとえば自転車レース中に配られたオレンジに興奮剤が入っていた場合、それを口にした競技者は被害者となる」という物言いがつき、「故意に」という文言が追加されたのである。

　「厳格責任の原則」の適用下にあっては、実際に意図せぬドーピング違反が多々起こっている。アスリートであろうとなかろうと人間は毎日食事を摂りながら生きているのだから、期せずして禁止物質を口に入れてしまうことだって少なくない。これだけ厳しい検査体制が敷かれており、暴かれれば猛烈な社会的非難が待ち受けるなか、ドーピングを自ら望んで行う競技者はどれだけいるのか。その人は、そうとう心が強い人だろう。

　ところで、2022年のオリンピック北京冬季大会の会期中に、ROC（ロシアオリンピック委員会）としてフィギュアスケート競技に出場した15歳のカミラ・ワリエワ選手のドーピング検査の陽性が発覚した。団体戦で金メダルを獲得した直後のことであり、IOCがその授与式を中止したことも含めて世界中に広く報じられた。ワリエワ選手は暫定的に資格停止になるも、この処分はすぐに解除された。WADCは2021年の改定から16歳未満の競技者等を「要保護者」と定めており、「要保護者」の場合、制裁措置が軽減されるためである。

　このWADCの「要保護者」規定は、成長段階にあり判断能力が未熟な競技者を守るためにあるとされる。ワリエワ選手側は、心臓治療中の祖父と同じコップを使ってしまったことによって、祖父が服用していたトリメタジジン（禁止物質）がワリエワ選手の体内に入ってしまったと主張し、これが受け入れられた。事実ならばその行動は、確かに競技者としてはあまりにも不用意であり未熟だったかもしれない。16歳未満の競技者を「要保護者」として特別扱いする理由がわかる。

　ワリエワ選手の事例とは離れるが、未熟であるということは親権者や指導者といった立場にある人の指示を拒否できないことも意味する。年少の競技者は選択肢が与えられていないことに疑問さえ抱かなかったり、言われたことを盲信してしまったりするのである。たとえ体内から禁止物質が検出されたとしても、ほんとうの意味でドーピングをしているのは競技者本人ではないのかもしれない。親権者が自身の夢を子に投影してしまうこともあるし、指導中の競技者の活躍が指導者の評価につながるという現状もある。そこでは競技者はドーピングされるのであり、ドーピングをしているのは親権者や指導者である。

　だが、16歳に達した競技者は自分で判断して意図的でないドーピングを回避することができるようになるのか。また、禁止物質を遠ざけてやる必要まではないとしても、強い立場の者にNOと言えるようになるのか。あのベン・ジョンソンのドーピングの裏にはコーチの指示があったとされている。ましてや、日本には体罰やハラスメントの土台ともなっているスポーツ界に特有の絶対的な上下関係の構造がある。新たなドーピングが発覚したというニュースに触れたときには、ドーピングをしているのが誰かをよく考えてみてほしい。

第12章 プロスポーツの法的問題

なぜこの章を学ぶのですか？

プロスポーツは現代社会のなかで大きな位置を占めており、それについて学ぶ意義には大きいものがあります。プロスポーツの選手たちは「労働」や「事業」というかたちでスポーツにかかわる人々であり、そこに重要な法的問題がかかわってくるからです。

第12章の学びのポイントはなんですか？

プロスポーツの代表例としてプロ野球を取り上げ、選手の法的身分について検討します。そして、プロ野球におけるさまざまな取引慣行の仕組みと、その法的な問題について考察していきます。

考えてみよう

① プロスポーツ選手は「労働者」と「事業者」のどちらにあたりますか。

② プロ野球選手の契約や移籍に関する制度というと、なにが思い浮かびますか。いくつかあげてみよう。

1 プロ野球選手の法的身分

われわれが日々その活躍を目にするプロスポーツ選手たち。彼／彼女らは法的にはどのような存在としてとらえられるだろうか。本節では、プロ野球選手に焦点をしぼり、労働者と事業者という2つの法的身分のどちらに当てはまるのかを検討していく。

1 労働者か事業者か

（1）労働基準法と労働組合法

プロスポーツ選手は、試合に出場しプレーすることで報酬を得る人々である。では、彼／彼女らの身分は、法的にはどのように位置づけられるのだろうか。まず、プロゴルファーやプロテニスプレーヤーといった、大会にエントリーし、成績に応じて賞金を得るタイプの選手の場合、事業を独立して行う存在である「事業者」であるといえる。一方、プロ野球選手やプロサッカー選手のように、球団やクラブと選手契約を結び、報酬を得るような場合は、賃金、給与等の収入によって生計を立てる「労働者」の側面が見えてくる。以下では、プロ野球選手を例にとり、わが国での法律上の位置づけを見ていこう。

労働者を規定する代表的な法律には、労働基準法（以下、「労基法」という）と労働組合法（以下、「労組法」という）がある。労基法は、労働条件の最低基準を規定することによる労働者の保護を目的としている。一方、労組法は、団結権、団体交渉権、団体行動権のいわゆる労働三権を保障する憲法28条[*1]にもとづいて制定されたもので、労使間の対等性の確保を目的としている。

労基法は労働者を「職業の種類を問わず、事業又は事務所に使用される者で、賃金を支払われる者」（労基法9条）と定義しているのに対し[*2]、労組法は「職業の種類を問わず、賃金、給料その他これに準ずる収入によって生活する者」（労組法3条）としており[*3]、両者は「……使用される」という文言の有無に違いが見られる。労基法9条における「使用される者」とは、労務の遂行や内容に関して自らの裁量の幅が制約されていて、他人による具体的な指示のもとに労務提供を行う者とされる。このように、労基法と労組法では労働者の定義が異なっていることから、労基法の「労働者」と労組法の「労働者」とは必ずしも一致しないとされている。

＊1 憲法28条
「勤労者の団結する権利及び団体交渉その他の団体行動をする権利は、これを保障する。」

＊2 労働基準法9条
「この法律で「労働者」とは、職業の種類を問わず、事業又は事務所（以下「事業」という。）に使用される者で、賃金を支払われる者をいう。」

＊3 労働組合法3条
「この法律で「労働者」とは、職業の種類を問わず、賃金、給料その他これに準ずる収入によって生活する者をいう。」

（2）関連法におけるプロ野球選手の扱い

　では、プロ野球選手は、両法律においてどのように位置づけられるか。まず、そもそも労基法は工場労働者を念頭につくられた法律であり、労働時間による人事管理が中心となる就業形態を想定したものである。したがって、就業形態が大幅に異なるプロスポーツ選手には同法はなじまず、プロ野球選手は労基法上の労働者としての扱いを受けていない。そのため、労基法と同様の労働者の定義にもとづく労働者災害補償保険法などの適用の対象外となっている[1]。ただ、後述するように、プロ野球選手は労組法上の労働者と見なされており、プロ野球選手会は労働組合としての認証を受けている。

　一方、労働法以外の法律においては異なった解釈も見られる。所得税法204 条 4 号では、職業野球選手は職業拳闘家、競馬の騎手、モデル、外交員等とともに給与所得者以外に分類されている。また、大蔵省通達（昭和26 年直書 2-82、直書 5-23）では、試合への出場に対し支払いを受けるという職業野球選手の稼働形態が、芸能人が映画や劇場への出演に対し出演料を受けるのと同様であること、報酬の額が選手の技能や人気により左右されること、使用する用具等はすべて選手の負担であることなどを理由に、プロ野球選手を事業所得者と取り扱うことを示している。すなわち、税法上プロ野球選手は「事業者」と見なされているのである[2]。

　一方で、公正取引委員会は、1978（昭和 53）年の参議院法務委員会での答弁で、ドラフト制度等のプロ野球の取引慣行への独占禁止法（以下、「独禁法」という）の適用について、選手契約は雇用契約であるとして、プロ野球選手は「労働者」であるとの見解を示している。そもそも独禁法は、事業者および事業者団体間の取引を規制の対象としている。上記答弁において、公正取引委員会は、プロ野球の取引慣行に対する独禁法適用の是非について、選手契約は雇用契約であり、「取引」に該当しないとし、独禁法の適用を否定している[3]。

　このように、プロ野球選手の法的位置づけは、関連する法律や行政機関によって「労働者」と「事業者」に分かれる。プロ野球選手は両者の中間のグレーゾーンにあり、これまでの法運用においてもあいまいな地位に置かれているといえる。

2 労働組合としての選手会

　前述したように、プロ野球選手の法的地位については労働者と事業者の 2つの解釈がある。しかしながら、選手たちが組織する「選手会」という存在

は、労働組合としての法的地位を確立し、球団・リーグとの団体交渉を実施してきた歴史がある。

（1） MLB の選手会

　プロスポーツにおける労働組合の歴史は古い。アメリカのメジャーリーグ（以下、「MLB」という）では、1954 年に選手会（Major League Baseball Players Association）が誕生した。当初はその運営費を球団側が負担するなど、球団・リーグに対し交渉力を有するような団体ではなかった。当時の選手契約は完全な附合契約[*4]であり、その条件は球団側が一方的に決定するものであった[4]。

＊4　附合契約
一方の当事者が内容をあらかじめ定め、もう一方は交渉権をもたずに定められた内容に従わなければならない契約をいう。

　こうした状況において、選手会のなかで球団・リーグに対する交渉力の強化の重要性が意識されるようになっていった。1966 年に選手会は、全米鉄鋼労連の主任エコノミストであったミラー（Marvin Miller）を選手会委員長に迎え、これ以降は団体交渉の機能をもつ労働組合へと変貌を遂げていくことになった。ミラーは選手会の運営費を自己負担とするなどさまざまな改革を行い、球団・リーグ側との交渉力を高めていった。1968 年には、プロバスケットボールの NBA に続き、プロスポーツ史上 2 番目の労働協約[*5]の締結に成功し、1970 年の団体交渉では苦情処理・仲裁手続が、1973 年には年俸仲裁手続が、それぞれ労働協約に規定されることとなり、後に選手の地位向上に大きな役割を果たすことになる。事実、ミラーの就任以来 8 年間で、選手の年金は 3 倍以上に増額し、最低賃金は 6,000 ドルから 1 万 6,000 ドルに上昇した[5] [6]。

＊5　労働協約
労働組合と使用者または使用団体との間で労働条件その他に関して結ばれる協定をいう。

（2） 日本プロ野球の選手会

　一方、国内では日本プロ野球選手会が 1984（昭和 59）年 7 月に結成され、1985（昭和 60）年 11 月に東京都地方労働委員会により労働組合として認定を受けている。これにより、プロ野球選手は労組法の定める労働者に該当することとなった。

　結成当初、労働組合としての活動は活発ではなかったが、プロ野球の統括組織である日本野球機構が、2001（平成 13）年度からの公式戦試合数の140 試合への増加、2002（平成 14）年度からの外国人選手の人数制限の緩和などを、選手会の了承を得ずに決定したことから、2002（平成 14）年 3 月に選手会は機構の不当労働行為救済を東京都地方労働委員会に申し立てた。2 年間の調査を経て、2004（平成 16）年 3 月に和解が成立し、以降、1 か月に 1 度の事務折衝、2 か月に 1 度の本交渉（協議交渉委員会）、年に 1 度の 12 球団選手会長代表者会議での労使問題の協議が実現した[7]。

　2004（平成 16）年には近鉄バッファローズとオリックスブルーウェーブの合併問題に端を発したプロ野球界の再編の動きのなかで、選手会は球団合併に反対し、野球機構と団体交渉を行い、最終的に 2 日間の公式戦全試合のストライキを実施した。結果として合併の阻止には至らなかったものの、機構側が 2005（平成 17）年度の新球団の参入に向けて最大限努力すること、機構と選手会との間で球界の諸問題について 1 年間協議する「プロ野球構造改革協議会」の設立などを条件に、労使間の交渉が妥結した[*6][8)]。こうした法的手続や団体交渉を経て、選手会は労働組合としての地位を確立していったのである。

3　野球協約と労働協約

　日本プロ野球の野球協約は、プロ野球に関するほとんどすべての事項を定めていることから、「野球界の憲法」とも呼ばれている。同協約は 1951（昭和 26）年に当時のアメリカのマイナーリーグの協約を草案として作成され、セントラル野球連盟およびその構成球団とパシフィック野球連盟およびその構成球団との間に締結されたものである[9)]。統一選手契約[*7]の内容は野球協約の内容に準じており、したがって選手は球団との間で統一選手契約を結ぶことにより、野球協約の内容に拘束されることになる。

　一方、MLB では、選手会と球団との団体交渉を経て締結される Collective Bargaining Agreement（以下、「CBA」という）が選手の労働条件に関するあらゆる事項について規定している。CBA はわが国の労働協約に相当するものであり、球団間の取り決めである日本の野球協約とは本質的に異なるものである。1968 年の最初の締結以降、CBA はおおむね 4 年ごとに更新されてきたが、労使間の交渉は難航することが多く、選手会は過去にストライキを 5 度決行した。選手年俸の上限を定めるサラリーキャップ制度の導入をめぐって交渉が難航した 1994 年から 95 年はストライキが 232 日間に及び、1994 年シーズンのワールドシリーズが中止となった。2022 年にはシーズン開幕前に新たな CBA が合意に至らず、リーグ側がロックアウト[*8]を敢行したためシーズン開幕に遅れが生じた。

＊6　こうした経緯を経て、2005（平成 17）年より東北楽天ゴールデンイーグルスの新規参入が認められた。プロ野球界の再編については、第 13 章の注 2（p.192）も参照。

＊7　本章第 2 節（p.180）を参照。

＊8　ロックアウト
球団側が選手に対して球団施設への立ち入りを禁止し、報酬の支払いをストップすることによって労使交渉を進展させようとする労働争議行為をいう。ロックアウト期間中は契約交渉も中断される。

2 プロ野球における諸制度と法的問題

一般の労働市場であれば、労働者は事業者との合意によって自由に雇用契約を締結することができるし、他の事業者に移籍することも自由である。これに対し、プロ野球選手の場合は、選手契約や移籍に関して一定の制約が課せられる。本節では、プロ野球における契約・移籍に関する諸制度について概説し、その法的問題を検討していく。

1 契約・入団に関する制度

(1) 統一契約書

野球協約45条には、「球団と選手との間に締結される選手契約条項は、統一様式契約書（以下「統一契約書」という）による」とあり、すべての選手はこれに署名することで球団との間で契約締結となる。統一契約書の条項は契約当事者の合意によっても変更できないものとされており（野球協約47条）、特約条項も野球協約に違反するものや統一契約書に記載のないものは無効である（同48条）。したがって、球団と選手間の契約は、「契約内容決定の自由」と「契約方式の自由」[10] が統一契約書によって制約されており、選手に認められるのは契約を結ぶか結ばないかの選択のみであることから、極端な附合契約であるといえる。

(2) ドラフト制度

① 制度の概要

ドラフト制度は、1935年にアメリカのプロフットボールのNFLで初めて採用された。その目的は球団間の戦力均衡と選手の契約金の抑制であり、公式戦の成績下位の球団から順に新人選手との指名交渉権を得るというものであった。1965年にはMLBがこれにならい、翌1966（昭和41）年には日本プロ野球においても同制度が導入された[11) 12)]。その方式はアメリカとは異なり、各球団が獲得を希望する新人選手を指名し、複数の球団が同じ選手を指名した際は、抽選によって交渉権を1球団にしぼるというものであった。

その後、1993（平成5）年には逆指名制度（のちの希望入団枠制度）が導入された。同制度は大学生と社会人野球の選手に関して1球団につき2名までを対象に、入団を希望する球団を宣言した選手を当該球団がドラフト会議において上位指名することで、抽選を経ずに交渉権を獲得できるというものであった。同制度は一部の選手に希望球団への入団を実現させた一方で、

上位指名される優秀な新人選手が人気球団に偏ることによる戦力の不均衡や、いわゆる裏金問題[*9] による実質的な契約金の高騰などの問題が生じた。そうした背景のなか、2006（平成 18）年に希望入団枠制度は廃止され、現在は従来の抽選方式に戻っている。

②　法的問題

　ドラフト制度に対しては、新人選手が希望する球団に入団できないことは、憲法 22 条が保障する職業選択の自由に反しているとの批判がある。また交渉権が一つの球団に限定されることは、買手独占により新人選手の交渉力を奪っていることになり、独禁法が禁じる事業者団体による競争制限行為（8 条 1 項 1 号）ないし不当な取引制限（3 条後段）に違反する可能性があるとの指摘もある[13]。

　近年では、ドラフト指名を拒否した選手との契約制限を 12 球団で申し合わせた通称「田沢ルール」について、公正取引委員会が独禁法に違反する疑い（8 条 5 号［一般指定 1 項 1 号（共同の取引拒絶）］）があったとの見解を示している。

　田沢ルールは、ドラフト会議での指名や交渉権を得た球団への入団を拒否して海外球団と契約した選手に関して、高卒選手は 3 年間、大卒・社会人選手は 2 年間、ドラフト指名の対象としないというものである。2008（平成 20）年、新日本石油 ENEOS（当時）の田沢純一が MLB 球団への入団を希望してドラフト指名を拒否したことを受け、12 球団の代表者が議決機関である実行委員会で人材流出防止策としてこのルールを申し合わせていた[14]。

　同年 12 月、田沢はボストン・レッドソックスと契約し、その後所属球団を変えながら 9 シーズンにわたって MLB でプレーした。2020（令和 2）年に帰国し、7 月に独立リーグ・BC リーグ埼玉武蔵ヒートベアーズに入団した。同年 11 月、公正取引委員会は、田沢ルールにより統括組織である日本プロフェッショナル野球組織が「構成事業者である 12 球団に対して特定の選手との選手契約を拒絶させている疑いがあった」ことから所要の審査を行ったところ、日本プロフェッショナル野球組織からルールを撤廃した旨の報告があったことにより審査を終了したと発表した[15]。このルール撤廃により田沢は同年のドラフト会議における指名対象となったが、指名されることはなかった。

＊9　球団が同制度で獲得した選手に対し、密かに球団間の協定で決められた上限額を超える契約金を支払ったり、日本学生野球憲章で禁止されている学生選手に対する食事代、栄養費、交通費等の名目での金銭提供を行ったりしていた問題である。

2 移籍に関する制度

(1) 保留制度

保留制度は、球団が一定数の選手に対し「保留権」、すなわち放出せずに支配下に置く権利をもつこと、他球団は各球団の保留する選手とは交渉しないことを相互に合意することによって成り立つ。同制度はアメリカにおいて、MLB の起源であるナショナル・リーグ（National League）が誕生して間もない 1880 年代には成立していた [16]。これにより球団は、所属選手の他球団への移籍を抑制し労働市場の自由度を削減することで、選手の給与を抑制し、同時に特定球団への戦力の偏りを防ぐことが可能となった。

日本でも、セパ 2 リーグ分裂後に球団間の選手の引き抜きが激化した1952（昭和 27）年に野球協約に加えられ、現在まで運用されている。球団が毎年 11 月 30 日以前に次シーズンも契約更新を予定する選手（保留選手）の名簿をコミッショナーに提出することにより（野球協約 66 条 1 項）、名簿に記載された保留選手は、外国のプロ球団も含め、他の球団と選手契約に関する交渉を行い、他の球団のために試合あるいは合同練習など、すべての野球活動をすることを禁止される（同 68 条 2 項）。

この球団の保留権は、選手契約の存在に必ずしも連動しない。選手契約の期間は原則 1 年であり、シーズン終了後に次年度の年俸等に関して合意すれば契約が更新されるが、たとえ選手が契約更新を拒否したとしても、統一契約書 31 条の規定により、翌シーズンについては球団側の意思で契約関係を更新することができる。この場合、保留権は更新後さらに翌年の 1 月 9 日まで継続し（野球協約 74 条 1 項）、その後選手は任意引退選手（同 59 条）となるが、保留権は引退後も 3 年間は継続するため（同 67 条 3 項）、選手は引退後も制約を受けることになる。

このように、球団が放棄するか選手側がフリーエージェント権（以下、「FA権」という）[*10] を取得しない限り、選手に対する球団の保留権は長期にわたり継続する。こうした保留制度による取引制限については、選手の自由を著しく制限するものであるとして、前項のドラフト制度と同様に、職業選択の自由や独禁法の観点からの批判が見られる [17]。

(2) トレード

トレードは、保有する選手との間の選手契約を他球団に譲渡できる権利を球団に認める制度である（野球協約 13 章「選手契約の譲渡」）。統一契約書21 条には「選手は球団が選手契約による球団の権利義務譲渡のため、日本

＊10 フリーエージェント（FA）については、次 の (3) (p.183) を参照

182

プロフェッショナル野球協約に従い本契約を参稼期間中および契約保留期間中、日本プロフェッショナル野球組織に属するいずれかの球団へ譲渡できることを承諾する」とあり、統一契約書に署名することで選手は事前に同意したものとされる。

　トレードの方法には、選手同士の交換トレード、金銭との引き換えに選手を譲渡する金銭トレード、および両者の併用がある。球団にとっては戦力のバランスを考慮して選手の移籍・交換を実現することは有益であり、出場機会が得られない選手にとっては、他球団で活躍の場を得ることは重要である。この意味で同制度には一定の合理性が認められる。

　他方、民法 625 条 1 項では、「使用者は、労働者の承諾を得なければ、その権利を第三者に譲り渡すことができない」と規定されている。この「承諾」については、上記の統一契約書の締結による事前の同意で十分であるという見解がある一方、同意は実質的には強要にあたり、「公の秩序又は善良の風俗に反する法律行為は、無効とする」と定める民法 90 条の公序良俗に違反するという指摘もある[18][19]。

（3）FA 制度

①　FA 制度の成り立ち

　フリーエージェント制度（以下、「FA 制度」という）は 1976 年に MLB で誕生した。これ以前、選手たちは保留制度により、他球団への移籍や望まないトレードの拒否などの自由を制限されていた。MLB の保留制度の根拠となっていたのは、統一選手契約 10 条(a) と呼ばれる条項で、シーズン終了後に選手が翌年度の契約締結を拒否した場合には、球団側が独断で 1 年間選手との契約を更新する権利（オプション）をもつと定められていた。

　1974 年、ロサンゼルス・ドジャースの投手であった A. メッサースミス（Andy Messersmith）と、モントリオール・エクスポスの投手であった D. マクナリー（Dave McNally）は、球団との契約内容への不満から、契約書にサインしないまま、つまり契約なしで翌 1975 年シーズンのプレーを行った。シーズン終了後に両者は、書面による契約を行わずに前年度にプレーをしたことから、自らを「フリーエージェント」、すなわち球団に保留されることのない立場にあると主張した。

　1975 年、メッサースミスとマクナリーは、選手会の支援のもと、こうした訴えを第三者による仲裁手続に持ち込んだ。その結果、仲裁人は、10 条(a) が規定しているのは 1 年間のオプションであり、永続的なオプションではないと裁定を下し、両選手の主張が認められた。球団・リーグ側はこの裁定を不服とし、すぐに裁判に訴えたが、裁判所は仲裁人の裁定を追認した。最

終的にリーグと選手会は保留制度を修正することで合意し、球団は選手を6年間のみ保留することができ、それ以降、選手はフリーエージェントを宣言する権利を有することが定められた[20]。こうして誕生したFA制度は、小さな修正を経ながらも、制度の基本は不変のまま現在に至っている。

② 国内のFA制度

一方、国内では、FA制度は1993（平成5）年に導入され、これにより日本のプロ野球界では初めて選手の移籍の自由が容認されることになった（野球協約22章 フリーエージェント規約）。フリーエージェント（以下、「FA」という）の資格を得るために必要な期間は、セパ各リーグの年度選手権試合期間中に145日以上出場選手登録されたシーズンを1シーズンとして計算し、両リーグに所属する他球団への移籍を可能にする「国内FA」の取得には合計8シーズン（2007年以降のドラフトで入団した大学生・社会人選手は合計7シーズン）を、海外球団への移籍を可能にする「海外FA」[*11]の取得には合計9シーズンを要する（フリーエージェント規約2条）[*12]。

ただし、FA制度のもとにおいても、完全な自由市場で選手が評価されるわけではない。まず、国内FAを行使した選手の翌シーズンの年俸は現状維持が上限となる（同7条）[*13]。また、国内FAによって他球団へ移籍する場合、その選手の旧年俸額が旧球団内の上位10位以内（外国人選手を除く）であったならば、獲得球団は旧球団に対して選手の旧年俸額に応じた金銭補償、および外国人選手と獲得球団が任意に定めた国内選手28名を除いた支配下選手のなかから、旧球団が指名した選手1名を与える人的補償をしなければならない（海外FAは対象外）（同10条）。こうした補償制度は、選手が自らの能力を自由市場で売りに出し正当な評価を受けることの妨げになっているという点において、問題をはらんでいるといえるだろう。

（4）ポスティング制度

海外FAの資格をもたない選手がMLBへの移籍を実現するための手段としてポスティング制度がある。同制度の利用を選手と所属球団が合意した場合、すべてのMLB球団は、30日間に限り選手と交渉することができ、合意に達すれば移籍が実現する。

移籍先のMLB球団から所属球団に支払われる譲渡金の額は、かつては入札や所属球団の設定により決められていたが、2018（平成30）年からは選手の契約額と連動する方式に変更された。移籍する選手がメジャー契約の場合、譲渡金額は、契約額（契約金と総年俸を合算した額）のうち2,500万ドルまでの部分の20%、2,500万ドルを超えて5,000万ドルまでの部分の

＊11 独立リーグなど、ほかの国内リーグへ移籍する場合も海外FAの取得が必要となる。

＊12 2007（平成19）年以前は国内・海外を問わず資格取得に要する期間は合計9シーズンであった。

＊13 ただし、特別な事情によりコミッショナーが認めた場合はこの限りではない。

17.5％、5,000 万ドルを超えた額の 15％の合計となる（マイナー契約の場合は契約額の 25％）。また、契約期間内に獲得した出来高払いの額からは 15％が追加で支払われる [21]。2022（令和 4）年に、広島東洋カープの鈴木誠也がポスティング制度によりシカゴ・カブスへ移籍した際は、契約額 8,500 万ドルに対し 1,462 万 5,000 ドルの譲渡金が支払われると報道された [22]。

　このように、選手にとっては海外 FA 権の取得を待たずに移籍を実現できるという点、所属球団にとっては選手の放出の対価を得られるという点において、両者にメリットのある制度である。

（5）移籍制度の法的問題に関する近年の動向

　2019（令和元）年 6 月、公正取引委員会は「スポーツ事業分野における移籍制限ルールに関する独占禁止法上の考え方について」という報告書を発表し [23]、スポーツ界の移籍制限ルールに関して具体的な指針を示した*14。そのなかで、スポーツ事業における移籍制限ルールは、チーム間の選手獲得競争の停止・抑制につながり、結果として選手を活用したスポーツ活動を通じた事業活動における競争の停止・抑制や、事業活動に必要な選手が確保できないことによる新規参入の阻害を招き得るとされた。

　一方で移籍制限ルールには、選手の育成費用の回収可能性を確保することにより、選手育成のインセンティブを向上させ、またチームの戦力を均衡させることにより、競技（スポーツリーグ、競技会など）としての魅力を維持・向上させ得るとも述べられている。したがって、移籍制限ルールの合理性・必要性は、まず、それによって達成しようとする目的が競争を促進する観点から見ても合理的か、あるいはその目的を達成するための手段として相当かという観点から、さまざまな要素を総合的に考慮し、個別に判断する必要がある、と結論づけている。今後はこうした観点から、現状の保留制度や FA 制度の合理性・必要性を検討する必要があるだろう。

> ＊14　報告書では「チーム間における選手の移籍や転職について一定の制約や条件を課すルール」と規定されおり、プロ野球における保留制度や FA 制度がこれに含まれると考えられる。

3　代理人制度

　選手が球団と契約や移籍に関して交渉をする際、エージェント（代理人）を立てるのは海外では一般的であり、北米の 4 大リーグ（MLB、NFL、NBA、NHL*15）においては、担当する選手の年俸の 2 ～ 4% 程度を手にするといわれる [24]。IMG に代表される組織的にスポーツエージェント業務を手がける企業もあり、税申告や投資など選手の財務処理を全般的に担う。

　日本のプロ野球では、2000（平成 12）年のオフシーズンに代理人制度が

> ＊15　NHL
> 北アメリカのプロアイスホッケーリーグを指す。

導入されたが、球団側は申し合わせ事項として、代理人は日本弁護士連合会所属の日本人弁護士に限ること、1人の代理人が複数の選手と契約することは認めないなどの制約を設けている。選手会はこうした制約の緩和を訴えるとともに、自ら公認代理人制度を創設している。公認代理人には弁護士以外にMLB選手会公認代理人が複数人登録されており、選手会は代理人交渉を認めるよう要望している[25]。

4 Jリーグとの比較

これまで見てきたプロ野球の諸制度について、国内のその他のプロリーグではどのようなかたちになっているだろうか。ここではJリーグを中心に検討していく[*16]。

(1) 選手契約に関して

Jリーグではドラフト制度は採用されておらず、選手は希望するクラブと自由に選手契約を結ぶことができるが、プロ野球と異なり契約金はなく、上限500万円の支度金が支払われるのみである（プロサッカー選手の契約、登録および移籍に関する規則8）。契約は日本サッカー協会が定める「日本サッカー協会選手契約書」にもとづいて締結される。

プロ野球の統一契約書と比べると、年俸の上限や登録人数の制限等が異なるプロA契約・プロB契約・プロC契約の3種類がある点、報酬のカテゴリーが基本報酬と変動報酬に分かれている点などが異なっている。

(2) 移籍に関して

Jリーグには保留制度やトレードがなく、プロ野球に比べ移籍の自由が確保されている。選手は所属クラブとの契約期間満了の6か月前から、他のクラブと契約交渉することができる（プロサッカー選手の契約、登録および移籍に関する規則1-8①）。かつては、国内移籍については、契約期間満了後にも移籍先のクラブから移籍元クラブへの移籍金の支払いが定められていたが、2009年のシーズンオフから撤廃されている。契約期間満了前の移籍については、移籍元クラブは移籍先クラブに移籍補償金を請求することができる。移籍補償金の金額は、移籍元クラブと移籍先クラブとの合意によって決定する（同3-2）。また、移籍元クラブ、移籍先クラブ、選手の合意による期限つき移籍も認められており、その際も移籍元クラブは移籍補償の請求が可能である（同4-1および2）。

＊16 選手契約や移籍の制度設計に関して、プロバスケットボールのBリーグはおおむねJリーグのそれに類似している。

＊17 ボスマン判決 ベルギー出身のサッカー選手、ジャン・マルク・ボスマンが移籍の自由を求めて所属クラブを訴えた裁判の判決。所属クラブとの契約を満了した場合、EU域内の他クラブへの移籍の自由が保証され、またEU域内のクラブはEU加盟国の国籍をもつ選手を外国籍扱いにできないとした。

　なお、海外クラブへの移籍については、国際サッカー連盟（FIFA）の国際移籍制度に規定されており、原則として契約期間満了後の移籍に関して移籍金は発生しない[26]。選手契約満了後の移籍金については、1995 年に欧州司法裁判所で下されたボスマン判決*17 以降は認められていない。

引用文献

1 ）川井圭司『プロスポーツ選手の法的地位』成文堂　2003 年　p.426

2 ）山本栄則「プロ野球選手の契約上の地位」『自由と正義』29（13）　1978 年　pp.63-64

3 ）浦川道太郎「野球協約と統一契約書からみたプロ野球選手契約の法的問題」『自由と正義』45（11）　1994 年　p.15

4 ）前掲書 1 ）　p.130

5 ）同上書　pp.130-135

6 ）エイブラム、大坪正則・中尾ゆかり訳『実録メジャーリーグの法律とビジネス』大修館書店　2006 年　pp.79-80

7 ）阿部武尊「労働組合日本プロ野球選手会の労使交渉過程——1993-2004 年を中心に」『スポーツ史研究』30　2017 年　pp.36-37

8 ）同上書　p.37

9 ）佐藤隆夫『プロ野球協約論』一粒社　1982 年　p.28

10）浦川道太郎「プロ野球の選手契約——民法学の立場から」『ジュリスト』1032　1993 年　p.18

11）前掲書 9 ）　p.91

12）池井　優「ドラフト・フリーエージェントの起源と発展」『ジュリスト』1032　1993 年　pp.7-8

13）奥島孝康「プロ野球協約と独禁法」『ジュリスト』1032　1993 年　p.32

14）「田沢ルール『独禁法違反の恐れ』」朝日新聞 2020 年 11 月 6 日朝刊 27 面

15）公正取引委員会「日本プロフェッショナル野球組織に対する独占禁止法違反被疑事件の処理について」（https://www.jftc.go.jp/houdou/pressrelease/2020/nov/yonjo/201105.pdf）

16）シマンスキー・ジンバリスト、田村勝省訳『サッカーで燃える国　野球で儲ける国——スポーツ文化の経済史』ダイヤモンド社　2006 年　pp.103-104

17）小笠原正監修『導入対話によるスポーツ法学［第 2 版］』不磨書房　2005 年　p.198

18）同上書　pp.200-201

19）坂本茂雄「プロ野球の選手契約：労働法学の立場から」『ジュリスト』1032　1993 年　p.27

20）前掲書 6 ）　pp.116-129

21）MLB.com "Japanese Posting System"（https://www.mlb.com/glossary/transactions/japanese-posting-system）

22）「今季年俸は 700 万ドル」スポーツ報知 2022 年 3 月 20 日 5 面

23）公正取引委員会「スポーツ事業分野における移籍制限ルールに関する独占禁止法上の考え方について」（https://www.jftc.go.jp/houdou/pressrelease/2019/jun/190617_files/190617.pdf）

24）SMWW "Sports Agent Salaries"（https://www.sportsmanagementworldwide.com/program/salaries）

25）日本プロ野球選手会「代理人交渉を巡る問題について」

（https://jpbpa.net/system/problem/）

26）FIFA "Regulations on the Status and Transfer of Players"

（https://digitalhub.fifa.com/m/e7a6c0381ba30235/original/g1ohngu7qdbxyo7kc38e-
pdf.pdf）

学びの確認 ───

（　　　　）に入る言葉を考えてみよう。

① 労働者を規定する代表的な法律には、労働基準法と（　　　　　　　　）法がある。

② 公正取引委員会は、1978 年の国会答弁で、プロ野球の選手契約は雇用契約であり、
（　　　　　）に該当しないとし、プロ野球の取引慣行に対する（　　　　　　　）
法の適用を否定している

③ 日本プロ野球選手会は（　　　　　　）年に結成され、翌年に東京都地方労働委員
会により（　　　　　　　）として認定を受けている。

④ MLB の CBA はわが国の（　　　　　　　　）に相当するものであり、球団間の
取り決めである日本の（　　　　　　　　）とは本質的に異なるものである。

⑤ 新人選手が希望する球団に入団できないことから、ドラフト制度は憲法 22 条が保
障する（　　　　　　　）の自由に反しているとの批判がある。

⑥ 選手に対する球団の保留権は、球団が放棄するか選手側が（　　　　　　　　）
を取得しない限り、長期にわたり継続する。

⑦ トレードは、保有する選手との間の（　　　　　　　　）を他球団に譲渡できる
権利を球団に認める制度であり、選手は（　　　　　　　　）によりそのこと
に事前同意したとみなされる。

⑧ 現在、日本のプロ野球では、高校から入団した選手は国内 FA の取得に
（　　　　　　）、海外 FA の取得に（　　　　　　）を要する。

⑨ 日本プロ野球の代理人制度は、代理人は（　　　　　　　　　）所属の日本人
弁護士に限ること、1 人の代理人が（　　　　　　）の選手と契約することは認めな
いなどの制約を設けている。

⑩ J リーグでは、契約満了前の移籍については、移籍元クラブが移籍先クラブに
（　　　　　　　　）を請求することができる。

ギャンブルなのに合法？
公営競技の法的枠組み

▋公営競技の経済規模

　日本にはプロ野球やJリーグ以外にもさまざまなプロスポーツがある。そのなかに、競馬、競輪、競艇、オートレースのいわゆる公営競技がある。その市場規模は非常に大きく、「レジャー白書2022」によれば4競技あわせて7兆4,340億円に上る。プロ野球の年間売り上げが1,500億円から2,000億円程度といわれているから、その規模がいかに大きいかわかるだろう。

▋法的な枠組み

　さて、公営競技はいずれも、参加者が勝利する競走対象を予想した投票券を購入して、予想が的中すれば配当金を受け取る、というシステムで成り立っており、ギャンブルに当たる。
　刑法は23章で「賭博及び富くじに関する罪」を定めており、187条では富くじの発売や授受を禁じている。公営競技の場合、主催者が賭金の合計から一定割合を控除した後、残りを配当として的中者に分配する仕組みになっている。これはパリミチュエル方式と呼ばれる主催者側にリスクが生じない配当方式であり、本来であれば上記の187条に反する行為である。
　それを避けるために、公営競技では根拠法と呼ばれる特別法が制定されており、競馬の競馬法、競輪の自転車競技法、競艇のモーターボート競争法、オートレースの小型自動車競争法がそれにあたる。犯罪の構成要件には構成要件該当性、違法性、有責性の3つがあり、公営競技は本来であれば187条に抵触するため構成要件該当性を満たす。また、年齢や精神状態等の判断能力が問題となる有責性に関しても、明らかに責任能力が認められる。しかし、特別法があるため刑法35条の「正当行為」に該当し、違法性阻却事由が形成されるため犯罪構成要件を満たさなくなるわけである。
　そのため、各特別法には事業の正当性の根拠が定められており、地方財政の改善に寄与することに加えて、競馬法には馬の改良増殖その他畜産の振興への寄与、自転車競技法には自転車その他の機械の改良および輸出の振興、モーターボート競走法にはモーターボートその他の船舶、船舶用機関および船舶用品の改良及び輸出の振興、小型自動車競争法には小型自動車その他の機械の改良および輸出の振興、といった法の趣旨が規定されている。

▋Web活用で人気回復

　そんな公営競技も、平成以降、経営悪化により地方競馬、競輪、オートレースにおいては事業の廃止が続いてきた。ただ近年、売上高は上昇に転じている。スマートフォンの急速な普及でパソコンとあわせて手軽にインターネットで投票できるようになったため、全国に客層を広げているともいわれている。

スポーツビジネスと法

なぜこの章を学ぶのですか？

　近年、プロスポーツリーグの誕生やオリンピック・パラリンピックなどの世界的なスポーツイベントの開催により、また、国のスポーツ政策においても「スポーツビジネス」への期待が高まっていることから、スポーツとビジネス、そして法律がどのように関係するのかを理解することは、スポーツビジネスの発展にとって大切なことです。

第13章の学びのポイントはなんですか？

　本章では、近年のスポーツビジネスへの期待をもとに、スポーツで稼ぐということ、そこで発生する権利や義務、スポーツビジネスと法律の関係について考えます。

＼ 考えてみよう ／

① あなたが考えるスポーツビジネスとは、どのようなビジネスだろうか。いくつか考えてみよう。

② スポーツビジネスを行う際に、どのような部分（特に法律的な部分）に気をつけなければならないだろうか。考えてみよう。

1 スポーツビジネスの発展

　オリンピックやワールドカップ、欧州サッカーやアメリカ 5 大スポーツ（アメリカンフットボール、バスケットボール、野球、アイスホッケー、サッカー）など、世界のスポーツはこの 30 年間、ビジネスとして大きな飛躍を遂げてきた。一方、日本のスポーツは、ビジネスとして比べるとその規模は足元にも及ばない。今後、世界のスポーツビジネスと肩を並べるために、日本のスポーツに必要なことはなにかを考える。

1 国際的なスポーツイベントの商業化

　1984 年のオリンピックロサンゼルス大会は、その商業化が話題となった大会である。それまではスタジアム建設や環境整備など開催都市に大きな負担が強いられていたが、ロサンゼルス大会では税金を使わず、オリンピック自体の収入で経費を賄おうとした。

　テレビ放映権収入、スポンサー収入、入場料収入、ライセンス収入の 4 つの収入を軸に徹底的な収益化とコストカットを実行した結果、大きな利益をあげた。これが契機となりオリンピックの商業化が加速したといわれている[1]。

＊1　オリンピックの経済的な問題については、第 10 章（p.154）を参照。

2 欧米のプロスポーツ

　欧州ではサッカー、アメリカでは 5 大スポーツ、とくにアメリカンフットボールが、日本とは比べ物にならないくらい収益をあげている。

　たとえば、2018/19 年シーズンに欧州で最も稼いでいるサッカークラブの収入は、日本円で約 1,000 億円を超える[1]。また、アメリカの NFL（ナショナルフットボールリーグ）では、2027 年までに年間総売上として約 2 兆 7,000 億円を目指すとしている[2]。一方、2020（令和 2）年度 J リーグ J1 クラブの平均収入は約 39 億円[3]、2021（令和 3）年度 J リーグの決算額は約 290 億円[4] である。欧米のプロスポーツの収益がどれだけ大きいか、容易に想像できるだろう。

3 日本のプロスポーツ

1993（平成5）年にスタートしたJリーグは、日本のスポーツ界を大きく変えたといわれている。それまでプロスポーツといえばプロ野球が代名詞であったが、プロ野球は企業（親会社）からの支援型ビジネスモデルであったため、球団独自でビジネスを展開することにはあまり積極的ではなかった。しかし、Jリーグは、企業（親会社）から独立して地域に密着し、クラブ独自でビジネスを展開して収益を稼ぐという独立型ビジネスモデルを提唱した。そのため、Jリーグ発足以降、日本でもスポーツマネジメント（スポーツから収益をもたらすための経営マネジメント）という言葉に注目が集まるようになったのである。

2004（平成16）年にプロ野球で球界再編問題[*2]が勃発して以降、プロ野球でも、企業（親会社）に頼りきりにならず、地域密着を掲げ、リーグや球団独自でビジネスを展開し、独立採算を目指す流れが定着するようになった。2016（平成28）年には第3のプロスポーツとしてバスケットボールのBリーグが開幕し、Jリーグのビジネスモデルを参考に収益化を図っている。このように、現在、日本のプロスポーツでは「稼ぐ」ことが重要視されている。

4 スポーツビジネスに対する期待

第3期スポーツ基本計画には、「今後5年間に総合的かつ計画的に取り組む施策」として12の項目があげられている[*3]。そのなかには、第2期スポーツ基本計画から引き続き、「スポーツの成長産業化」（すなわち、スポーツのビジネス化）があげられている[*4]。さらに、「スポーツ界におけるDXの推進」があげられ、デジタル技術を活用した新たなビジネスモデルの創出を推進することが示されている。

このように、日本のスポーツ政策においても、スポーツをビジネスとしてとらえ、その規模を拡大し、成長産業化への道筋を明確なものとするという期待がある[5)]。

*2 プロ野球の球界再編問題
親会社の経営難による大阪近鉄バッファローズとオリックスブルーウェーブの合併を指す。大阪近鉄バッファローズが消滅し、新規参入球団として東北楽天ゴールデンイーグルスが誕生する。第12章（p.179）も参照。

*3 第3期スポーツ基本計画については、第1章の注25（p.18）を参照。

*4 2012（平成24）年は約5.5兆円であった日本のスポーツ市場規模を、2025年には15兆円にまで膨らませる目標である。

192

2　スポーツで「稼ぐ」ということ

　第 3 期スポーツ基本計画では、第 2 期スポーツ基本計画に引き続き、2025 年までに日本のスポーツ市場規模を 15 兆円まで膨らませることが発表された。要するに、スポーツで「稼ぐ」ということである。しかし、日本では今なおスポーツで「稼ぐ」ことにアレルギー反応がある。スポーツで「稼ぐ」とはどのような意味なのだろうか。

1　教育としてのスポーツ

　明治時代以降、日本にスポーツが輸入されたが、当時スポーツは「楽しむ」[*5] よりも「身体を鍛える」ことに重点が置かれ、人材育成のための「体育」として[*6]、軍隊や学校を中心に広まっていった。また、地域で行われるスポーツ活動、いわゆるスポーツ少年団[*7] のような活動は、スポーツを通じた健康増進、協調性や創造性の育成、ルールや思いやりの心の習得場所という認識が強かった。このように、学校や地域社会のなかで発展してきた日本のスポーツでは、「稼ぐ」という言葉は好まれてこなかった。

2　スポーツで稼ぐこととは

(1)「稼ぐ」とは

　どんなにすばらしい活動を行っていたとしても、人や物が動く限りは経費がかかる。ボランティアもあるだろうが、それだけでは活動は続かない。本来求められることは、その活動が継続することなのである。

　活動を継続するためには、人件費や場所代、用具代など必要最低限の経費がかかる。これらの経費を賄うために、参加費やスポンサーなどから収入を得る。そうしなければ活動が続かないからである。では、はたしてこのような方法で収入を得ることは、「稼ぐ」ことになるのだろうか。

　たとえば、あり余るほどの利益が出ていれば、それは「スポーツを使って稼いでいる」ととらえる人がいるかもしれない。では、収支がゼロならどうなのだろうか。それでも参加費を徴収するなら「稼いでいる」のか。そもそも稼いでいるか否かの違いは、利益の大小や会費の有無なのだろうか。なにをもって「稼ぐ」というのだろうか。言葉の解釈にはあいまいな部分が残されている。これらの解釈が整理されなければ、スポーツで「稼ぐ」ことはで

＊5　スポーツ (sport) の語源は、ラテン語の「deportare」である。これがフランス語や英語で訳され、気分を転じる、楽しませる、遊ぶという意味となる[6)]。

＊6　明治の三育、すなわち「知育」「徳育」「体育」をいう[7)]。

＊7　スポーツ少年団　日本スポーツ少年団は、1962（昭和37）年に「スポーツによる青少年の健全育成」を目的に創設された日本で最大の青少年スポーツ団体である[8)]。

きない。

（2）営利目的と非営利目的

　「稼ぐ」に置き換わる言葉として、営利目的という表現がある。また、営利目的の反対の言葉として、非営利目的という表現もある。これらはスポーツの世界ではよく使われる言葉であるが、営利目的は「収入を得る・利益がある」、非営利目的は「収入を得ない・利益がない」と理解している人が少なくない。しかし、正しい理解は、営利目的は「利益を還元（分配）すること」、非営利目的は「利益を還元しないこと（利益は翌事業年度に繰り越す）」である。営利か非営利かは、利益の有無や金額の大小などで判断するものではなく、あくまで収入から支出を差し引いた利益を一部の者（株主など）に還元（分配）するか（営利目的）、または還元しないか（非営利目的）である。

　誤った理解がある理由として、日本のスポーツは学校や地域社会で育ってきた経緯があり、もともとスポーツをするために多くの費用を支払う習慣がなかったからだと考えられる。しかし、本来は営利目的でも非営利目的でも、収入を得て、費用を払い、利益を出すことはなんら問題ない。あくまでその利益を還元するか（営利目的）、還元しないか（非営利目的）の話である。

　たとえば、日本スポーツ協会や日本サッカー協会は、公益財団法人という非営利を目的とした法人である。その収入源には、物販や資格の認定、スポンサー獲得、放映権の販売などがあり、年間収入はかなり大きな額となっている。これらの事業が非営利目的か、と思うところはあるが、あくまでも利益を還元せず、翌年度の事業に繰り越し、事業として使えば、その目的は非営利目的なのである。ちなみに、プロサッカーリーグのJリーグ、プロバスケットボールリーグのBリーグは公益社団法人、プロ野球の日本野球機構は一般社団法人という非営利を目的とした法人である[8]。

＊8　スポーツ団体の法人格については、第2章（p.27）を参照。

図 13-1　営利目的と非営利目的

（3）スポーツで稼ぐことの理解

　スポーツは、世界的にビジネスとして期待されている。だからこそ、私たちはスポーツで「稼ぐ」ことを正しく理解しなければならない。

　実際、地方公共団体の施設を借りる際、担当者に「会費を徴収するなら営利団体だ」と判断され、施設が借りられなかったり使用料が高額になったりすることが少なくない。その判断は地方公共団体によって異なる場合もある。そのようなあいまいな判断では、スポーツビジネスを継続することはできない。

　今後、日本のスポーツビジネスを発展させるためには、この「稼ぐ」ことの意味を正しく理解する必要があるだろう。

3 スポーツビジネスと権利

　日本においてもスポーツビジネスの市場規模が大きくなると、海外のように莫大な収益が得られる可能性がある。一方、その利益を受けられるのは誰なのか、そもそもこの権利は誰のものなのかをしっかりと把握する必要がある。ここでは、スポーツビジネスと権利関係について考える。

1 スポーツビジネスにおけるさまざまな権利

　スポーツは、多くの人々の関心を引きつけるがゆえに、その映像や写真、デザイン、選手などの肖像自体に高額な価値を生むことがある。スポーツビジネスの多くは、これらの価値を権利として販売するビジネスともいえる。

　プロスポーツであれば、試合などの映像や写真、使用する音楽には著作権[*9]、試合を放送するには放映権、ロゴマークには商標権[*10]、選手の肖像には肖像権[*11]などが深く関係する。また、シューズやアパレルを製造・販売するスポーツメーカーや選手マネジメントにおいても、同様の権利がかかわってくる。これらの権利を使用するにあたっては権利者などに承諾を得る必要があり、もし承諾なしに使用すれば、損害賠償の問題に発展する可能性がある。

　したがって、誰が権利者なのかを把握することは、権利を行使するビジネスにおけるファーストステップである。また、自らが権利者である場合、他人が無断でその権利を使用したとなれば、本来受け取れるはずの利益が失われるおそれがあるため、権利者としてもしっかりと目を光らせる必要がある。

*9　著作権
著作権は、著作物を保護するための権利であり、著作物とは思想または感情を創作的に表現したものであって、文芸、学術、美術または音楽の範囲に属するものをいう。

*10　商標権
商標権とは、商品またはサービスについて使用する商標に対して与えられる独占排他権をいう。

*11　肖像権
肖像権には、プライバシー権とパブリシティ権があり、前者は勝手に肖像を撮られない、公表されない権利、後者は自らの肖像を利用して利益を得ることができるのはその本人だけであり、他人に勝手に使用されない権利である。

2 契約とは

（1）契約の重要性

　各種権利を使用する際には、通常、その使用を承諾する内容の契約を結ぶことになる。たとえば、権利者は、スポーツに関する映像や写真、デザイン、選手などの肖像を使用させる、試合を独占して放送させる、選手をメディアへ出演させるなどの代わりに、権利使用に関する報酬を相手方に請求することができる。相手方は報酬を支払ったうえで、その権利を使用することによって自らのビジネスを行うのである。このような場合において、互いの権利や義務、その他の条件を明確にすることが契約であり、その証拠として契約書を作成することが一般的である。

　契約とは、「2人以上の当事者の意思表示の合致によって成立する法律行為」である[9]。契約の当事者はその内容について法的に拘束され、互いに契約に定めた義務（債務）を行うよう相手方に要求でき、義務違反（債務不履行）がある場合には損害賠償などを請求することができる[12][10]。契約は互いの法的な権利義務関係を成立させる行為であり、ビジネス全般において重要な行為である。そのため、スポーツビジネスにおいても、契約に関する知識をしっかりと理解していなければならない。もし正しく理解していなければ、本来得られるはずの利益を失うかもしれず、また知らずに誰かの権利を侵害して損害賠償などを請求されるかもしれないからである。

（2）契約自由の原則

　契約は、当事者の自由な意思にもとづいて結ぶことができ、当事者間で結ばれた契約に対して国家は干渉してはならない。これを契約自由の原則と呼ぶ。「契約をするか、しないか」「誰とするか」「どのような内容にするか」「形式をどうするか」などについて、当事者は自由に決めることができる[13]。ただし、公序良俗に反する契約内容は、当事者間で合意しても無効となる[14]。

　契約は当事者双方に対して法的な拘束力を発生させる重要な行為であるが、契約自由の原則に従えば当事者間で自由に決められるため、それほど難しく考える必要はない。ただし、一度締結されれば法的拘束力をもち、当事者双方はその内容に拘束されるため、契約の内容はしっかりと検討しなければならない。

＊12　債務不履行については、第9章（p.139）を参照。

＊13　労働者や消費者といった立場の弱い者を保護する観点から、一定の関係においては、法律によって契約自由の原則の例外が設けられていることもある。

＊14　民法90条「公の秩序又は善良の風俗に反する法律行為は、無効とする。」

3 スポーツ団体の法人化

（1）権利義務の主体

　2000（平成 12）年に発表されたスポーツ振興基本計画では、地域のスポーツクラブである総合型地域スポーツクラブ[*15] に対して、特定非営利活動法人（以下、「NPO 法人」という）などの法人格の取得を推奨している。その理由として「法人格を取得することで、総合型地域スポーツクラブは組織として権利義務の主体となることが可能となる」と示されている。従来の地域スポーツクラブの多くは法人格を取得していないため、今後、経済的自立を目指す総合型地域スポーツクラブに対して、権利義務の主体となるために法人格の取得を求めたのである。では、権利義務の主体とはなんだろうか。

　民法では、権利義務の主体になれるのは人（自然人）または法人とされている。従来の地域スポーツクラブは、人も集まり歴史もあるが、法人格を取得していない、いわゆる任意団体[*16] が多かった。任意団体は人でも法人でもないため、権利義務の主体ではないと考えられる。そのため、団体としての権利や義務がどこにあるのかが定かではなかった[*17]。

　私たちが法律上の権利を行使し、義務（責任）を果たす場合、たとえば契約の当事者になるためには、権利義務の主体でなければならない。なぜなら、権利や義務が定かではない任意団体は、誰が権利を行使し、義務（責任）を果たすのかがあいまいであり、それが原因で契約相手に不利益が生じることもあるからである。こうした団体は信頼を得ることができず、契約（ビジネス）が難しいと判断される。契約ができなければビジネスにはならず、経済的自立も難しくなるため、相手の信頼を得てビジネスを進め、経済的自立を果たすうえで、権利義務の主体となること（法人化）は重要である。

（2）法人格の種類

　スポーツ団体の法人化において、非営利を目的とする場合の代表的な法人格は、特定非営利活動促進法（NPO 法）にもとづく NPO 法人である。さらに、一般社団法人及び一般財団法人に関する法律にもとづく一般社団法人や一般財団法人（以下、「一般法人」という）、一般法人の公益性が認められた公益社団法人や公益財団法人がある。また、営利を目的とする場合の代表的な法人格は、会社法にもとづく株式会社である[*18]。

　一般的に、地域のスポーツ団体は NPO 法人や一般社団法人、スポーツリーグは一般社団法人や公益社団法人、スポーツ協会・連盟は一般財団法人や公益財団法人、プロスポーツチームやフィットネス、スイミングクラブのよう

*15　総合型地域スポーツクラブの特徴は、①複数の種目が用意され、いつでも誰でも活動することができること、②拠点となるスポーツ施設およびクラブハウスがあり、質の高い指導者のもと個々のスポーツニーズに応じたスポーツ指導が行われること、③これらについて、地域住民が主体的に運営することである。

*16　任意団体
法人格のない団体のことで、権利能力なき社団、人格なき社団ともいう。

*17　権利義務の主体は、個人なのか、（法人と同じように）団体なのか。その組織の様態等を考慮して判断されることになる。

*18　NPO 法人や社団法人、株式会社は人の集合体である。一方、財団法人は財産の集合体である。なお、第 2 章（p.28）も参照。

な民間のスポーツクラブは株式会社であることが多い。しかし、必ずしもそれらの法人格でなければならないということではない。重要なのは、各々の法人格の特徴を理解し、適切な法人格を選択することである。

（3）法人税

　法人になることにより、各種税金についても注意しなければならない。特に法人税法では、NPO法人や一般法人などの非営利を目的とする法人は、株式会社などの営利を目的とする法人とは異なる取り扱いとなっている。

　株式会社などの普通法人[19]は、原則すべての所得に法人税が課せられる「全所得課税」であるが、NPO法人や一般法人（非営利型[20]）などの非営利を目的とする法人は、34の収益事業[21]を行った場合[22]に法人税が課せられる「収益事業課税」である。逆に、34の収益事業ではない事業からの所得には法人税は課税されない。たとえば、スポーツを教えて報酬を得るスポーツ指導の対価（会費など）は現在34の収益事業に含まれていないと解されており、NPO法人や一般法人（非営利型）で行うスポーツ教室の会費などは法人税法上、課税対象とされていない（非課税）。また、公益法人の場合は、さらに税制上の優遇がある。

＊19　法人税法2条9号。

＊20　公益認定を受けていない一般社団法人・一般財団法人のうち、非営利性が徹底された法人または共益的活動を目的とする法人は、特段の手続きを踏むことなく公益法人等である非営利型法人になる[11]。

＊21　法人税法2条13号、法人税法施行令5条1項。

＊22　34業種を、継続して事業場を設けて行う場合をいう。

4　新しいスポーツビジネスの創造・拡大

　第3期スポーツ基本計画において、日本のスポーツ市場規模を2025年までに15兆円に膨らませるという目標を達成するためには、現状のスポーツ市場だけでは難しいだろう。そのため、新たなスポーツビジネスの創造・拡大が期待されている。そこで新たなスポーツビジネスと法について考える。

1　スポーツ×旅行（スポーツツーリズム）

（1）旅行業法

　スポーツツーリズムとは「スポーツ×旅行」を意味し、スポーツを「観る」または「する」ことをきっかけに人が移動することで、消費が生まれるビジネスモデルである。たとえば、オリンピック・パラリンピック東京大会の開催をきっかけに、国内外の人々が東京に来る、移動する、宿泊する、食事をする、お土産を買うなどは、オリンピック・パラリンピックが東京で開催されなければ東京に来ることのなかった人々が、東京にさまざまな消費を生む

「観る」スポーツツーリズムである。また、東京マラソンに代表されるマラソン大会の開催は、「する」スポーツツーリズムの一例である。世界的なスポーツイベントから国内のスポーツイベントまで、大小さまざまなスポーツイベントが消費を生むという新しいスポーツビジネスである。

　しかし、いくつかの問題も発生している。一般的にスポーツツーリズムはスポーツ観戦や体験を軸とした旅行業であり、旅行業法を遵守しなければならない。旅行業法 2 条 1 項には「この法律で『旅行業』とは、報酬を得て、次に掲げる行為[*23] を行う事業をいう」[*24]、同法 3 条には「旅行業又は旅行業者代理業を営もうとする者は、観光庁長官の行う登録を受けなければならない」との定めがある。過去にこの登録をせずに、スポーツ講習会を企画し、宿泊などの手配を行った企業が書類送検されたことがあった[12]。

（2）旅館業法と住宅宿泊事業法

　スポーツツーリズムでは、スポーツイベント会場付近の宿泊施設が不足するという事態が想定される。2020 年のオリンピック・パラリンピック東京大会の開催時にもこの問題が懸念されたが、これを解決するために「民泊」というビジネスモデルに注目が集まった。

　民泊とは、旅行者がホテルや旅館などに宿泊するのではなく、民家や空き家などに宿泊するビジネスモデルである。旅行者は安価で宿泊でき、家主は空いた部屋を新しいビジネスとして使うことができる。民泊によってスポーツツーリズムでの宿泊施設の不足を解消できるのである。しかし、ホテルや旅館などは旅館業法の遵守が必須であるのに対し、民泊には明確なルールがなかったため問題が起こることもあった。安全や衛生面が確保されていなかったり騒音やゴミ出しなどによる近隣トラブルが起こったりして社会問題となったこと、旅行者の宿泊ニーズが多様化していることなどに対応し、健全な民泊サービスの普及を図るものとして、2017（平成 29）年に住宅宿泊事業法（民泊新法）が成立した[13]。以後、スポーツツーリズムにおいて民泊を行う際にも、この法律の遵守が求められている。

2 e スポーツ

（1）法律の壁

　e スポーツとは、「エレクトロニック・スポーツ」の略で、コンピュータゲーム、ビデオゲームを使った対戦をスポーツ競技としてとらえる際の名称である[14]。そもそも日本では、e スポーツはスポーツか否かの議論があるが、ス

*23　旅行業法 2 条 1 項 1 号から 9 号に掲げる行為を指す。

*24　もっぱら運送サービスを提供する者のため、旅行者に対する運送サービスの提供について、代理して契約を締結する行為を行うものを除く。

ポーツ本来の意味に余暇や楽しむものという言葉が含まれることを鑑みれば、eスポーツもスポーツといえるだろう。

1980年代からコンピュータゲームが流行し、1990年代に入るとインターネットが普及する。そして、2000年頃から「eスポーツ」という単語が使われはじめた。近年、世界的に従来のスポーツを凌ぐほどの人気があり、数多くの大会が世界中で開催され、大きな収益を得ている。また、その賞金が莫大であることに注目が集まっている。一方、日本のeスポーツ市場は海外に比べるとその規模は大きくない。その理由には法律の壁があるといわれてきた。

日本で賞金を分配するeスポーツ大会（以下、「eスポーツ大会」という）の開催において壁となって立ちはだかった法律としては、刑法や不当景品類及び不当表示防止法（以下、「景品表示法」という）、風俗営業等の規制及び業務の適正化等に関する法律（以下、「風営法」という）などがある。

（2）刑法

刑法には、賭博について、185条に「賭博をした者は、50万円以下の罰金又は科料に処する。ただし、一時の娯楽に供する物を賭けたにとどまるときは、この限りでない」、186条1項に「常習として賭博をした者は、3年以下の懲役に処する」、同条2項に「賭博場を開張し、又は博徒を結合して利益を図った者は、3月以上5年以下の懲役に処する」と定めている。一般的に賭博とは「偶然の勝敗により財物や財産上の利益の得喪を争う行為」と考えられており、eスポーツ大会において、参加料などを徴収し、それを原資として賞金を出すような場合、賭博に該当するおそれがあるといわれている。

（3）景品表示法

景品表示法は、商品および役務の取引に関連する不当な景品類および表示による顧客の誘引を防止し、一般消費者の利益の保護を目的とする法律である*25。この法律によって規制される事業者の活動には不当表示規制と景品規制があり*26、eスポーツ大会の開催において議論されるのは景品規制である。

一般的にeスポーツ大会に参加する者は、対象となるゲームソフトを購入し練習する。また、ゲーム内で課金しなければ実質的に強くならないこともある。このような現状において、ゲームソフトの購入や課金という商品・役務の取引に付随して、大会の勝者に賞金が提供されていると考えることができ、この場合、景品表示法の景品規制が適用されるおそれがある。もし適

*25 景品表示法1条「この法律は、商品及び役務の取引に関連する不当な景品類及び表示による顧客の誘引を防止するため、一般消費者による自主的かつ合理的な選択を阻害するおそれのある行為の制限及び禁止について定めることにより、一般消費者の利益を保護することを目的とする。」

*26 消費者庁「景品規制の概要」事業者が過大景品を提供することにより消費者が過大景品に惑わされて質の良くないものや割高なものを買わされてしまうことは、消費者にとって不利益になる。また、過大景品による競争がエスカレートすると、事業者は商品・サービスそのものでの競争に力を入れなくなり、これがまた消費者の不利益につながっていくという悪循環を生むおそれがある[15]。

用されるならば、賞金に上限が設けられるなどの規制に従わなければならない。とくに大会の対象となるゲームソフトの制作や販売会社が大会の主催者・共催者であるような場合には、景品表示法を意識しなければならない[27]。

（4）風営法

eスポーツ大会は、風営法上の風俗営業に該当する可能性があると考えられている。風営法 23 条 2 項は「第 2 条第 1 項第 4 号のまあじやん屋又は同項第 5 号の営業を営む者は、前条第 1 項の規定によるほか、その営業に関し、遊技の結果に応じて賞品を提供してはならない」と定めている。もしeスポーツ大会がこの 5 号に該当する（ゲーム機を備える常設の施設で、賞金を配分するeスポーツ大会を営業として開催する場合）と考えられる場合、風営法の各種規制を受けることになる。

（5）新しいeスポーツ大会のかたち

今日までeスポーツ大会の開催にはさまざまな法律の壁が存在していたが、近年では関係各省庁との協議や業界内での議論・検証等を行ってきた結果、プロライセンス制度の導入や参加者や主催者以外の第三者からの資金提供により賞金を出すことや、仮に大会の主催者が賞金を提供する場合であっても、参加料が大会運営費用にのみ充当され、賞金・賞品に充当されていないことなど、少しずつであるが問題解決の糸口が見つかってきている[16]。

日本でeスポーツがビジネスとしてとらえられるようになったのは、ごく最近の話である。上記以外にも著作権法（ゲームのライセンス許諾）や興行場法（興行として大会を開催する場合の施設）など、eスポーツビジネスを取り巻く法律問題はまだ残っている。eスポーツのための法律が存在しないため、しばらくは今の法律で対応するだろうが、定義や解釈には議論の余地がある。現在、国内を統括するeスポーツ団体は、関係各省庁と協議を重ね、法律に違反しないeスポーツ大会の形をつくっている。

3　今後のスポーツビジネスと法

近年、スポーツビジネスにおいて新しい収益源の創造が検討されている。そのなかで注目されるのがデジタルトランスフォーメーション[28]（以下、「DX」という）であり、その動きは急激に進んでいる。特に DX を活用した資金循環の強化・拡大という点では、スポーツベッティング[29]やファンタジースポーツ[30]、ギフティング[31]、スポーツトークン[32]、NFT[33]など、

*27　主催者や共催者が、ゲームソフトの制作や販売会社等でない場合は、適用を受けないこともある。

*28　デジタルトランスフォーメーション（DX）
デジタル技術を浸透させることで、人々の生活をよりよいものへと変革することをいう。

*29　スポーツベッティング
スポーツ賭博。

*30　ファンタジースポーツ
好きなスポーツからお気に入りの選手を選び、架空のチームをつくるシミュレーションゲームである。

*31　ギフティング
応援したいスポーツチームや選手に対して投げ銭を行うことをいう。

*32　スポーツトークン
お気に入りのスポーツチームが発行するデジタル通貨を保有して、特典を受けたりチーム運営にかかわりをもったりすることを指す。

*33　NFT
Non-FungibleToken。代替不可トークン、または非代替性トークン。発行された NFT と同じ NFT は世界に 2 つと存在せず、NFT は複製ができない。

＊34　ブロックチェーン技術
取引履歴を暗号技術によって過去から1本の鎖のようにつなげ、正確な取引履歴を維持しようとする技術をいう。

ブロックチェーン技術＊34 を活用したファンエンゲージメントサービス＊35 などの可能性に注目が集まっている。これらはすでに欧米のプロスポーツで取り入れられており、日本でもその検討や一部導入が始まっている。日本の文化や法律で、その可能性を検討し、どのような法的問題点があるのか、海外の事例を参考に検討し、明らかにしていく必要があるだろう。

5 スポーツビジネスと法

スポーツビジネスは新しいビジネスであり、かつ可能性を秘めているビジネスでもある。今後、日本のスポーツビジネスを発展させるためにはどのようなことを意識しなければならないのか、その重要なポイントについて考える。

＊35　ファンエンゲージメントサービス
ファンとつながりをもつために行うさまざまな行動をいう。

1 スポーツビジネスの可能性

現在、スポーツがビジネスとして注目を集め、大きな市場に成長しようとしている。スポーツは多くの人々の関心を集めるからこそ、そこで動く金額も大きい。そして、多くのステークホルダー（利害関係者）が期待しているからこそ、市場規模が拡大する可能性を秘めている。これは先行する欧米の事例を見れば明らかであり、日本でもその可能性に期待がかかっている。

しかし、日本と欧米ではその歴史や文化、法律などに違いがあるため、十分に検討されなければならない。なぜならそのビジネスモデルが日本の文化やルール（法律など）に適していなければ、それがどんなに優れたビジネスモデルであっても、発展を阻害する要因となるからである。まして、法律が予期していない新しいビジネスモデルであればなおさらである。

2 コンプライアンスの重要性

スポーツビジネスは、その言葉の新しさゆえに取り組みに注目が集まるが、スポーツ商品またはスポーツサービスを提供するビジネスととらえれば、一般のビジネスとなんら変わるものではなく、遵守すべきルールに違いはない。たとえば、商取引に関しては商法、消費者と事業者との取引では消費者基本法や消費者契約法、事業者間の公正な競争には不正競争防止法、事業者の公正かつ自由な競争の促進については独占禁止法＊36、雇用については労働基

＊36　正式名称は、「私的独占の禁止及び公正取引の確保に関する法律」。

準法、個人情報の取り扱いには個人情報保護法、コンテンツなどの知的財産保護には著作権法や商標法、イベントなどにおけるチケットの不正転売防止にはチケット不正転売禁止法[37] など、スポーツビジネスに関係する法律をあげればきりがない。

　結局、スポーツビジネスとは、スポーツを使ったビジネスであり、ほかのビジネスと同様に世の中のルールを無視するわけにはいかない。そのため、コンプライアンス（法令遵守）を徹底するとともに、スポーツビジネスの発展に向けて既存のルールを熟知し、新しいルールをつくっていかなければならない。スポーツビジネスの発展には、法律の理解は欠かせないのである。

[37]　正式名称は、「特定興行入場券の不正転売の禁止等による興行入場券の適正な流通の確保に関する法律」。

引用文献

1）デロイトトーマツスポーツビジネスグループ「Football Money League」2020 年 1 月
（https://www2.deloitte.com/jp/ja/pages/consumer-and-industrial-products/articles/sb/football-money-league2020.html）

2）渡辺史敏「日経 XTECH 売上 130 億ドルへ世界一の NFL、驚きの収益力（2016 年 5 月 31 日）」
（https://xtech.nikkei.com/dm/atcl/column/15/052000044/052000003/）

3）J リーグ 2020 年度クラブ経営情報開示
（https://aboutj.jleague.jp/corporate/wp-content/themes/j_corp/assets/pdf/club-r2kaiji_1_20210528.pdf）

4）J リーグ経営情報（https://aboutj.jleague.jp/corporate/wp-content/themes/j_corp/assets/pdf/kessan-2021.pdf）

5）スポーツ庁・経済産業省「スポーツ産業の活性化に向けて（平成 28 年 4 月 13 日）」
（https://www.kantei.go.jp/jp/singi/keizaisaisei/jjkaigou/dai44/siryou7.pdf）

6）JSPO Plus「『スポーツ』の語源や由来とは？定義における『体育』との違いも解説」
（https://media.japan-sports.or.jp/news/41）

7）同上

8）日本体育協会日本スポーツ少年団「ガイドブックスポーツ少年団とは――スポーツ少年団組織と活動のあり方の解説書」
（https://www.japan-sports.or.jp/Portals/0/data/syonendan/doc/H27guidebook.pdf）

9）松村　明監修「デジタル大辞泉」　小学館

10）法律関連用語集　「民法基本用語に関わる用語」
（https://www.weblio.jp/content/%E5%A5%91%E7%B4%84?dictCode=HRKYJ）

11）国税庁「一般社団法人・一般財団法人と法人税（平成 26 年 3 月）」
（https://www.nta.go.jp/publication/pamph/hojin/koekihojin/pdf/01.pdf）

12）日本経済新聞 2016 年 7 月 28 日
（https://www.nikkei.com/article/DGKKASDG28H5W_Y6A720C1CC0000/）

13）民泊制度ポータルサイト
（https://www.mlit.go.jp/kankocho/minpaku/overview/minpaku/law1.html）

14) 一般社団法人日本eスポーツ連合 (https://jesu.or.jp/contents/about_esports/)
15) 消費者庁ウェブサイト「景品規則の概要」(https://www.caa.go.jp/policies/policy/representation/fair_labeling/premium_regulation/)
16) 一般社団法人日本eスポーツ連合「eスポーツに関する法的課題への取組み状況のご報告（2019年9月12日）」(https://jesu.or.jp/contents/news/news_0912/)

参考文献

・平尾 覚ほか監修、稲垣弘則編著『DX時代のスポーツビジネス・ロー入門』中央経済社　2021年
・石堂典秀・建石真公子編『スポーツ法へのファーストステップ』法律文化社　2018年
・JSPO Plus (https://media.japan-sports.or.jp)
・JSPO スポーツ少年団 (https://www.japan-sports.or.jp/club/tabid66.html)
・トップコート国際法律事務所 (https://topcourt-law.com/new_business/esports_five_law)

学びの確認

（　　　）に入る言葉を考えてみよう。

① 1984年のオリンピック（　　　　　　　　　）大会は、その商業化が話題となった大会だった。

② 第3期スポーツ基本計画には、スポーツ界における（　　　　　）の推進について触れ、（　　　　　　　　）を活用した新たなビジネスモデルの創出を推進することが示されている。

③ 正しい理解として、営利目的は（　　　　　　　　　　　　　）、非営利目的は（　　　　　　　　　　）である。

④ 契約は、当事者の自由な意思にもとづいて結ぶことができる。これを（　　　　　）の原則と呼ぶ。

⑤ 特定非営利活動法人は、（　　　　　　　　）にもとづく法人である。また、（　　　　　　　　）にもとづく一般社団法人がある。

⑥ NPO法人や一般社団法人（非営利型）などの非営利を目的とする法人は、34の収益事業を行った場合、法人税が課せられる（　　　　　　　　　　）である。

⑦ スポーツツーリズム（旅行の計画、運送または宿泊手配など）を展開する場合、（　　　　　　　　）という法律に注意する必要がある。

⑧ 賞金を分配するeスポーツ大会の開催において考慮しなければならない法律には、（　　　　）や（　　　　　　　　　）、（　　　　　　　　）などがある。

スポーツ団体の努力、 スポーツ・インテグリティ

2020年のオリンピック・パラリンピック東京大会（以下、「東京大会」という）の開催が決定した2013（平成25）年前後、日本スポーツ界の不祥事がたびたび新聞やテレビ等で報じられた。これらは東京大会の招致とともに、スポーツが国民の関心事になったからであろう。

2011（平成23）年施行のスポーツ基本法は、私たち一人ひとりにスポーツをする権利、いわゆるスポーツ権があることを明文化した。そして国や地方公共団体、スポーツ団体に対して、守るべき責務や努力をあげている。そのなかで、同法5条は、「スポーツ団体の努力」として、スポーツ団体が意識しなければならないことを明記しており、スポーツ団体のガバナンスやコンプライアンスがその一つだといわれている。

スポーツ基本法
第5条　スポーツ団体は、スポーツの普及及び競技水準の向上に果たすべき重要な役割に鑑み、基本理念にのっとり、スポーツを行う者の権利利益の保護、心身の健康の保持増進及び安全の確保に配慮しつつ、スポーツの推進に主体的に取り組むよう努めるものとする。
2　スポーツ団体は、スポーツの振興のための事業を適正に行うため、その運営の透明性の確保を図るとともに、その事業活動に関し自らが遵守すべき基準を作成するよう努めるものとする。
3　スポーツ団体は、スポーツに関する紛争について、迅速かつ適正な解決に努めるものとする。

また、2017（平成29）年に発表された第2期スポーツ基本計画では、スポーツ・インテグリティの向上（スポーツに関する不正の防止）についての記載があり、団体ガバナンスの欠如を含む、ドーピングや八百長、違法賭博、暴力、ハラスメントなどに対する、教育、情報提供、危機管理休制の必要性を記している。

さらに、2022（令和4年）年に発表された第3期スポーツ基本計画においても、「担い手となるスポーツ団体のガバナンス改革・経営力強化」「スポーツ・インテグリティの確保」についての記載がある。前者は、「スポーツの機会提供等の主要な担い手となるスポーツ団体のガバナンス改革・経営力強化を図ることで、国民がスポーツに関わる機会の安定的な確保に資する」という政策目標を掲げており、その施策目標として「ガバナンス・コンプライアンス研修等を通じてスポーツ団体の組織運営の透明化を図りつつ、収益拡大に向けた団体間の情報共有や外部人材の雇用創出等の支援により、戦略的な経営を行う組織体制の拡充を図る」としている。後者は、第2期スポーツ基本計画と同様に、さらなるスポーツ・インテグリティの向上を目指している。

スポーツ団体のガバナンスやコンプライアンス、スポーツ・インテグリティなどの言葉が私たちの口から語られるようになったのは、やはり東京大会の招致・開催が契機であり、同時に数多くの問題を指摘されたことで、スポーツ関係者がこれらの問題を真剣に議論した結果であるといえよう。東京大会を契機に、日本のスポーツ団体にガバナンスやコンプライアンス、スポーツ・インテグリティの意識が根づき、私たちのスポーツ環境によい影響を与えてくれる、これこそがまさに東京大会のオリンピック・レガシー、すなわち「オリンピック競技大会の有益な遺産を、開催国と開催都市が引き継ぐよう奨励する」（オリンピック憲章第1章第2項「IOCの使命と役割15」より）ことであるといえるのだろう。

はたして日本のスポーツは、東京大会を境に変わったのだろうか。その答え合わせはもう少し先の話かもしれない。

[参考文献]
・スポーツ庁「第3期スポーツ基本計画」
（https://www.mext.go.jp/sports/content/000021299_20220316_2.pdf）

学びの確認（解答）

第1章

1　① 幸福追求　生存　　　　　　② Sports for All(みんなのスポーツ)

　　③ スポーツ振興　　　　　　　④ スポーツ基本

　　⑤ スポーツ基本計画　　　　　⑥ スポーツ庁

　　⑦ 日本スポーツ振興センター　⑧ スポーツ振興投票またはスポーツ
　　　　　　　　　　　　　　　　　　くじ

第2章

① スポーツの振興　　　　　　　② 定款

③ スポーツの推進　　事業の適正化　　迅速かつ適正な紛争解決

④ 公益性　　ガバナンス　　　　⑤ スポーツ団体ガバナンスコード

第3章

① 責務　　　　　　　　　　　　② 地方スポーツ推進計画

③ スポーツ基本条例　　　　　　④ 教育委員会中心型　首長部局中心型

⑤ スポーツ施設管理　　　　　　⑥ スポーツ推進

⑦ 総合計画　　　　　　　　　　⑧ 学校体育・スポーツ施設

⑨ 都市公園法　　　　　　　　　⑩ 指定管理者制度

第4章

① ジェンダー・バイアス　　　　② アンコンシャス・バイアス

③ タイトルナイン　　　　　　　④ 40

⑤ 女性差別撤廃条約　　　　　　⑥ ブライトン＋ヘルシンキ宣言

⑦ ポジティブ・アクション　　　⑧ 男女共同参画基本計画

第5章

1　① ルードウィッヒ・グッドマン
　　　「失ったものを数えるな。残されたものを最大限生かせ」

　　② 厚生労働　　文部科学　　　スポーツ

　　③ スポーツ基本法　　　　　　④医学　　　社会

　　⑤ 社会　　障害者基本法　　　社会的障壁

　　⑥ 障害者差別解消法　　合理的配慮

第6章

1　① ×

(解説) 1879 (明治12) 年の教育令46条で体罰の禁止は明文化されている。

② ×（表6-1を参照）　　　　　　　③ ×

④ ×（正当行為を参照）

2　① 侵害　　肉体的苦痛　　　　　② 傷害　　暴行

③ 709　　不法行為　　　　　　　④ インテグリティ

第7章

① 組織内の優位性を背景に、指導上必要かつ相当な範囲を超えたものにより、苦痛から競技環境が害される行為・言動等である。

② 民事上の責任として、民法による損害賠償責任、使用者責任が問われる。選手と契約関係がある場合は、安全配慮等義務違反としての債務不履行責任が問われる。刑事上の責任として、内容によっては刑法による傷害罪、傷害致死罪、業務上過失致死罪、暴行罪、強制わいせつ罪、強制性交等罪などが問われる。

③ 縦社会であるがゆえに、先輩や指導者からの理不尽なハラスメントが生じやすい。試合出場や進路における指導者の裁量が大きいがゆえに、ハラスメントを告発しにくい。閉鎖的であるがゆえに、ハラスメントが顕在化しにくく、加害者から逃れにくい。男性中心社会であるがゆえに、女性競技者へのハラスメントが生じやすいといった特徴がある。

第8章

1　① 安全配慮義務　　予見義務　　回避義務

② 教育課程外の教育活動

③ 事故の責任　　地方自治体　　活動場所や施設や器具等　　安全配慮義務

第9章

① ×

(解説) スポーツ活動中の事故であったとしても、当事者は民事責任・刑事責任・行政責任といった法的責任を負う可能性がある。

② ○

③ ×

(解説) 重大事故の検証はもちろん、実際には重大な結果にはならなかった軽微な事故や問題点（リスク）を見逃さずに対処していくことについても、重大な事故を予防するためには重要である。

④ ○

⑤ ×

（解説）スポーツ活動中の事故であったとしても、参加者の不注意やルールを逸脱する危険なプレーによって相手選手にケガをさせてしまったなどの場合には、当事者は相手選手に対して法的責任を負う可能性がある。

⑥ ○

⑦ ○

⑧ ×

（解説）スポーツ指導者やスポーツイベントの主催者があらかじめ想定されるすべての危険について考えうる限りの予防策を講じていた場合には、十分な事故の予防策を講じていたと判断され、法的責任を負わない。

第 10 章

① ○

② ×

（解説）アマチュア規定は 1974 年に削除された。現在では、サッカー、バスケットボール、野球などを中心として、プロ選手は数多く出場している。

③ ○

④ ×

（解説）正しくは IOC。なお、2021 年版の憲章において「国際連合（国連）」ということばは一度も出てこない。

⑤ ×

（解説）正しくはスポーツ仲裁裁判所（CAS）による仲裁。NOC は選手の参加登録申請ができるのみであり、それを IOC が受理することで初めて参加選手が決定する。IOC は申請を拒否することもできる（規則 44）。

⑥ ○

⑦ ×

（解説）国や組織等を標的にしないことや妨害行為にならないことなどの条件つきで部分的に認められている。

⑧ ○

第 11 章

① 使用する薬物や方法により身体に及ぼす効果が異なるが、①痛みや疲れを感じにくくなる、②筋肉や骨格が発達して身体能力が高まる、③持久力が高まるなどが起こる。

② 禁止物質が含まれるサプリメントも売られている。サプリメントの外装に「ドーピングにならない」と書いてあっても、製造過程で禁止物質が混入している場合が

ある。「厳格責任の原則」により、身体から禁止物質が検出されると原因を問わずドーピング違反となる。

③ 国によって内容が異なる。たとえばドイツ・フランスの法律には罰則があるが、日本にはなく、警察も動かない。フランスではドーピングを取り締まるフランスドーピング対策機構に大きな権限が与えられているが、日本・ドイツではそうではない。

第12章

① 労働組合
② 取引　　独占禁止
③ 1984　　労働組合
④ 労働協約　　野球協約
⑤ 職業選択
⑥ フリーエージェント権
⑦ 選手契約　　統一契約書
⑧ 8シーズン　　9シーズン
⑨ 日本弁護士連合会　　複数
⑩ 移籍補償金

第13章

① ロサンゼルス
② DX　　デジタル技術
③ 利益を還元（分配）すること
　　利益を還元しないこと（利益は翌事業年度に繰り越すこと）
④ 契約自由
⑤ 特定非営利活動促進法　　一般社団法人及び一般財団法人に関する法律
⑥ 収益事業課税
⑦ 旅行業法
⑧ 刑法　　不当景品類及び不当表示防止法（景品表示法）
　　風俗営業等の規制及び業務の適正化等に関する法律（風営法）

索 引

はじめて学ぶスポーツと法

2023 年 3 月 20 日　初版第 1 刷発行

編　著　者	新井喜代加・武田丈太郎
発　行　者	竹鼻均之
発　行　所	株式会社みらい
	〒500-8137　岐阜市東興町40 第 5 澤田ビル
	TEL 058-247-1227（代）
	FAX 058-247-1218
	https://www.mirai-inc.jp
装丁・本文デザイン	小久保しずか
印刷・製本	株式会社　太洋社

ISBN978-4-86015-597-1　C3075　Printed in Japan